KB152717

**인생 파헤치기
프로젝트**

Marc & Angel

Hack

인생 파헤치기
프로젝트

마크 & 엔젤 체르노프 지음
박선령 옮김

내 삶의 방향을 바꾸는 9가지 기술

Life

ORNADO
토네이도

나는 우리를 좀 더 깊은 자아의식과 연결시키고 잠재력을 일깨워주는 진짜 경험과 지혜에 바탕을 둔 충고를 정말 좋아한다. 가능한 일과 불가능한 일에 대한 관점과 태도에 변화를 일으키는 진정한 통찰력을 높이 산다.《인생 파헤치기 프로젝트》는 이 모든 것을 다 가지고 있다!

― 조나단 필즈, 굿 라이프 프로젝트 설립자

《인생 파헤치기 프로젝트》는 복잡한 시기에 꼭 읽어야 하는 책이다. 이 정신 나간 세상에서 벌어지는 일들을 모두 통제할 수는 없지만, 그에 대한 자신의 반응은 통제할 수 있다. 마크와 엔젤은 여러분이 어떤 상황에 있든 상관없이 인생을 탐색하고 행복을 찾을 수 있는 은혜로운 안내서를 제공한다.

― 조슈아 베커, 《작은 삶을 권하다》 저자

한 인간으로 살아간다는 게 무엇을 뜻하는지 깨닫게 해주는 강렬하면서도 읽기 쉬운 책이다. 마크와 엔젤은 좋을 때나 나쁠 때나 인생에서 가장 중요한 것에 집중하지 못하는 우리의 현실에 개인적, 심리적으로 중요한 현실적인 빛을 비춰준다. 《인생 파헤치기 프로젝트》는 우리가 정상 궤도로 돌아가기 위해 꼭 읽어야만 하는 필독서다.

— 루이스 하우스, 《루이스의 특별한 수업》 저자

고통스럽고 불안한 삶을 성취와 평화가 가득한 삶으로 바꿀 수 있다고 말하는 사람들을 믿지 않는다면, 엔젤 체르노프와 마크 체르노프에 대해 알아야 한다. 《인생 파헤치기 프로젝트》를 읽으면 현명하고 애정 넘치는 멘토들과 계몽적이고 솔직한 대화를 나누는 기분이다. 엔젤과 마크는 다양한 연구와 실제 코칭 사례를 통해 절망적이고 황폐한 삶에서 희망과 긍정으로 옮겨갈 수 있는 혁명적인 단계별 전략을 고안했다. 《인생 파헤치기 프로젝트》는 어둠 속에 있는 우리를 가능성과 희망의 빛으로 이끈다.

— 레이첼 메이시 스태포드, 《무엇이든 할 수 있는 인생》 저자

《인생 파헤치기 프로젝트》는 생각을 바꾸면 인생이 바뀐다고 말한

다. 이 책 전체에서 소개하는 강력한 교훈과 실천 단계가 비통함, 충격, 절망을 겪은 뒤에 다시 일어선 사람들의 아름다운 이야기와 뒤섞여서, 행복뿐 아니라 희망과 사랑을 되찾고 가장 중요한 것들로 가득찬 풍요로운 삶을 살 수 있다고 믿게 해준다.

― 커트니 카버, 《활기찬 소박함》 저자

마크와 엔젤은 따라 하기 쉽고, 놀랍도록 힘이 되는 이 안내서를 통해 심오하고 보편적인 행복감을 키울 수 있게 도와준다. 그들의 현실적이고 실용적인 조언은 인생의 기복을 견딜 수 있는 강인하고 견고한 내적 기반을 제공하고, 살면서 겪는 모든 도전에 지략이 풍부한 모습으로 맞설 수 있게 한다.

― 캐서린 우드워드 토머스, 《콜링 인 더 원》 저자

《인생 파헤치기 프로젝트》는 가공되지 않은 인생 교훈의 효과적인 모음집이다. 마크와 엔젤은 우리 삶의 거의 모든 부분에서 과감하고 긍정적인 변화를 꾀할 수 있는 전문적인 연구와 구체적인 기술을 놀랍도록 완벽하게 조합해냈다.

― 크리스틴 M. 톨버트, 공인 심리학자

운동선수, 남편, 아버지, 기업가인 내게 《인생 파헤치기 프로젝트》는 구세주 같은 역할을 했다. 이 책은 건전한 일상의식을 마련하고 스트레스를 받을 때도 정신을 집중하며 불가능한 상황을 헤쳐나가고, 이 모든 것 안에서 행복의 전망을 찾아내는 중요한 기술을 키울 수 있는 실행 가능한 통찰력과 전략으로 가득하다. 이 책은 내 삶을 더 나은 쪽으로 이끌었을 뿐만 아니라 학생들과 다른 운동선수들에게 전할 수 있는 건전한 생각도 제공해줬다.

— 존 해클먼, UFC 챔피언 트레이너

차례

행복한 삶을 살려면 힘든 일을 해야 한다. 그건 대부분의 사람들이 피하는 일, 여러분을 불편하게 만들고 숨는 편이 훨씬 쉽고, 다른 사람들이 대신해줄 수 없으며 뒤늦게 자신을 비판하게 되고, 계속 밀고 나갈 힘을 어떻게 찾아야 하는 건지 의문을 품게 하는 일이다.

왜 그래야만 할까?

결국 그런 힘든 일들이 여러분을 성장시키고 여러분의 삶을 바꿔놓기 때문이다. 그건 단순히 존재하는 것과 진정으로 살아 있는 것, 길을 아는 것과 실제로 그 길을 걷는 것, 공허한 약속으로만 포장된 삶과 성취감으로 가득찬 삶의 차이를 만든다.

지금은 그 사실을 알고 있지만 우리 역시 완전한 실패를 겪기 전까지는 몰랐다.

우리 둘 다 우울증을 앓고 있고, 앞으로 나아가기 위해 뭘 해야 할지 생각조차 버거운 순간이 되어서야 비로소 힘든 일들이 사실 옳은 일이었다는 걸 알게 됐다. 그것들만이 앞으로 나아갈 수 있는 유일하게 논리적인 길을 제공해줬다.

당시 우리는 사랑하는 사람 두 명을 잃었고, 그 뒤 가족의 주 수입원까지 잃었다. 그 모든 일들이 갑자기 그리고 연속적으로 일어났다.

마크는 당시를 이렇게 회상한다.

"임종할 때가 되어서야 비로소 자기가 잃은 사람들을 기리고 존경을 바치는 건 너무 때늦은 행동이에요." 엔젤이 말했다.

나는 계속 아래를 향하고 있던 시선을 들지는 않았지만, 그녀의 말에 동의하며 고개를 끄덕였다.

엔젤은 눈물을 흘리면서 계속 말을 이었다. "죽을 때가 되어서야 사랑하는 사람들에게 자신의 사랑을 증명하는 건 너무 무의미한 일이라고요."

다시 한 번 진지하게 고개를 끄덕이면서 "죽을 때가 돼서야 자기 아내를 위해 꽃을 고르는 것도 그렇고요"라고 내가 덧붙였다.

엔젤은 우리 침실 탁자에 놓여 있는 꽃을 힐끗 바라보면서 살짝 미소를 짓더니, 서둘러 침대를 가로질러 와서 내 어깨에 머리를 얹었다.

나는 말을 계속했다. "임종할 때가 되어서야 자기가 될 수도 있었던 사람이 되려고 한다면 어리석죠. 소원 목록을 만들거나 그걸 이루기 위해 새로운 일에 도전하기도, 행복을 되찾기 위한 여정에서 매일 조금씩 진행되는 일들에 감사하기에도 너무 늦은 때고요."

10년 전의 어느 금요일 새벽 세 시에 나눈 대화의 일부분이다.

둘 다 도지히 집들 수 없었기 때문에 그 시간에도 깨어 있었다

우리가 잠을 잘 수 없었던 이유는 질병과 자살로 사랑하는 이들을 연이어 잃었기 때문이다.

또 극심한 경기 침체기에 새로운 수입원을 얻지 못한다면 곧 거리에 나앉게 될지도 몰라 두려웠던 탓도 있다.

우리는 잠을 자면서 동시에 눈물을 흘리는 방법 같은 건 알지 못했다.

우리는 어둠 속에서 죽음에 관한 대화를 나누다 예상치 못한 곳에서 희망을 발견하게 되었다. 바로 우리 둘 다 아직 임종을 맞은 건 아니라는 사실이었다.

당시에는 우리도 몰랐지만, 그 대화가 행복을 되찾기 위한 여정의 시작이었다.

잠시 시간을 뒤로 돌려서 한밤중에 어떻게 그런 대화를 나누게 됐는지부터 얘기하겠다.

샌디에이고에서 내 스물일곱 번째 생일을 맞은 다음 날 새벽

다섯 시에 있었던 일이다. 엔젤과 나는 친구들과 함께 동네 스포츠 바에서 생일 축하 파티를 하느라 밤늦게까지 깨어 있었다. 그러니 우리 전화기가 둘 다 쉬지 않고 계속 울리지 않았다면 족히 몇 시간은 더 잤을 것이다.

"어떤 정신 나간 사람이 이렇게 이른 아침부터 전화를 하는 걸까요?" 엔젤이 침대에서 간신히 몸을 일으키면서 중얼거렸다.

"모르겠어요. 그냥 전화기를 꺼놓고 다시 침대로 와요." 나는 엔젤이 전화 건 사람을 확인하려고 거실로 향하는 모습을 보면서 그렇게 말했다.

하지만 엔젤은 휴대폰 액정 화면을 보자마자 뭔가 안 좋은 일이 생겼다는 걸 깨달았다. 동부 지역에 사는 가까운 친구와 가족들이 건 부재중 전화와 문자메시지가 십여 개 넘게 와 있었다. 문자메시지 중에 "조시 소식 들었어?"라는 메시지가 있었다. 엔젤은 와서 좀 보라면서 나를 불렀다. 그리고 그것이 우리가 지금껏 알고 지낸 이들 중 가장 친절한 사람이자 가장 친한 친구였던 조시와 다시 즐거운 시간을 보낼 수 있을 것이라는 희망을 품었던 마지막 순간이었다.

나와 동갑이던 조시는 아내 카미(지금 우리와 함께 일하고 있는)와 어린 아들 에단과 제이콥을 남기고 한밤중에 갑작스레 찾아온 심장 마비(천식 발작 때문에 유발된)로 사망했다.

조시가 죽고 몇 주 후, 엔젤의 오빠인 토드는 자살로 생을 마감했다. 그는 겨우 서른여섯이었고, 항상 미소를 지으면서 주변 사람들까지 웃게 만드는 그런 사람이었다. 그런데 왜 그랬을까? 전염성 짙은 미소 뒤에서 그가 모든 희망을 잃고 있었다는 사실을 우리는 왜 몰랐을까? 그런 의문이 깨어 있는 순간순간마다 계속 떠올라서 우리를 아주 오랫동안 괴롭혔다. 우리는 울기도 많이 울었다. 토드를 위해. 조시를 위해 그리고 그 두 사람 모두를 위해,

불행하게도 우리 마음과 정신이 바닥을 치는 동안, 경제도 바닥을 쳤다.

엔젤은 미국 역사상 최악의 구직난 속에서 우리 집의 생계를 책임지던 직장을 잃었다. 그래서 우리는 비탄에 잠긴 가슴을 끌어안은 채, 개인적인 측면뿐만 아니라 직업적인 면에서도 우리 자신을 재창조해야 하는 상황이 되었다. 물론 하룻밤 새에 재기할 수 있었던 건 아니다. 우리는 다시 일어서기 전에 배워야 할 것들이 많았다.

우리의 여정이 쉬웠던 건 결코 아니지만, 하루하루 고난을 이기기 위해 싸우는 과정에서 얻은 교훈들에 진심으로 감사한다. 이런 삶의 교훈들은 우리가 운영하는 블로그 그리고 이 책의 기초가 되었다. 우리가 이룬 발전과 진화의 비결은, 그 누구도 우리를 대신해서 해줄 수 없는 힘든 일들을 서서히 해나가고 치유하고 성장하고 우리 삶을 다시 전진시킬 수 있게 해준 구체적인

일상의식을 만든 것이었다. 이 책에서는 여러분에게 그 방법에 대해 알려줄 것이다.

우리의 개인적인 여정, 광범위한 긍정 심리학 연구 결과, 그리고 10년 넘게 수백 명의 클라이언트와 강좌 수강생들을 대상으로 진행한 상담 내용을 바탕으로 집필한 이 책은, 매일같이 생각과 행동을 바꾸는 방법을 배우는 과정으로 여러분을 이끌어서 크고 작은 시련들을 개인적인 승리로 바꿀 수 있게 도울 것이다. 이 책을 만드는 과정에서 우리는 스스로에게 다음과 같은 질문들을 던졌다.

- 우리가 겪고 있는 문제들의 밝은 전망을 어디에서 찾을 수 있을까?
- 현재의 고민들 속에 성장과 이해, 배움의 기회는 어디에 있는가?
- 우리 머릿속에서 계속 메아리치는 이야기들은 사실인가?
- 우리는 이 이야기들을 통해 어떤 식으로 정의되는가?
- 이런 이야기를 놓아버릴 경우(자기 자신을 뛰어넘는 성장을 이루고 기존의 관점을 바꿈으로써) 우리가 경험할 수 있는 다른 일들은 무엇이며, 이 이야기의 어떤 부분이 더 이상 진짜처럼 느껴지지 않을까?

시간을 내서 이런 의문에 진지하고 솔직하게 답하는 동안, 때로는 자신에 대해 새롭게 알게 되는 사실 때문에 놀라기도 했다. 그리고 마침내 상황을 생각하고 바라보는 새로운 방법을 발견했고, 이를 통해 우리 인생이 완전히 바뀌었다.

2006년에는 우리의 열정을 담은 프로젝트인 '마크와 엔젤의 인생 파헤치기^{Marc & Angel Hack Life}(www.marcandangel.com)'라는 블로그를 개설했다. 이곳은 긍정적이고 건강하고 세심한 쪽으로 바뀐 마음가짐을 계속 유지하기 위한 장소다. 서로에게 책임감 있는 모습을 보여주기 위한 사적인 일기장이 아니라, 우리와 같은 여정을 가고 있고 앞으로도 계속 그러할 다른 사람들과 경험을 공유하는 플랫폼이 되었다. 우리는 이 작업이 매우 보람 있고 고무적이라고 생각한다. 그리고 다른 사람들을 도울 수 있어 정말 행운이라고 생각한다.

강연을 할 때 우리는 사람들에게 주변을 둘러보면서 빨간색을 찾아보라고 주문한다. 그러면 그들은 주의 깊게 살펴보면서 사방에서 빨간색을 발견하기 시작한다. 그렇게 1~2분 정도 지나면, "이제 눈을 감고 방 안에서 초록색을 본 기억이 나는 장소를 모두 떠올려보세요"라고 한다. 그러면 다들 웃음을 터뜨린다. 빨간색만 찾느라고 아무도 초록색은 기억하지 못하기 때문이다. 초록색과 빨간색이 동시에 방 안에 존재하지만, 빨간색에 정신이 팔려 초록색을 보지 못한 것이다. 우리 삶도 이와 비슷하다.

우리는 사람들이 현재의 삶 속에서 초록색, 즉 전체적인 모습을 볼 수 있게 돕는다.

미셸은 우리 수강생 중 한 명이었다. 처음 강좌에 등록했을 때 그녀는 암흑 같은 상황에 놓여 있었다. 난독증과 자폐증을 앓는 딸이 대학에 들어가는 걸 돕기 위해 한동안 일을 쉬던 그녀는 다시 직장에 복귀할 준비가 되어 있었다. 하지만 그녀는 난생처음으로 일자리를 찾는 데 애를 먹었다. 최종 면접까지 올랐다가도 거절당하기 일쑤였다. 그런 상황이 1년 반 넘게 지속되자 미셸은 크나큰 실망과 좌절감을 느꼈다.

힘든 건 경제적인 부분만이 아니었다. 그녀의 오빠가 스스로 목숨을 끊었고 어머니는 넘어져서 엉덩이뼈가 부러지는 바람에 치료를 받아야 했다. 그러던 중 별안간 집이 침수되어 엄청난 피해를 입게 됐다. 그리고 30년 넘게 지속되어 온 결혼 생활도 남편의 알코올 중독 때문에 망가져 가고 있었다. 이렇게 답답한 상황이 계속되자 어느 해 크리스마스에는 친구들이 와서 그녀를 침대 밖으로 끌어내기도 했다. 세상을 마주할 기운마저 다 잃은 채 어두운 방에서 계속 누워 있기만 했기 때문이다.

"나는 '모든 걸' 갖고 있었죠." 미셸은 이렇게 말했다. "하지만 그건 더 이상 아무 의미도 없었어요. 나는 자신한테 해만 입히는 결혼 생활을 하고 있었죠. 아이들이 이혼을 겪는 게 싫었기 때문에 참으려고 애썼어요. 심지어 일자리를 찾고 있었는데 계속 거부만 당했죠. 내 힘으로는 아무 일도 할 수 없는 것만 같았어요. 우울했고 희망도 다 잃었죠. 그래서 변화가 필요하다는 건 알고 있었습니다."

미셸은 강좌를 듣고 우리와 일대일 코칭 면담을 마친 뒤, 무의식중에 자신을 방해하는 패턴을 따르고 있었다는 사실을 마침내 깨닫게 되었다. 이런 패턴을 바꾸기 시작하면서부터 자기 삶을 변화시키는 데 필요한 마음의 평화와 명료한 정신, 자신감을 되찾았다. 미셸은 자신의 여정이 남편과 분리되어 있다는 걸 깨달았고, 자존감을 회복하는 실질적인 방법을 배웠으며 삶을 자기가 원하는 방식대로가 아닌 있는 그대로 받아들이는 법도 익혔다.

미셸은 몇 달 안에 다시 일을 시작하면서 자기 삶을 재건하게 되었다. 건강하지 못한 관계에서 벗어나고 직장으로 돌아가는 건 미셸과 자녀들에게 그저 시작일 뿐이었다. 그녀는 또 일부 가족과의 손상된 관계를 회복하기 시작했고 자녀들을 긍정적인 지역 사회 프로그램에 등록시켰으며 재정 상태를 회복하고 집을 수리하기 시작했다. 남편과 헤어지고 그를 장기 재활 병원에 입원시킨 뒤 그녀 자신과 아이들의 삶에 집중하려고 노력했다. 그리고 주변에서 무슨 일이 일어나든 상관없이, 자기 삶의 모든 영역에서 더 즐겁게 살기 시작했다.

"마크와 엔젤은 불필요한 것들을 놓아버리는 방법을 가르쳐 줬어요." 미셸은 이렇게 말한다. "주변에서 무슨 일이 일어나든 상관없이 내가 제대로 생각할 수 있게 도와줬고, 내 인생에서 가장 힘들고 보람찬 도전을 받아들일 준비가 된 활기찬 사람으로 돌아오게 해줬죠."

모든 생각에는 다양한 관점이 존재한다. 자기가 지금 하고 있는 생각을 알아차릴 수 있다면 본인에게 가장 도움이 되는 각도에 초점을 맞추도록 연습하면서 그에 따라 행동할 수 있다. 현 상황을 좀 더 이성적으로 생각하면서 관점을 넓혀보면, 고통과 실망감 때문에 생긴 좁은 시야에서 벗어나 전체적인 그림을 볼 수 있다. 다시 말해, 잘 생각하는 법을 배울 수 있다면 결과적으로 더 잘 살 수 있다. 그리고 우리가 앞으로 하는 모든 일에 그 원칙을 적용할 수 있다. 이 책은 우리가 자주 빠지는 부정적인 생각의 구덩이 너머를 보게 해준다. 또 본인의 생각을 통제하고 집중하는 대상을 확대해서 성장과 기회와 치유를 위한 공간을 마련하도록 한다. 큰 그림을 중요시하는(전체적인 진실을 고려하는) 관점을 키우는 방법은 쉽게 배울 수 없지만, 꾸준히 익히면 어떤 고난과 어려움이 와도 흔들림 없이 중심을 지키며 더 나은 삶을 살 수 있게 해준다.

다음 세 가지 이야기를 보자. 우리가 직접 들은 수강생들의 사연이다.

"저는 간호사예요. 오늘 병원에서 밤 근무를 했는데, 정신이 퍼뜩 드는 순간을 경험했어요. 남편과 전화로 말다툼을 벌인 뒤에 전화를 끊고 몹시 좌절해 있었는데, 백혈병에 걸려서 살 날이 얼마 안 남은 80세 된 환자가 내게 괜찮냐고 물어보는 거예요."

"오늘은 내 인생을 끝내기로 마음먹은 지 딱 10년 되는 날입니다. 또 지금 아홉 살인 아들을 임신했다는 사실을 안 지 10년 되는 날이기도 하고요. 내가 마음을 바꾼 건 아들 때문이죠. 그리고 그 아이는 그럴 만한 가치가 있는 존재예요! 하지만 무엇보다 중요한 건, 이제는 나도 그럴 만한 가치가 있는 사람이라는 걸 깨달았다는 겁니다."

"내가 수학을 가르치는 5학년 쌍둥이 소녀들이 있는데, 걔들의 젊은 엄마라고 생각했던 사람이 실은 스물다섯 살 된 의붓언니라는 사실을 오늘 오후에 알게 됐어요. 비극적인 교통사고로 부모님을 잃은 뒤에 언니가 아이들을 키우고 있었던 거예요."

이들의 이야기에 한 가지 공통점이 있다면, 그건 바로 관점의 중요성이다. 우리가 살면서 보는 것들, 즉 자기 자신과 자신의 삶, 주변 사람들에 대한 생각은 평소의 사고방식에 크게 좌우된다. 그리고 다소 무서운 사실은, 주변 모든 것에 대한 관점은 우리가 살도록 길들여져 있는 심리적인 틀 안에서 생겨난다는 것이다. 이런 테두리를 만드는 근간은 힘들거나 실망스러운 과거의 경험, 사회적 영향, 대중 문화 및 대중 매체를 통한 정형화 등 매우 다양하다.

자기도 모르는 새에 이 심리적 '우리'가 서서히 정신적인 에너지를 고갈시켜서 나쁜 결정을 내리기 쉽게 만든다. 이를 해결할 수 있는 열쇠는? 아주 많다. 이 책 전체에 걸쳐 그 비결들을 광범위하게 다룰 예정이다. 이때 분명히 알아야 할 점은 바로 이것이다.

"자신의 믿음에 의문을 품기 전에 그 의문이 정당한 것인지 의심해보자."

이건 계획한 대로 되는 일이 하나도 없고, 원하는 건 전부 손이 닿지 않으며 사방이 다 막힌 듯한 느낌이 들 때 우리가 해줄 수 있는 조언을 아주 짧게 줄인 것이다.

그냥 마음을 열고 지금의 위치를 지키자.

삶은 마땅히 이래야만 한다는 생각을 버리고, 지금 모습을 그대로 받아들이면서 모든 것에 진심으로 감사하자. 약간 두렵다는 사실을 인정하는 용기, 눈물이 흐를 때도 미소 짓는 여유, 필요할 때 도움을 청할 수 있는 대담함, 도움의 손길을 받아들일 지혜가 있다면 필요한 건 다 갖추고 있는 셈이다.

이제 다음 걸음을 내디딜 수 있다고 믿기만 하면 된다.

한때는 그것 없이는 도저히 살 수 없다고 생각했던 것들에서 벗어나 자기가 원한다는 사실조차 몰랐던 것들과 사랑에 빠진다는 건 흥미로운 일이다. 이것이 인생의 한 단면이며 한 인간으로서 성장해가는 과정이다. 시간이 지날수록 자기가 어떤 사람이고 삶이 실제로 어떻게 진행되는지 더 많이 알게 된다. 그리고 몇 가지 변화를 이루어야 한다는 걸 깨닫는다. 지난날 생활 방식은 이제 자신에게 어울리지 않는다. 한때 편안하다고 여겼던 환경과 관계는 더 이상 존재하지 않거나 우리의 이익에 부응하지 못한다. 그래서 좋은 기억들을 소중히 여기면서도 새로운 길을 향해 첫발을 내딛기로 하는 것이다.

물론 이건 쉽지 않다. 편안하고 익숙한 것들을 포기하는 건 고통스러운 일이며 특히 다른 선택권이 없을 때는 더 그렇다. 엔젤과 나는 이 과정을 무수히 겪어야 했다. 지난 10년 사이에 우리는 다음과 같은 심각하고 예기치 못한 삶의 변화와 도전에 대처해야 했다.

- 오빠의 자살
- 친한 친구의 죽음
- 직장에서 해고당한 후 겪은 재정적 불안과 부채
- 사랑하던 이들의 갑작스런 배신
- 가족의 사업 실패

정말 잔혹한 경험이었다. 이런 일을 겪을 때마다 정신을 차릴 수 없었다. 하지만 진실을 받아들이면서 과거에 익숙했던 방식들을 놓아주자, 인생을 잘 이해하고 존중하는 더욱 강인한 마음가짐을 안고 길을 재촉할 수 있게 되었다.

우리가 포기하지 않고 계속 삶을 전진시킬 수 있었던 건 올바른 마음가짐 덕분이었는데 이를 위해서는 의식적인 연습이 필요하다. 이런 잔혹한 경험을 처음 마주하게 되면 머릿속에 온갖 부정적인 감정이 요동치게 마련이다. 우리는 자기가 그런 감정적 불안 때문에 부정적인 상태에 있다는 걸 깨닫는 방법부터 배워야 한다. 그런 다음, 가능한 한 최선의 결정을 내릴 수 있도록 의식적으로 마음을 진정시키면서 논리적으로 생각해야 한다.

우리 두 사람은 센트럴 플로리다 대학교 신입생 때 처음 만났다. 당시 학부생들을 담당하던 심리학 교수는 우리가 지혜의 중요성을 완전히 이해하기도 전에 현명한 방법으로 그걸 가르쳐줬다. 졸업 전의 마지막 강의 날, 교수는 수업을 하려고 강단에 올라서면서 '관점과 마음가짐에 관한 중요한 교훈'을 알려주겠다고 했다. 교수가 들고 있던 물 잔을 머리 위로 치켜들자, 다들 "유리잔이 반쯤 비어 있는가, 아니면 반쯤 차 있는가"라는 일반적인 은유에 대해 얘기할 것이라고 예상했다. 하지만 교수는 미소를 지으면서 "내가 들고 있는 이 물 잔의 무게가 얼마나 될까요?"라고 물었다.

학생들은 몇십 그램부터 몇 킬로그램에 이르기까지 다양한 답을 외쳤다.

잠깐 동안 학생들의 대답을 들으면서 고개를 끄덕이던 교수는 이렇게 말했다. "내가 생각하기에 이 물 잔의 절대 무게는 별로 중요하지 않아요. 내가 얼마나 오랫동안 물 잔을 들고 있느냐에 따라 달라지거든요. 1, 2분 정도 들고 있을 때는 꽤 가볍게 느껴질 거예요. 하지만 한 시간 내내 들고 있으면, 그 무게 때문에 팔을 아플지도 모르죠. 그리고 하루 종일 계속 들고 있어야 한다면 팔이 경련을 일으키거나 완전히 마비된 느낌이 들어서 잔을 바닥에 떨어뜨리게 될 겁니다. 각각의 경우 모든 물 잔의 절대무게는 변하지 않았지만, 오래 들고 있을수록 더 무겁게 느껴지는 거예요."

대부분의 학생들이 동의하면서 고개를 끄덕이자 교수는 계속 말을 이었다. "여러분의 걱정이나 좌절, 실망감, 스트레스도 이물 잔과 매우 비슷합니다. 잠깐 동안 그 문제를 생각할 때는 극단적인 일이 벌어지지 않아요. 하지만 좀 더 오래 고민하면 눈에 띄게 고통을 느끼기 시작할 겁니다. 그리고 하루 종일 그 문제만 생각한다면, 정신이 완전히 멍하게 마비돼서 그걸 떨쳐내기 전까지는 아무것도 할 수 없게 되죠."

이 말이 여러분의 삶과 어떻게 연관되어 있는지 생각해보자.

마음속에 짊어진 것들의 무게를 이기려고 악전고투하고 있다면, 이는 물 잔을 내려놓을 때가 됐다는 강력한 신호다.

인생을 행복하게 만드는 가장 큰 비결은 여러분이 겪는 대부분의 걱정과 좌절, 실망감, 스트레스가 모두 자기가 만들어낸 것임을 깨닫는 것이다. 내면의 감정에 효과적으로 대처하는 방법을 배우면 그런 부정적인 감정이 빨리 사라지게 할 수 있다. 예상치 못한 스트레스와 좌절감에 대처하는 방식이 안정적인 삶과 힘든 삶을 가르는 차별점이 될 수도 있다. 예를 들어, 회피나 부정 같은 불건전한 대처 방법을 택하면 힘든 상황이 비극적인 결말을 맞게 된다. 그런데 슬프게도 이건 많은 사람들이 범하는 흔한 실수다. 실망스러운 현실에 직면했을 때 가장 먼저 나타나는 반응은 그 상황을 부정하거나 피하는 것이다. 하지만 그럴 경우, 놓아버리고 싶은 고통을 무심결에 더 단단히 움켜쥐게 된다. 아니, 사실 자기 마음속에 밀봉해버리는 것이나 다름없다.

여러분과 가까운 누군가가 병이 났는데 그 사람을 간병하는 게 엄청나게 힘들다고 가정해보자. 그런 고통을 겪고 싶지 않아서 그 일을 피하거나 알코올의 힘을 빌려 늘 멍한 상태로 지내거나 몸에 좋지 않은 음식을 먹는 등의 방법으로 대응할 수도 있다. 그리고 그 결과, 고통이 계속 몸 안에서 곪아터지기 때문에 여러분도 몸이 아프게 된다.

그건 당연히 좋지 않은 일이다.

자기가 이와 비슷한 행동을 하고 있는 걸 알아차렸다면 이제 그 행동을 그만두고 회피를 통해 상황을 이겨내려 했다는 걸 인정한 뒤, 이 책에서 소개하는 검증된 도구와 전략을 이용해 한층 건전한 대처 메커니즘 쪽으로 관심을 옮기자. 이 도구와 전략은 여러분이 가장 필요로 할 때 마음을 열어줄 것이다. 열린 자세로 고통에 직면하면(자신의 고통스러운 기분과 감정에 마음을 열면) 비록 편하지는 않지만 여전히 앞으로 나아갈 수 있다는 걸 알게 된다. 개방적인 태도는 그게 끔찍한 경험이 될 거라고 즉각적으로 판단하지 않는다는 뜻이다. 다음 단계가 어떻게 전개될지 자기는 확실히 모르며 문제의 진상을 이해하고 싶다는 걸 인정하는 것이다. 이건 최악의 상황을 가정하는 게 아니라 배우려는 자세다.

힘든 상황에 대처하는 건 확실히 쉬운 일은 아니다. 하지만 그럴 만한 가치가 있는 일이다. 건전한 대처 방식을 연습하면, 우리 인생에서 계속 이어지는 통제 불가능한 뜻밖의 상황들을 관리하는 좋은 방법을 찾을 수 있다. 거부나 회피, 자체적인 해결, 비난, 그 외 일반적이지만 건전하지 못한 대처 전략을 세우는 대신, 삶이 안겨주는 문제에 맞설 수 있는 건전한 방법을 찾아내고 전보다 더 강인하고 충족된 모습으로 살아가게 된다. 결국 이 세상은 여러분의 내면과 같은 모습을 띤다. 여러분이 생각하고 보는 것들이 결국 여러분 자신이 될 것이다. 이 책을 가이드 삼아 지금부터 시작해보자.

60번 버티기:
일상 속 사소한 의식이
거대한 변화를 만든다

"마흔일곱 번째 생일을 맞아, 20년 전 생일에 썼던 유서를 다시 읽어봤습니다. 이 유서를 쓰고 2분쯤 뒤에 여자 친구 캐럴이 제 아파트로 찾아와 임신했다고 말했지요. 솔직히 말해서 제가 자살을 실행에 옮기지 않은 유일한 이유는 그녀가 한 말 때문이었습니다. 갑자기 살아야 할 이유가 생긴 거죠. 그리고 한 번에 하나씩, 작지만 긍정적인 변화를 이루기 시작했습니다. 그 이후로 긴 여정을 거쳤지만, 캐럴은 이제 제 아내가 되었고 우리는 19년 동안 행복한 결혼 생활을 해왔습니다. 올해 스물한 살이 된 딸아이는 의대생이고 그 밑으로 남동생도 둘 있답니다. 저는 감사하는 마음을 되새기기 위해 매해 생일 아침마다 그때 썼던 유서를 다시 읽어봅니다."

내 강좌를 듣는 케빈이라는 사람이 최근에 보낸 이메일의 첫 단락이다. 그의 사연은 우리가 새롭게 태어나 더 강하고 행복한 모습으로 다시 일어서려면 가끔은 가장 어둡고 막막한 시간을 견뎌내야 한다는 걸 일깨워준다. 때로는 주변 상황과 사람들 때문에 한없는 나락으로 떨어지기도 하지만, 긍정적인 일에 집중하면서 애정을 받아들이고 계속 남들보다 한발 앞서 나간다면 흩어졌던 나의 조각들을 그러모아 전보다 훨씬 더 강하고 행복한 나로 돌아올 수 있다.

인생은 고통스럽다. 변화도, 성장도 고통스럽기는 마찬가지다. 하지만 자기가 속하지 않은 곳에 갇혀 지내는 것만큼 고통스러운 일도 없을 것이다. 지겨울 정도로 아무것도 하지 않는 것보다는 날마다 의미 있는 노력을 기울이다가 기진맥진해지는 편이 낫다. 우리는 본인이 절대 시도하지 않을 중요한 일들을 하는 모습을 머릿속에 그리면서 많은 세월을 허송하곤 한다. 매일같이 맞닥뜨리는 비극과 어려움을 극복하려고 하지 않기 때문에 필요 이상으로 오랫동안 고통을 겪는다. 여기서 일상적인 의식의 힘을 자세히 살펴보는 것부터 시작하는 이유도 그 때문이다. 또 다른 적절한 예를 하나 살펴보자.

1911년에 로알 아문센^{Roald Amundsen}과 로버트 팰컨 스콧^{Robert} ^{Falcon Scott}이라는 두 탐험가가 지구 최남단 지점에 발을 디딘 최초의 인물이 되려고 열띤 경쟁을 벌였다. 남극은 지구상에 마지막으로 남은 인적미답의 지역 중 하나였기 때문에 당시는 가히 남극 탐험의 시대라 불릴 만했다. 아문센은 자기 조국을 대표해 남극에 노르웨이 국기를 꽂고 싶어 했고, 스콧은 영국을 위해 남극에 대한 권리를 주장하고자 했다.

이들이 베이스캠프를 출발해 남극점까지 갔다가 돌아오는 거리는 약 2,250킬로미터로, 뉴욕에서 시카고까지 왕복하는 거리와 거의 비슷했다. 두 사람은 극도로 춥고 혹독한 기후 조건 속에서 똑같은 거리를 걸어서 가야 했다. 그리고 둘 다 비슷한 수준의 경험과 물자, 동료 탐험가들로 이루어진 지원팀을 갖추고 있었다.

하지만 아문센과 스콧은 똑같은 도전에 완전히 다른 접근 방법을 취했다.

스콧은 팀원들에게 날씨가 좋은 날에는 최대한 멀리까지 전진하고 날씨가 나쁜 날에는 쉬면서 에너지를 아끼라고 했다. 그에 반해 아문센은 날씨에 상관없이 매일 정확히 32킬로미터씩 이동한다는 엄격한 계획을 지키면서 꾸준히 전진하도록 했다. 날이 맑고 따뜻해서 훨씬 멀리까지 이동할 수 있는 날에도, 아문센은 이튿날 움직일 에너지를 아끼기 위해 절대 32킬로미터 이상 이동해서는 안 된다고 단호하게 고집했다.

결국 어느 팀이 성공했을까?

매일 꾸준히 같은 거리를 나아간 아문센의 팀이었다.

그 이유는?

우리가 날마다 하는 일들이 우리의 존재를 규정하기 때문이다.

오늘의 발전은 어제까지의 노력을 통해 이루어진 것이다. 그 노력이 아무리 사소한 것이라도 말이다.

이 모든 게 앞으로 자세히 얘기할 자기 훈련의 힘으로 설명된다. 하지만 우선은 의욕 상실이나 운동 부족, 몸에 좋지 않은 식단, 미루는 습관 등 현대인이 겪는 가장 흔한 문제들부터 생각해보자. 이런 문제들은 대부분 신체적인 한계가 아닌 마음의 한계, 특히 자기 수양 부족 때문에 생긴다.

우리는 온갖 이유를 다 대면서 힘든 일을 내일로 미루다가 결국 추진력을 잃어버린다. 그리고 상황이 너무 힘드니까 하루이틀쯤 기다려보는 게 가장 합리적이라는 생각에 빠지고 만다. 그러다가 어느 날 문득 자신을 바라보면, 반드시 해야 하는 힘든 일들을 정신적으로 감당하지 못하는 사람이 되어 있을지도 모른다.

우리의 몸과 마음은 모두 운동을 통해 힘을 얻을 필요가 있다. 도전을 받아들이고 꾸준히 노력하면서 서서히 성장하고 발전해야 한다. 여러 가지 사소한 부분에서 스스로를 채찍질하지 않고 힘든 일을 계속 피하기만 한다면, 언젠가 예상 이상으로 힘든 날이 닥쳐왔을 때 무너지고 말 것이다.

그리고 추측건대 스콧의 팀도 바로 이런 일을 겪었을 것이다. 그들은 어떻게든 일을 쉽게 하려고 했다. "뭐든지 쉽게"라는 환상이 그들의 표어이자 무의식적인 목표가 됐다. 하지만 이 환상은 걸어서 남극점으로 향하는 2,250킬로미터의 여정 동안 단 한 번도 실현된 적이 없다.

스콧의 팀은 경기에서 졌을 뿐만 아니라 그들의 마음속에서 먼저 졌다. 절대 그들의 발자취를 따라서는 안 된다. 여러분이 지금 어디에 서 있든 간에, 다음에 내디딜 최선의 발걸음은 여러분이 마음대로 정해야 한다. 그게 쉬울까? 그렇지는 않을 것이다. 당신이 인생에서 전진할 때, 역경은 피할 수 없다. 폭풍 속에서 빠져나오면, 여러분은 자신을 붙드는 짐이 없는 채로 진정한 상태의 자신을 보게 된다. 이것이 모든 차이를 만든다. 왜냐하면 그게 여러분을 다음 단계로 나아갈 수 있게 해주기 때문이다.

우리는 10년 전에 처음으로 이 교훈을 배웠다. 우리가 사랑하는 두 사람을 병으로 잃고, 해고를 당해서 생계 수단을 잃고, 결국 우리 삶에 남아 있는 선량함을 망각한 직후의 일이었다. 우리는 지금도 마크가 캄캄한 방에서 혼자 차가운 바닥에 누워 생각에 잠겨 있던 비 오는 여름날 저녁을 마치 어제 일처럼 생생하게 기억한다. 마크는 그날 밤을 이렇게 회상한다.

엔젤과 나는 그 기간 동안 의미 있는 이야기를 거의 하지 않았다. 내 기분이 완전히 침체되어 있었기 때문이다. 나는 벌어진 모든 일에 대해 무력하고 우울했다. 내 부정적인 생각이 빚어낸 어둠 속에서 길을 잃은 상태였다.

하지만 그 차가운 바닥에 누워 있을 때 뭔가가 내 마음속에서 살짝 움직였다.

눈을 들어 옆에 있는 열린 창문 밖을 내다보자, 갑자기 달이 구름을 뚫고 내가 있던 어두운 방을 비추었다. 그리고 몇 초 뒤에, 가벼운 산들바람이 하얀 커튼을 안쪽으로 부풀리면서 내 몸 위로 불어오기 시작했다. 커튼이 내 몸 위로 1미터 넘게 펄럭이는 걸 보고 며칠 만에 처음으로 미소를 지었다. 아름다운 순간이었다. 그리고 두 번 생각하지도 않고 소리 내어 속삭였다. "그래도 인생은 감사해야 하는 기적이야."

바로 그 순간 엔젤이 방으로 걸어 들어와 "나도 그렇게 생각해"라고 속삭였다.

그녀는 커튼 아래로 몸을 숙이더니 바닥에 누워 내 옆으로 바싹 파고들었다. 둘 다 몇 분간 조용히 있다가, 우리는 지금의 고통에도 불구하고 우리가 감사를 느끼는 몇 가지 일들을 생각

나는 대로 적어보기로 했다.

1. 우리에게는 서로가 있다.
2. 우리를 사랑하는 부모님과 대가족, 그리고 친구들이 있다.
3. 꽤 건강한 편이다.
4. 대부분의 가족과 친구들도 꽤 건강하다.
5. 저축해둔 돈이 조금 있다.
6. 집과 물, 음식이 있다.
7. 우리가 있는 어두운 방을 밝혀주는 달빛의 아름다움과 커튼을 춤추게 하는 산들바람을 느끼고 감상할 수 있다.

여러분은 아마 내가 무엇을 말하려고 하는지 이미 알아차렸을 것이다. 모든 게 잘못 돌아가고 있는 것처럼 느껴질 때에도 괜찮은 일들, 감사해야 할 일들이 많다. 그날 밤 나는 생각을 바꾸고 내 삶의 일상적인 의식에 감사하기로 했다. 매일 저녁 15분씩 시간을 내서 내가 감사하게 여기는 것들과 그 이유에 대해서만 생각하기 시작했다. 나는 그걸 감사 명상이라고 불렀다. 어떤 사람이 보기에는 사소하고 진부한 관습처럼 보일 수도 있지만, 이런 의식은 삶을 바꾼다.

이런 감사 의식을 실천하는 동안 내 삶에서 서서히 바뀐 것들로는 다음과 같은 게 있다.

1. 엔젤에게 더 큰 감사를 느끼게 되었고 그녀에게 그 마음을 전했다. 덕분에 좀 더 민감하고 정직한 의사 소통을 하게 되어 우리 두 사람의 관계가 더 깊어졌다.

2. 가족과 친한 친구들의 긍정적인 부분에 좀 더 관심을 기울이게 되면서 그들에게 더 감사하게 되었다.

3. 주변 사람들에게 친절하게 대하게 됐고, 나 자신에게도 더 친절해졌다. 예전의 낡고 불필요한 판단을 단순한 감사로 바꾸었기 때문이다.

4. 불평이 적어지자 사소한 일로 짜증을 내는 일도 줄었다.

5. 이미 가지고 있는 것들에 대해 진심으로 감사하고 만족하기 때문에, 행복하기 위해 필요한 것들이 줄었다.

6. 인생의 단순한 즐거움과 작은 순간들을 전보다 더 눈여겨보게 되었다.

7. 인생의 피할 수 없는 어려움을 헤쳐 나가기가 더 쉬워졌다. 모든 일이 얼마나 고통스러운지에 신경을 쓰기보다, 내가 매일같이 이루는 작은 발전들에서 감사와 기쁨을 찾기 때문이다.

이 목록도 이런 식으로 계속 이어진다. 하지만 반드시 깨달아야 할 중요한 사실은 이런 모든 변화가 믿을 수 없을 만큼 긍정적이고 강력하다는 것이다. 그건 사소한 것이 아니며 진부한 표현과도 거리가 멀다. 이 감사 의식은 내가 생각하고 살아가는 방식을 근본적으로 바꾸어 놓았다.

의심하지 말자. 10분간의 간단한 의식이 여러분의 삶 전체를 바꿀 수 있다. 직업을 새로 구하는 목적성 있는 일부터 무력함의 벼랑 끝에서 물러나게 해주는 일까지, 일상적인 의식을 마련하는 건 삶을 보다 나은 쪽으로 변화시키기 위해 여러분이 할 수 있는 가장 강력한 일 중 하나다.

여러분이 날마다 하는 사소한 일들이 여러분을 정의한다. 이 순간부터 여러분이 살면서 이루는 모든 진보는 여러분의 의식에서 비롯될 것이다. 이 사실을 꼭 명심하자!

목표를 강화하는 의식의 힘

마크는 어느 날 밤 친구 집에서 아카데미 시상식을 보다가, 많은 수상 소감에 공통적으로 나타나는 표현이 있다는 걸 알아차렸다. "이 상은 제게 큰 의미가 있어요. 제 인생 전체가 바로 이 순간을 향해 걸어왔다고 할 수 있죠."

이 말을 잠시 생각해보자. 살면서 겪은 모든 일들, 좋은 일과 나쁜 일, 그리고 그 중간에 있는 모든 일들이 지금 경험하고 있는 그 순간을 향해 여러분을 이끌었다. 이건 여러분이 가고자 하는 곳에 도달하기 위해 꼭 필요한 곳에 지금 와 있다는 걸 의미한다. 따라서 계속 올바른 방향으로 새로운 발걸음을 내딛는 게 중요하다.

그러면 간단한 질문부터 시작해보자. 어떻게 하면 여러분이 가고 싶은 곳에 갈 수 있을까? 언젠가 지금보다 더 행복해지거나 더 나은 몸매를 가지기를 바라든, 달리기 선수나 작가, 화가, 그래픽 디자이너, 프로그래머, 교사, 더 좋은 부모, 성공한 기업가, 특정 분야의 전문가가 되기를 바라든 간에, 거기에 도달하기 위한 여러분의 로드맵은 무엇인가? 자신의 목표를 메모지에 적은 다음 병에 담아 바다에 던지면서, 우주가 그걸 읽고 여러분 삶 속에서 꼭 실현시켜 주기를 바라는가? 아니, 우주는 여러분의 꿈을 실현시켜 주지 못한다. 자기가 직접 해야 한다. 1년 혹은 3년 안에 꼭 끝내겠다는 구체적인 목표가 있는가? 있을 수도 있겠지만, 그것만으로는 그 일을 끝낼 수 없다. 사실 살면서 겪은 예전의 사례를 다시 생각해보면, 크고 장기적인 목표를 세우는 게 효과적이었던 경우가 별로 많지 않을 것이다. 이런 전략을 통해 원하는 결과를 얻은 게 몇 번이나 되는가?

> 우주는 우리의 꿈을 실현시켜 주지 못한다.
> 자기가 직접 해야 한다.

진실은 이렇다. 목표가 긍정적인 변화를 일으키는 게 아니라 매일 치르는 의식이 변화를 불러온다.

그래서 현재 판에 박힌 생활을 하고 있든, 위기에 처해 있든, 아니면 뒤로 미뤄뒀던 목표들을 시작할 수 있기를 바라고 있든 간에, 진정한 변화는 여러분이 오늘 하는 일을 통해 시작된다. 내일도. 그리고 매일. 모든 위대한 여정이 시작되는 첫 걸음이 그렇듯이, 의식은 여러분이 움직이도록 해서 결국 목적지에 도달하게 해줄 것이다.

대부분의 사람들처럼 우리도 이 교훈을 어렵게 배웠다. 우리는 자신을 위해 세운 목표를 조금이라도 진전시키기 위해 몇 년을 애썼는데, 이건 우리가 행복으로 돌아가기 위해 직접 만들어낸 이정표에 불과했다. 놀라운 낙관주의를 품고 새로운 운동 프로그램을 시작한 게 최소한 수십 번은 된다. 집에 있는 모든 정크 푸드를 다 내다버린 게 지금까지 몇 번이나 되는지 기억조차 안 날 정도다. 우리는 아침에 일찍 일어나고 명상을 하고, 책을 더 자주 읽고 책을 쓰고, 빚에서 벗어나고 사업을 운영하는 등 다양한 일을 했다.

그러나 우리는 오랫동안 모든 면에서 실패했다. 새로운 목표를 가지고 시작했다가 또 탈선하면 정말 기분이 끔찍했다! 우리는 자주 패배자 같은 기분을 느꼈다. 아무리 열심히 노력해도 우리의 목표는 손이 닿지 않는 곳에 있었다. 나는 왜 지금보다 더 강하지 못하고 똑똑하지 못하고 분별력이 없는 것인지 끊임없이 자책할 것이다.

하지만 그때 우리가 깨닫지 못했던 건, 충분한 힘이나 지능, 규율이 없는 게 문제가 아니라는 것이었다. 문제는 비효율적인 방법으로 목표에 집중하는 것이다.

믿거나 말거나 사실 우리는 목표에 지나치게 집중하고 있다. 그렇다. 제대로 읽은 것 맞다. 직관에 어긋나는 얘기처럼 들리겠지만 사실이다. 우리는 큰 목표, 살면서 꼭 이루기를 간절히 원하는 것에 집착하는 경우가 많지만, 그 목표를 결국 이룰 수 있게 해주는 의식(반복적인 단계)에는 완전히 집중하지 않는다. 그래서 실현되지 않은 이 크나큰 목표의 무게가 우리 마음을 무겁게 짓누르고 진행을 더디게 하며 불행을 영속시킨다.

어디서 들어본 얘기 같지 않은가? 만약 그렇다면, 이제 목표에만 집중하는 것에서 벗어나 그걸 뒷받침하는 의식으로 초점을 옮겨야 할 때다. 목표와 의식의 차이를 좀 더 자세히 살펴보자.

- 보디빌더의 목표는 보디빌딩 대회에서 우승하는 것이다. 여러분의 의식은 매일 체육관에서 몸을 단련하기 위해 하는 일들이다.
- 소설가라면 소설을 쓰는 게 목표다. 여러분의 의식은 자신의 생각을 말로 표현하기 위해 매일 들이는 시간이다.
- 여러분이 부모라면, 여러분의 목표는 훌륭한 역할 모델이 되는 것이

다. 그리고 여러분의 의식은 매일같이 좋은 모범을 보이기 위해 쏟는 시간과 에너지다.

- 대학생이라면 배우고 학위를 따는 게 목표다. 여러분의 의식은 일상적인 공부 습관이다.
- 인간인 우리의 목표는 행복하고 의미 있는 삶을 사는 것이다. 이때 필요한 의식은 날마다 앞으로 나가기 위해 내딛는 작고 긍정적인 걸음들이다.

이제 이 문제를 생각해보자. 만약 여러분이 잠시 동안 이런 목표 중 하나에 집중하는 걸 멈추고 대신 그에 해당하는 의식에만 집중한다면, 여전히 진전을 이룰 수 있을까? 예를 들어, 살을 빼려고 노력 중인데 10킬로그램을 빼겠다는 목표에 대해 생각하는 걸 멈추고 대신 날마다 몸에 좋은 음식을 먹고 운동하는 것에만 집중한다면 그래도 여전히 살이 빠질까? 물론이다! 다시는 목표에 대해 생각하지 않더라도 점점 그 목표(목표 체중)에 가까워지게 된다.

우리는 10년 이상 고객이 원하는 변화와 결과를 이룰 수 있도록 도와온 경험을 바탕으로 법칙을 정하려고 한다. 그 경험을 통해 우리가 배운 건, 자신의 목표를 강화하는 의식을 날마다 진행하지 않는 한 아무것도 변하지 않는다는 것이다. 우리는 사람들과 함께 주별 행동 단계, 이틀에 한 번씩 하는 일들, 중요한 월간

이정표, 그리고 수십 가지의 다양한 전략들을 시도해봤다. 하지만 매일 진행하는 의식을 제외하고는 그중 어떤 것도 장기적으로 효과를 발휘하지 못했다. 목표를 강화하기 위해 매일 하는 의식을 만들고 싶지 않다면, 여러분은 말하는 만큼 자신의 삶을 바꾸고 싶지 않은 것이다. 그저 몸매 가꾸는 법을 배우고, 책을 쓰고, 회사를 차리고, 자기 그림을 팔고, 행복으로 돌아가는 것 등에 대해 생각하는 걸 좋아할 뿐이다. 실제로는 그걸 날마다 하고 싶지 않은 것이다.

절대 무너지지 않는 의식 만들기

의식은 한 인간으로서의 자신이 누군가에 대한 여러분의 사고방식을 바꾸고 본인이 성취할 수 있는 일에 대한 믿음을 넓히기 위한 것이다. 의식은 여러분이 살고 싶은 유형의 삶에 집중할 수 있는 방법을 제공하고, 여러분에게 가장 중요한 것들을 위해 에너지를 비축해둔다. 자신의 일상생활에 어떤 의식을 추가하고 싶은지 생각할 때는 자기 삶에서 바꾸고 싶은 부분을 마음에 새기는 것부터 시작하면 좋다. 먼저 개선할 영역을 선택한 뒤에 다음과 같이 진행하면 된다.

1. 현재 자기가 처한 상황의 구체적인 세부 사항을 적는다. 무슨 일 때문에 괴로운가? 무엇을 바꾸고 싶은가?

2. 다음 질문에 대한 답을 적어보자. 여러분의 현재 상황에 기여한 일상적인 의식은 무엇인가? 여러분이 하는 일 중에서 지금 처한 상황에 기여하는 건 무엇인가?

3. 여러분이 생각하는 이상적인 환경을 구체적으로 적는다. 여러분을 행복하게 해주는 건 무엇인가?

4. 다음 질문에 대한 답을 적어보자. 여러분이 현재 있는 위치에서 원하는 위치로 옮겨갈 수 있게 해줄 일상적인 의식은 무엇인가? 날마다 어떤 작은 단계를 밟으면 앞으로 나아가는 데 도움이 될까?

우리는 어려움을 겪을 때마다 이 네 가지 질문에 답하면서 우리 삶의 부정적인 의식이 어디에서 비롯되었고 어떤 부분을 변화시켜야 하는지에 대한 귀중한 통찰력을 얻는다. 최근에는 우리가 받는 스트레스 중 상당 부분이 항상 바쁘게 서두르는 것 때문이라는 사실을 깨달았다. 우리는 계속 일만 하면서도 일을 제대로 끝내지 못할까 봐 끊임없이 걱정했다. 우리는 서로와 함께, 그리고 아들과 함께 좋은 시간을 보내지 못했다. 서로에게 굿모닝 키스를 하기도 전부터 소셜 미디어만 확인하고 있는 경우가 잦았다.

우리는 이런 추세, 이런 부정적인 의식을 변화시키려면 하루하루를 좀 더 차분하게 시작할 필요가 있다고 판단했다. 그래서 우리가 시도한 작은 변화는 움직이는 속도를 늦추고 아침 일과에 새롭고 긍정적인 의식을 집어넣는 것이었다. 일어나자마자 곧바로 이메일과 소셜 미디어로 눈을 돌리기보다 우리 두 사람을 위한 시간을 갖는다. 물을 마시고(의식은 이렇게 간단할 수도 있다) 차를 한 잔 끓여서 좀 더 의식이 또렷한 상태에서 하루를 시작한다.

의식을 행하려고 노력할 때는, 그게 무엇이든 간에, 앞으로 오랫동안 지속될 생활 방식의 변화라고 생각하자. 그 의식을 라이프스타일의 변화로 생각하는 것의 중요성을 납득하기 위해, 우리는 엔젤의 어머니 메리와 운동에 전념하는 그녀의 태도를 생각한다. 메리는 매일 헬스클럽에 다니는 것에 어려움을 겪고 있었는데, 이건 스케줄이 바쁜 우리들 대부분이 겪는 문제이다. 메리는 한꺼번에 너무 많은 일을 떠맡는 전형적인 패턴을 따르면서도, 날마다 헬스클럽에서 한 시간 반 혹은 두 시간을 보내려고 애썼다. 아니나 다를까, 그녀는 체육관에 갈 수 없었던 날들에 대해 변명을 늘어놓기 시작했다.

그래서 대신 그녀에게 매일 15분씩만 헬스클럽에 가는 게 어떻겠냐고 제안했다. 처음에 그녀는 이 생각에 주저했다. 하지만 헬스클럽에 가는 걸 단순히 고등학교 동창회에 참석하기 위해 날씬해지려는 게 아니라 장기적인 목표로 여기라고 말하자, 그녀는 머릿속에서 이 의식을 재구성했다. 그녀는 우리의 도움을 받아 라이프스타일 변화를 확실히 실천할 방법을 찾기 시작했고, 헬스클럽 의식은 그녀의 생활 속에 완전히 자리를 잡게 되었다.

60번만 참아라

이제 여러분은 이렇게 생각할지도 모른다. "하지만 어디서부터 시작해야 하는 거지? 그리고 어떻게 해야 새로운 의식을 꾸준히 지속할 수 있을까?" 우리는 목표와 의식의 차이, 그리고 목표를 의식으로 바꾸는 방법과 어떻게 그걸 실행 가능하고 반복 가능한 일로 만들지에 대해 얘기했다. 효과가 있는 의식 절차를 만드는 것과 관련해 알아둬야 할 사항이 몇 가지 더 있다. 자, 시작해보자.

의식은 여러분에게 장기적으로 도움을 주기 위한 것이지 스트레스를 안겨주려는 게 아니다. 따라서 제대로 된 방식으로 하는 게 중요하다. 우리가 여기서 공유하고자 하는 의식을 만들어가는 규칙과 조언은 꽤 간단하다. 하지만 성실하게 잘 지키기만 한다면, 기본적으로 확실한 효과를 발휘한다. 다음의 세 가지 지침이 매우 중요한데, 이건 여러분의 의식을 관리 가능한 상태로 만드는 것과 관련이 있다. 그건 바로 한 가지의 작은 의식으로 시작해서 그걸 최소 60일 동안 유지하는 것이다.

1. 한 번에 긍정적인 변화 한 가지에만 집중한다. 물론 이 규칙을 깰 수도 있고 안타깝게도 대부분의 사람들이 그렇게 하지만, 그것 때문에 실패하더라도 놀라지 말자. 너무 많이 하려고 하면 아무것도 제대로 되는 게 없다. 그러니 긍정적인 변화를 하나 실행하고 한 달 동안 그걸 자신의 의식으로 삼은 다음, 한 달이 지난 뒤에 거기에 뭔가를 더하거나 두 번째 의식을 시작하는 걸 고려하는 것이다. 의식이 성공적이라면 계속 그걸 기반으로 삼고 만약 그렇지 않다면 그게 자신의 제2의 천성이 될 때까지 끈질기게 노력한다.

2. 처음에는 쉽고 간단한 의식부터 시작한다. 여러분도 아마 들어본 말이겠지만, 대부분은 그렇게 하지 않는다. 15분 이하의 짧은 시간에 끝낼 수 있는 일상적인 의식부터 시작해보자. 15분이라는 시간에 강한 저항감을 느끼는 바람에 실패한다면, 5분 아니면 3분 정도까지 시간을 줄여서 한 달 동안 계속한 다음 서서히 시간을 늘린다.

3. 의식을 확립하는 데는 시간이 걸린다는 걸 기억하자. 우리는 고객들에게 새로운 의식이 그들 삶의 일부가 되려면 60일이 걸린다고 얘기해준다. 그 정도의 시간이 지나면 의식과 자신을 동일시하게 된다. 이런 관점의 변화가 매우 중요하다. 그들은 자기 삶에 적용된 긍정적인 변화를 느끼기 시작하고, 그것이 자신을 더 차분하고 괜찮은 사람으로 만들어주는 걸 보면서 보상을 받는다고 느낀다.

이 세 가지 핵심 요소를 실행한 뒤, 여러분의 노력을 뒷받침하고 계속해서 의식을 실행하도록 하기 위해 사용할 수 있는 추가적인 도구가 다섯 가지 있다.

나만의 출발 신호를 정하자

마야 안젤루Maya Angelou는 작은 호텔 방에서만 글을 썼다. 잭 케루악Jack Kerouac은 자리에 앉아 글을 쓰기 전에 반드시 바닥에 아홉 번 손을 댔다. 그리고 우리와 함께 일한 많은 예술 분야 고객과 학생들은 창조적인 프로젝트에 힘을 쏟기 직전에 명상이나 노래, 달리기, 심지어 두 시간 동안 운동을 하기도 했다.

일례로 페이Fay라는 고객의 아침 일과를 살펴보자. 페이는 우리가 날마다 운동 의식을 할 수 있는 계기를 만들라고 독려한 직후, 트와일라 사프Twyla Tharp가 쓴 《창조적 습관The Creative Habit》이라는 책에서 영감을 받아 매일 아침 일련의 간단한 행동을 하면서 하루를 시작한다고 말했다. 우리가 그녀에게 일상적인 운동 의식을 위한 계기를 만들어야 한다고 촉구하자 이런 방법을 실시한 것이다. 페이는 오전 여섯 시에 일어나 운동복을 입고 샌프란시스코 시내에 있는 집에서 나와 택시를 타고 헬스클럽에 데려다달라고 한다. 그리고 45분 동안 운동을 하고 나서 15분 동안 여유롭게 조깅을 하면서 집으로 돌아온다.

페이가 치르는 의식의 핵심은 아침의 택시 타기로, 이 일은 그녀가 반드시 아침 운동을 하러 나가서 정상 궤도에 오르도록 도와주는 방아쇠 역할을 한다. 페이는 이렇게 말한다. "의식의 가장 중요한 부분은 헬스클럽에서 하는 운동이 아니에요. 중요한 건 매일 아침 택시에 올라타서 올바른 방향으로 하루를 시작하는 거죠. 그러면 나머지는 그냥 딱 맞아떨어지게 돼요. 그리고 집에 가면 기분이 좋아지고 일할 준비가 되어 있죠."

여러분이 보내는 하루하루에 대해 생각해보자. 평상시의 하루는 어떤 식으로 조직되어 있는가? 여러분의 창조적이고 생산적인 마음을 자극하는 건 무엇인가? 이런 계기를 의식하면서 하루 일과를 구성하고 있는가? 일찍 일어나는 것이든, 특정한 장소에서 일하는 것이든, 아니면 아침에 일어나자마자 체중을 재는 것이든 생활의 리듬을 타게 해주는 계기를 찾을 필요가 있다. 매일 아침 자동으로 시작되는 건강한 일상 루틴을 마련해두면, 리듬을 타고 있을 때는 자연스럽게 찾아오는 생각과 생산성을 위해 따로 많은 정신적 에너지를 쏟는 걸 방지할 수 있다. 그리고 이렇게 자기가 원하는 대로 진행할 수 있는 루틴을 통해 가장 직관적인 작업을 수행할 수도 있다.

물론 계속 변화하는 환경 때문에 이 루틴도 때때로 바뀔 것이다. 필요한 부분을 조정하면서 효과가 있는 루틴, 정신을 키우고 발전시키기에 알맞은 계기와 의식이 포함된 루틴을 계속 유지하는 게 좋다. 그래야 지금 있는 곳에서 벗어나 정말 원하는 곳으로 향하는 데 필요한 일들을 할 수 있다.

사슬을 끊지 말자

의식이란 날마다 하는 것이라고 말했다. 이건 상당히 어려울 수 있으며 특히 막 시작한 사람의 경우에는 더욱 어렵다. 어떤 계기가 본인에게 가장 효과적인지 잘 모르겠으면 "사슬을 끊지 말자"라는 방법을 고려해보자. 이건 여러분이 계속 나아갈 수 있도록 동기를 부여해주고 정상 궤도를 유지하게 해주는 손쉬운 시각적 자극이다.

여러분이 실행하고 싶은 의식이 매일 일기를 쓰는 것이라고 가정해보자. 탁상 달력이나 벽 달력을 준비한 다음 일기를 쓴 날짜에 엑스(×) 표시를 한다. 달력을 보면 자신의 진행 상황이나 오늘 해야 할 일들을 신속하게 확인할 수 있다.

2주일 동안 의식을 계속 진행하면서 매일 밤 일기를 쓰고 달력에 표시를 한다면, 달력에 적혀 있는 × 표시의 사슬을 무시하기가 점점 어려워질 것이다. 아무리 피곤해도 달력이 매일 영감을 준다. 여러분은 이렇게 자문할 것이다. '오늘 하루 있었던 일들과 내가 감사를 느끼는 일들에 대해 두 문장 정도 글을 쓰는데 그렇게 시간이 많이 걸릴까?' 시각적인 동기 부여의 한 형태인 이것은 여러분이 자기 인생에서 원하는 변화를 실행하는 걸 스스로 책임질 수 있는 간단하고 효과적인 방법이라고 생각한다. 일상적인 의식을 계속해 나가려면 때때로 약간의 추가적인 압력이 필요한데, 이 방법이 바로 그렇게 해줄 것이다.

보이면 하게 된다

살을 빼고 싶어도 피곤할 때면 내일부터 운동을 시작하겠다고 합리화하기 쉽다. 사업의 수익성을 높이고 싶어도, 판에 박힌 일상적이고 지루한 일에 휩쓸리다 보면 성장을 위해 필요한 일보다는 익숙한 일들만 하기 쉽다. 가장 가까운 사람들과의 관계를 발전시키고 싶어도 바쁠 때는 인간관계에 신경 쓰기보다는 고객 제안서를 작성해야 한다고 합리화하기 쉽다. 상황이 힘들어지면 우리는 종종 쉬운 길을 택한다. 그런 쉬운 길은 대부분 우리를 잘못된 길로 이끄는데도 불구하고 말이다.

이 문제를 해결하려면, 여러분을 나약한 충동에서 끄집어내줄 실질적인 리마인더를 만들어야 한다. 지난 5년 동안 거의

10만 달러에 달하는 빚을 갚은 우리 친구는 자기 컴퓨터 모니터에 신용 카드 대금 고지서 복사본을 붙여뒀다. 이건 그가 갚고 싶어 하는 빚을 계속 상기시켜 주는 효과를 발휘했다. 또 다른 친구는 절대 되돌아가고 싶지 않은 체중을 되새기기 위해 지금보다 체중이 40킬로그램이나 더 나갔을 때 찍은 자기 사진을 냉장고에 붙여둔다. 또 어떤 사람은 자기 책상에 가득히 가족들의 사진을 늘어놓는데, 이는 그가 가족사진 보는 걸 좋아하기 때문이기도 하고 또 일이 정말 힘들 때마다 자기가 궁극적으로 누구를 위해서 일하고 있는지 상기시켜 주기 때문이다.

목표와 그곳에 도달하기 위해 필요한 의식에 집중하지 못하게 하는 충동에 굴복할 가능성이 가장 높은 순간이 언제인지 생각해보자. 그리고 충동을 가로막고 계속 순조롭게 진행할 수 있도록 이런 목표들을 시각적으로 상기시켜 주는 장치를 사용한다.

책임감을 활용하자

의식에 성공하기 위해서 가장 중요한 도구 중 하나는 책임감이다. 우리는 오랫동안 수백 명의 코칭 고객들과 함께 일해왔는데, 그들을 성공으로 이끈 방법은 고객들이 이 의식을 책임감 있게 진행하도록 독려하는 사람을 정해두는 것이다. 하지만 책임감과 관련해서 흥미로운 사실은, 마치 누군가가 여러분을 못살

게 구는 듯한 기분을 자주 느낀다는 것이다. 어떤 사람이 여러분에게 매일 전화를 해서 목표를 계속 추진하고 있는지 아닌지 묻는다면, 여러분은 의식이든 그 사람에게든 부정적인 감정을 느끼기 시작할 것이다.

우리는 이걸 피하기 위해 시스템을 하나 고안했다. 매달 초가되면, 그달에 자신에게 묻고 싶은 책임과 관련된 질문을 열 개씩 적는다. 질문들은 매달 조금씩 달라질 수도 있고 계속 같은 질문일 수도 있지만, 언제나 우리가 자신을 위해 마련한 의식들과 관련이 있다. 예를 들어, 마크의 질문에는 항상 다음과 같은 내용이 포함되어 있다. '오늘 아무런 방해도 없이 한 시간 동안 글을 썼는가?' '오늘 15분 동안 명상을 했는가?' '아들에게만 오롯이 신경 쓰면서 같이 한 시간을 보냈는가?' 이런 질문들을 적은 뒤, 서로 종이를 교환한다. 그리고 매일같이 서로에게 질문을 던진다. 엔젤은 마크에게 그가 쓴 질문을 던지고, 마크는 엔젤에게 그녀가 쓴 질문을 한다. 이런 식으로 하면, 서로를 따라다니면서 괴롭히는 듯한 기분은 들지 않는다. 어쨌든 우리가 스스로를 향해 던지려고 했던 질문들이기 때문이다.

혼자 해내기 버겁다면 신뢰할 수 있고 책임감이 강한 파트너를 찾자. 이메일을 통해서도 질문을 주고받을 수 있으므로 가까이 있는 사람이든 멀리 떨어져 있는 사람이든 상관없지만, 매일같이 대화를 나눌 수 있어야 한다. 질문을 몇 개나 쓰든 상관없지만, 가능하면 다섯 개에서 열 개 사이를 추천한다. 스스로에게 질문을 던지는 건 여러분이 살면서 어떤 의식을 실행하고 싶은지 생각하는 데 도움을 주며, 책임 파트너는 여러분이 그 의식들을 꾸준히 실행하도록 도와줄 수 있다. 여러분은 가까운 사람에게 의식을 꼭 지키겠다고 약속함으로써 책임감을 한층 더 증폭시킬 수 있다. 그 상대는 여러분의 배우자나 가장 친한 친구, 혹은 키우는 개가 될 수도 있다. 중요한 건 일상적인 의식 관행을 여러분이 소중히 여기는 누군가, 실망하고 싶지 않은 누군가와의 약속과 비슷하게 만드는 것이다. 의식을 준수하는 게 자기가 아끼는 대상과의 약속을 지키는 일이 된다면, 날마다 그 의식을 실행하는 데 훨씬 의욕적인 모습을 보이게 될 것이다.

치명적 페널티를 부여하자

일상적인 의식을 준수하지 않았을 때 생길 수 있는 가장 심각한 결과는 꼭 지키겠다고 약속했던 사람들의 존경심을 잃는 것이다. 하지만 그것 외에도 또 다른, 약간 더 재미있는 결과를 만들 수 있다. 최근에 마크는 자기가 약속한 바를 지키지 않을 때마다 좋아하지 않는 정치 캠페인에 100달러씩을 기부하겠다고 친구들에게 약속했다. 그는 아직 한 번도 약속을 어기지 않았다. 또 게으름을 부리게 되면 생문어 초밥을 먹는다는 약속도 했다. (아마도 그는 약속을 지킬 것이다. 익히지 않은 문어를 먹는다는 건 그에게 쥐를 먹는 것만큼이나 역겨운 일이기 때문이다.) 반대로 긍정적인 결과를 정해놓을 수도 있다. 예를 들어, 일주일 동안 하루도 빠지지 않고 약속을 지켰다면 매주 보상을 받을 수 있다.

의식을 정할 때 기억해야 하는 원칙들

의식을 정할 때 기억해야 하는 중요한 원칙이 있는데, 이런 원칙들 가운데 일부는 여러분에게 생소할 수 있고, 또 어떤 원칙은 수백 번도 더 들어봤을 수도 있다. 하지만 전부 다 기억할 만한 가치가 있다.

첫째, 어느 정도의 불편함을 감수해야 한다. 새로운 일상의식을 시작하려면 어떤 식으로든 일상을 바꿔야 한다. 그리고 이런 변화는 불편하게 마련이다. 하지만 사람들은 대부분 불편함을 느끼고 싶어 하지 않는다. 그래서 불편할 수도 있는 일에서 계속 도망치려고 한다. 이와 관련된 명백한 문제는 불편한 일에서 도망치면 자신의 쾌적 지대 안에 있는 활동과 기회에만 참여할 수 있다는 것이다. 그리고 우리의 쾌적 지대는 상대성으로 규모가 작기 때문에 인생에서 가장 위대하고 건전한 경험들을 대부분 놓치게 되고, 목표가 점점 힘이 빠지는 순환 고리에 갇히게 된다. 그렇게 되면 우리의 진정한 잠재력은 진전을 보지 못한다.

둘째, 작은 의식일수록 시작과 유지가 훨씬 용이하다. 큰 변화를 한 번에 일으키려면 많은 인내심과 결단력이 필요할 뿐만 아니라 시간과 에너지도 많이 필요하다. 그리고 여러분의 일정이 이미 상당히 바쁘게 짜여 있다면, 여기에 새로운 일상 의식을 끼워 넣는 게 어렵다는 걸 깨닫게 될 것이다. 일례로 하루 한 시간씩 운동을 하기로 결심했다면, 한두 번 정도는 지킬 수도 있지만 곧 시간이 부족하다는 생각 때문에 새로운 의식 진행이 보류된다. 그렇기 때문에 작은 변화(매일 아침 침대에서 일어나 윗몸 일으키기를 열 번씩 하는 사소한 의식 같은)가 시작하고 유지하기가 훨씬 더 쉽다.

사실 열정은 새로운 의식을 시작하고 며칠만 지나면 급격히 줄어들지만, 의식이 소소할 때는 열정을 유지하는 게 상대적으로 더 쉬워진다. 그리고 그걸 계속하는 게 중요하다.

셋째, 결국 여러분이 원하는 건 '평범함'에 대한 생각을 확장하는 것이다. 우리가 특정한 조건에 익숙해져 있는데 어떤 이유 때문에 이런 조건에서 너무 빨리 벗어나게 되면 압도적인 불편함을 느끼는 경향이 있다. 예를 들어 다니던 직장을 그만두고 사업을 시작하려면 자신의 재정 상태를 확인하고, 제품과 서비스를 만들어서 테스트하고, 마케팅 자료를 작성하고, 웹 사이트를 개설하고, 판매 경로를 확보하는 등의 일을 해야 한다. 이런 모든 일들이 처음에는 매우 벅찰 수 있다. 하지만 이 회사를 설립하는 게 여러분이 진정으로 달성하고 싶은 목표라면 이런 일들을 해야 하고, '준비가 되었다'고 느끼기 전에 시작해야 한다.

여기에서도 중요한 건 일상적인 의식을 활용해 이런 불편한 요구 사항을 완화하는 것이다. 먼저 빚을 갚고, 1년간의 생활비를 확보하는 등 자신의 재정 상태를 파악하자. 그리고 그 분야에 익숙해지면 제품이나 서비스 아이디어를 정하고(매일 시장 조사), 웹 사이트를 개설하고, 마케팅 문구를 작성하고(이때노 매일 소금씩 진행한다), 온라인 마케팅에 대해 배우고, 자신의 제품이나 서비스의 시장성을 시험하기 위해 SNS에 광고를 게재한다. 이렇게 새로운 사업의 각 부분과 친숙해지고 모든 요구 사항이 점점 여러분에게 친숙한 조건의 일부가 되면, '평범함'이 새롭게 확장된다.

넷째, 자신에 대한 신뢰를 회복하는 게 필수적이다. 엔젤과 내가 목표 달성을 위한 일상적인 의식을 만드는 법을 배우기 전에는 우리가 실제로 목표를 이룰 수 있다는 믿음이 부족했다. 우리는 과거에 여러 번 실패를 겪었고, 본인에 대해 너무 낙담한 나머지 스스로 다짐한 목표 지향적인 약속을 이행하는 것보다는 미루는 쪽을 택하기 시작했다. 본질적으로 우리는 우리 자신과 우리가 지닌 능력에 대한 믿음을 잃은 것이다. 그건 마치 다른 사람이 끊임없이 여러분에게 거짓말을 하는 것과 같다. 그러면 결국 여러분은 더 이상 그의 말을 신뢰하지 않게 된다. 여러분이 스스로에게 하는 약속이 늘 실망스러운 결과로 끝나는 경우에도 마찬가지다. 결국 여러분은 본인을 더 이상 믿지 않게 된다. 대부분의 경우 해결책은 똑같다. 사소한 약속, 작은 걸음(일상적인 의식), 작은 승리를 통해 서서히 신뢰를 회복해야 한다. 아마 꽤 많은 시간이 걸리겠지만 이건 여러분이 스스로 할 수 있는 가장 중요한 일 가운데 하나다.

한 번에 한 걸음씩 내딛는다는 생각은 우스울 정도로 당연하게 느껴질 수 있지만, 어느 시점이 되면 우리 모두 그 순간에 사로잡혀서 즉각적인 만족감을 갈망하게 된다. 우리는 자기가 원하는 걸 지금 당장 갖기를 원한다! 그리고 이런 갈망은 너무 많은 걸 너무 빨리 받아들이도록 유혹한다. 엔젤과 나는 지금까지 이런 일들이 벌어지는 걸 수없이 봐왔다. 코칭 클라이언트나 강좌를 듣는 학생들은 하나의(혹은 열 개의) 큰 목표를 단번에 달성하고 싶어 하면서, 집중해야 하는 일상적인 의식 한두 개를 고르는 건 못하기 때문에 정말 가치 있는 일은 아무것도 이루어지지 않는다. 이런 흔한 실수, 그러니까 신속한 해결책을 원하는 사고방식을 여러분의 리마인더로 삼아야 한다.

단번에 500킬로그램을 들어 올릴 수는 없지만, 1킬로그램짜리를 500번 들어올리는 건 쉽게 할 수 있다. 작고 반복적이며 점진적인 노력을 통해 목표를 달성할 수 있다. 이런 일은 순식간에

일어나지는 않지만, 목적지에 아예 도달하지 못하는 것보다는
훨씬 빨리 일어난다.

자기만의 의식을 만들기 위한
좋은 아이디어 몇 가지

이제 여러분도 자신의 삶에서 이루고 싶은 구체적인 변화에
대한 아이디어가 생기고, 그런 변화를 이루는 데 도움이 될 의식
을 만들 수 있는 다양한 도구들이 준비되었기를 바란다. 여러분
을 좀 더 독려하기 위해, 당장 시행할 수 있는 강력한 의식을 위
한 간단한 아이디어를 몇 가지 소개한다. 또 이런 아이디어를 이
용해, 멋진 생각을 품고 다시 행복으로 돌아가기 시작하는 데 도
움이 되는 자기만의 새로운 의식을 만들 수도 있다.

뇌에도 휴식을

초등학교 때 선생님들이 뭐라고 말했든 간에, 몽상은 결코 시
간 낭비가 아니다. 생산적인 일을 할 때는 실제 프로세스를 위
해 구조화된 루틴이 중요하지만, 우리 마음은 자유롭게 돌아다
닐 수 있는 한가한 시간이 필요하며 바로 이 목적을 위한 의식
을 만들 수 있다.

신경과학자들은 몽상을 할 때도 상상력이나 창의적 사고와 관련된 뇌 과정이 똑같이 일어난다는 걸 발견했다. 〈긍정적이고 건설적인 몽상에 바치는 시〉라는 제목의 연구 논문을 공동 집필한 심리학자 레베카 맥밀란Rebecca McMillan의 말에 따르면 몽상은 복잡한 문제의 해결책을 창조적으로 배양하는 데 도움을 줄 수 있다. 어쩌면 때때로 오랫동안 뜨거운 물로 샤워를 할 때 최고의 아이디어를 얻는 까닭도 그 때문일 것이다.

몽상 의식을 위한 시간을 미리 계획한다는 건 직관에 반하는 일처럼 보일 수도 있지만, 우리는 대부분의 시간을 생산성 모드로 보내도록 프로그래밍되어 있다. 그 버릇을 고치려면 시간이 좀 걸릴 수 있다는 걸 안다. 매일같이 끊임없이 온갖 활동을 하는 데 익숙해지면 아무것도 하지 않을 수 있는 시간을 허락한 걸 이상하게 여기거나 심지어 죄책감을 느낄 수도 있다. 하지만 일상생활 속에 몽상을 위한 공간을 마련한다면, 몽상은 자연스럽게 찾아올 것이다. 가장 어려운 부분은 여러분이 자기 자신에게 한가한 시간을 허용하는 것이다. 마침내 편안하게 심호흡을 하면서 휴식을 취해도 괜찮다는 걸 깨닫게 되면, 자리에 누워서 이런저런 생각이 흘러가게 할 수 있다. 스스로에게 긴장을 풀고 꿈꿀 시간을 허용했을 때 얼마나 멋진 아이디어들이 떠오르는지 알면 깜짝 놀랄 것이다.

낯선 것에 대한 사랑

새로운 경험과 감각, 마음 상태를 사랑하는 법을 배우자. 성장은 항상 안락지대의 가장자리에서부터 시작되기 때문에, 자신의 지평을 넓히려는 이 의지는 여러분의 잠재력에 대한 중요한 예측 변수다. 물론 이것의 큰 부분은 여러분이 '리듬'을 타고 있을 때 그리고 창조적이고 지적인 근육을 늘리기 위해 열심히 일할 때 루틴 안에서 일어난다. 하지만 새로운 경험은 루틴의 균형을 잡는 데 도움을 준다. 평소와 다르게 생각하도록 강요하기 때문이다. 새로운 상황에 처하면 여러분은 인간으로서 할 수 있는 어떤 것들을 깨닫게 된다. 의식을 고수하면 성취감과 본인의 능력에 대한 만족감을 느낄 수 있는 것처럼, 새로운 경험도 그런 기분을 안겨준다.

최소 일주일에 한 번 정도는 새로운 걸 시도하는 의식을 만들려고 노력해보자. 암벽 등반이나 댄스 교습처럼 완전히 새로운 활동일 수도 있고 낯선 사람에게 말을 거는 것처럼 사소한 경험일 수도 있다. 일단 시작하면, 이런 새로운 경험들 중 많은 것이 지금 당장은 상상도 할 수 없는 삶을 바꿔놓는 관점에 문을 열어줄 것이다. 미리 계획된 사소한 일들을 연속적으로 진행하는 전략을 이용해서 새로운 경험을 한다면, 고정관념에서 벗어나 생각할 때 맞닥뜨리는 가장 큰 장애물인 두려움을 피할 수 있을 것이다.

일단 웃자

때로는 의식적으로 긍정적인 일들을 생각하겠다고 결정해서, 방황하는 마음에 약간 도움을 줘야 한다. 긍정적인 생각은 관심을 다시 집중시키는 데도 도움이 될 것이다. 일이 잘 진행되고 있고 기분이 좋을 때는 이게 꽤 쉽다. 하지만 상황이 힘들어져서 마음속에 부정적인 생각이 가득 찼을 때는 정말 힘든 일일 수도 있다. 이런 순간에는 하루 중 있었던 일들 가운데 아무리 사소한 거라도 긍정적인 일을 찾아내자. 오늘 있었던 일들 중에는 긍정적인 게 전혀 떠오르지 않는다면, 그 전날 혹은 최근의 다른 때를 생각해보자. 여기서 중요한 건 아무리 사소한 거라도 긍정적인 생각을 갖고 있으면, 부정적인 생각이 마음을 어지럽히기 시작할 때 관심을 돌릴 준비가 되어 있다는 것이다.

숀 애커Shawn Achor가 자신의 저서 《행복의 장점The Happiness Advantage》에서 설명한 것처럼, 진단을 하기 전에 긍정적인 기분을 느끼는 의사들은 중립 상태의 의사에 비해 지적인 능력이 대폭 증가해서 남들보다 20퍼센트나 빠른 시간 안에 정확한 진단을 내릴 수 있다는 최신 과학 연구 결과가 있다. 이 연구에서는 다른 직업을 가진 사람들도 조사했는데, 낙관적인 영업 사원의 경우 비관적인 영업 사원보다 판매량이 50퍼센트 이상 높다는 사실이 드러났다. 수학 시험을 보기 전에 행복한 기분을 느낀 학생들은 중립 상태의 동료 학생들보다 훨씬 뛰어난 성적을 올렸다. 우리의 마음은 원래 부정적이거나 중립적인 상태가 아니라 긍정적인 상태일 때 최상의 성과를 내도록 되어 있다는 사실이 밝혀진 것이다.

부정적인 감정을 계속 품고 있기보다 그냥 유념해서 받아들인 후 잊어버릴 수 있게 해주는 일상적인 의식을 만들 수 있다면 모든 면에서 더 효과적인 사람이 될 것이다.

한 발 물러나기

한 발 물러나 마음을 이완하는 것은 정신적, 육체적 회복의 열쇠다. 이걸 하는 방법은 많지만, 모든 것의 기초는 집중적인 호흡(일종의 명상)이다. 여러분의 호흡은 생활환경과 의식 사이를 연결하는 다리고, 당신의 몸과 생각을 통합시킨다. 따라서 스트레스를 받을 때는 조용히 앉아서 호흡에 집중하면서 10분간 휴식을 취해보자. 문을 닫고, 방해물은 전부 치우고 의자에 앉아 눈을 감고 호흡에 집중하는 것이다.

이 의식의 목표는 휴식 시간 내내 가슴이 오르내리는 느낌에만 집중하는 것인데, 그러면 걱정스러운 마음이 방황하거나 지나친 생각을 하는 걸 막아줄 것이다. 간단한 방법처럼 들리겠지만 1~2분 이상 계속하기는 힘들며 특히 이 의식을 처음 시작할 때는 더 그렇다. 그리고 이런저런 생각 때문에 가끔 곁길로 새는 건 괜찮다. 그건 당연히 일어나는 일이므로 그냥 다시 호흡에 집중하기만 하면 된다.

스트레스와 분주함 때문에 생각이 이리저리 흩어질 때마다 호흡을 마음을 제어하는 수단으로 사용하자. 호흡에 집중하면서 잠시 있다 보면 기분이 나아질 것이다.

오전 8시 리모델링

개인적인 성공에 관한 책이나 강좌들은 대부분 우리가 로봇인 것처럼 굴면서, 우리의 감정이 지닌 엄청난 힘을 완전히 간과하고 있다. 하루를 시작하는 시간에 감정을 크게 흥분시키지 않으면 하루 종일 좀 더 차분한 상태를 유지할 수 있을 것이다. 평화롭고 주의 깊은 상태에서 하루를 시작하면 일에 집중하기가 쉬워진다. 하지만 아침에 일어난 순간부터 벌써 스트레스를 받고 있다면(전화벨, 이메일과 문자 메시지 알림, 이런저런 문제 발생 등으로 인해) 하루 종일 주도적으로 행동하기보다 상황에 반응하기만 할 것이다. 이건 자신의 우선순위(여러분을 성공으로 이끌어주는 일들)에 따라 일을 하는 게 아니라, 자신에게 중요한 일이든 아니든 상관없이 자기 앞에서 벌어지는 일들에 대응하기만 한다는 뜻이다.

하루를 능동적으로 살아가려면 기상 뒤 한 시간을 하나의 의식으로 만들고, 최대한 변화가 생기지 않도록 노력해야 한다. 신뢰할 수 있는 일상은 통제력을 갖고 걱정과 스트레스를 줄여주기 때문에 좀 더 주변에 유념하면서 유능한 모습을 보일 수 있다. 일과는 사람마다 다를 수 있다. 우리 부부의 일과는 아들보다 먼저 일어나서 아이의 요구를 예측하고 대비하는 것이다. 그런 다음 커피를 마시고 아침 명상을 한다. 내가 아침 스트레칭 일과를 진행하는 동안 엔젤은 영감을 주는 책을 읽곤 한다. 이런 의식들은 우리에게 효과적이다.

자신이 가장 원활하게 작동하는 방식에 주의를 기울이자. 여러분이 진심으로 그날 하루를 받아들일 수 있는 마음 상태로 만들어주는 건 무엇인가? 하루를 시작하는 방법은 전반적인 능률에 큰 영향을 미친다. 간단하고 스트레스가 없는 방법이어야 한다. 일단 조용한 아침 일과를 지키고 나면, 더욱 차분하고 적극적인 자세로 하루를 보낼 수 있는 이점을 누리게 될 것이다.

분주함 격파하기

살다 보면 어느 순간엔가, "왜 모든 일을 다 하는 게 불가능할까?"라는 궁금증을 다들 느낀다. 하지만 그 대답은 놀랍도록 간단하다. 우리는 잘못된 일들을 너무 많이 하고 있는 것이다. 그리고 여러분의 삶을 변화시킬 의식을 만들고 싶다면, 겉보기에는 중요해 보일지도 모르지만 사실 방해만 되는 일상적인 일들을 줄이거나 제거하는 게 도움이 될 수 있다.

몇몇 연구 결과, 자신에게 닥친 일들을 전부 처리하려고 맹목적으로 초과 근무를 할 경우 더 이상의 성과를 거두지 못한다는 사실이 증명되었다. 그보다는 중요한 우선순위와 이정표를 측정하고 추적하는 신중한 계획을 따를 때 생산성이 더 높아진다. 따라서 살면서 더 큰 성공을 거두고 싶다면, 어떤 일을 더 효율적으로 처리하는 방법을 묻기 전에 먼저 "이 일을 정말 해야만 하는가?"부터 물어보자.

시간이 너무 없다고 불평하면서 마치 시간이 무한한 것처럼 일의 우선순위를 정하는 건 정말 아이러니한 일이다. 그러니 다른 일들보다는 정말 중요한 일에만 집중할 수 있도록 최선을 다하자. 목표에 집중하면서 자기가 가고 싶은 목적지를 계속 추구해야 한다.

사적인 기록

오프라Oprah는 일기를 쓴다. 에미넴Eminem도 일기를 쓴다. J. K. 롤링J. K. Rowling도 일기를 쓴다. 행복한 사람들은 자신의 진행 상황을 확인하고 목표를 정하며 반성하고 자신의 실수에서 교훈을 얻는다. 그리고 그들은 이런 일들을 하기 위해 어떤 종류의 공책을 사용하는 경우가 많다. 여러분이 살면서 어떤 곳에 도달하고 싶다면 지도가 필요한데, 그 공책이 바로 지도 역할을 한다. 여러분은 자기가 오늘 한 일, 이루고자 노력한 일, 실수를 저지른 일 등을 그 공책에 적을 수 있다. 이건 반성의 공간이다. 중요한 생각들을 포착할 수 있는 장소다. 과거에 자신이 어디에 있었고 앞으로 어디로 가고자 하는지 추적할 수 있는 장소다. 세상에서 가장 활용도가 낮지만 믿을 수 없을 정도로 효과적인 도구 중 하나이며, 누구나 이용할 수 있다.

일기를 쓰는 건 우리가 앞서 말한 몇 가지 의식들을 결합시킬 수 있는 아주 좋은 방법이다. 여러 가지 면에서, 원스톱 쇼핑이라고 할 수 있다. 지금 자신에게 중요한 인생의 모든 것들을 일기에 나열함으로써, 자기가 감사하는 대상들을 떠올릴 수 있다. 일기장에 몽상 아이디어를 기록하고 세밀하게 조정할 수도 있다. 청취한 팟캐스트 내용이나 마음에 든 책의 내용을 되돌아보는 장소로 사용할 수도 있다. 매일같이 떠오르는 영감을 적으면 자신에게 정말 중요한 것들에 다시 집중할 수 있고, 부정적이고 쓸모없는 습관에 신경 쓰면서 시간을 보내고 싶은 충동을 없애준다. 어느새 일기는 여러분의 삶에서 너무나도 중요한 부분이 되어, 그게 없으면 기분이 이상해질 정도가 될 것이다.

멋진 아침 의식의 힘

좋은 아침 그리고 좋은 하루는 마술처럼 저절로 생기는 경험이 아니라 의식적으로 만들어진 것이다. 하지만 우리는 대부분 아침을 시작할 때부터 주의가 산만해져서, 그 결과 목적의식은 줄어들고 불필요하게 많은 좌절감만 느끼면서 하루하루를 비틀

거리며 살아간다. 우리는 정오까지 이어지는 아침 시간이 매우 중요하다는 사실을 잊어버렸다. 이때의 시간이 하루의 기초를 이룬다. 매일같이 이 시간을 보내는 방식을 보면 우리가 앞으로 살아갈 날들과 살아갈 인생을 예측할 수 있다는 걸 잊고 있다. 그래서 보통은 사소한 활동(소셜 미디어를 확인하고, TV를 보고, 우리가 통제할 수 없는 일들에 대해 걱정하는 것 등)들이 하루하루의 분위기를 결정한다. 결과적으로 우리는 중요하지 않은 사소한 일들에 많은 시간과 에너지를 낭비하는 반면, 실제로 중요하고 통제 가능한 우리 삶의 중요한 부분들과의 접촉은 점차 잃어가고 있다.

반면에 아침 시간(보통 우리가 일어난 순간부터 정오까지)을 신중하고 계획적으로 보내면 의미 있는 통제감을 되찾을 수 있고 다시 스스로를 통제하게 되어, 보다 의도적이고 효과적인 방법으로 삶을 다시 시작할 수 있다.

우리는 여러분에게 거짓말을 하지 않을 것이다. 의식을 확립하려면 헌신적인 노력이 필요하다. 여러분은 매일 스스로에게, 나는 이 일을 할 수 있고 시작하기에 오늘보다 더 좋은 날은 없다고 말해야 한다. 여러분의 삶을 더 좋은 방향으로 나아가게 해줄 수 있는 연습으로부터 멀어지게 하는 부정적인 일들에 집중해서는 안 된다. 스스로의 모습을 평가하고, 지금 바로 긍정적인 변화를 실천할 용기를 가져야 한다. 우리는 자기만의 방식에 갇혀서 저항이 가장 적은 길을 택하고, 항상 해왔던 방식으로 일을 계속하는 게 어떤 건지 알고 있다. 이 일은 힘들지만(특히 여러모로 어려운 시기에는 더 그렇겠지만) 우리는 이게 그만한 가치가 있다고 말하기 위해 여기에 있다. 의식을 지속적으로 실행하기 위해 노력한다면 얼마나 많은 걸 이룰 수 있는지 아마 놀랄 것이다. 여러분에게 적합한 간단한 의식으로 시작해서 그걸 계속 고수하자.

인생 파헤치기 프로젝트 1

우리는 사람을 판단할 때 그 사람의 대답이 아닌 질문으로 판단하라는 말을 듣는다. 만약 여러분이 계속해서 자신에게 잘못된 질문을 한다면, 절대 여러분이 원하는 답을 얻을 수 없을 것이므로 이건 매우 좋은 충고다.

종이에 여러분이 매일 실행하고 있다고 생각하는 의식을 최소 다섯 가지 이상 적어보자. 긍정적인 의식일 수도 있고 부정적인 의식일 수도 있다. 여기에서 중요한 것은 신중하고 또 신중해야 한다는 것이다. 여러분 삶 속에서 이런 의식의 목적이 무엇인지 잘 이해하고 그게 여러분에게 행복을 보태주는지 아니면 앗아가는지 숙고하는 데 도움이 되는 몇 가지 질문을 스스로에게 던지면서 이 의식들을 하나하나 평가해보자.

- 이 의식을 행할 때의 나는 누구인가?
- 이 의식은 내가 있고 싶은 곳에 가까이 다가갈 수 있게 해주는가, 아니면 더 멀어지게 하는가?
- 내가 성장할 수 있도록 어떤 도움을 주는가?
- 어떻게 내게 상처를 주는가?
- 이 의식을 이용해 취할 수 있는 긍정적인 조치는 무엇인가?

이런 질문을 스스로에게 던졌을 때 어떤 힘이 발휘되는지 알겠는가? 자리에 앉아서 지금 자신의 위치가 어디인지 생각해보기 전까지는 자기 삶 속에서 어떤 의식을 실행하고 싶은지 알 수 없다. 그러니 이 실습을 모닝콜로 삼자. 답을 찾기 위해 자신의 외부를 내다보는 대신, 스스로에게 올바른 질문을 던지기 시작하자. 그 질문은 여러분이 나아가는 삶의 방향에 강력한 영향을 미치는 이정표 역할을 할 것이다. 이런 식의 자기 탐구는 여러분이 원칙에 충실하고 자신의 욕망을 추구하며 역경을 통해 성장하고 주변 세상에 가치를 더하도록 도울 수 있다. 그리고 그런 자기 탐구를 통해서 만들어낸 의식이 진전을 이루기 시작하도록 도와줄 것이다.

5분에 집중하기:
삶의 군더더기를 덜어낼 때
진짜 중요한 것이 보인다

어느 추운 1월 아침에 워싱턴 D.C. 지하철역 입구 바로 안쪽에서 한 젊은 남자가 바이올린을 꺼내 어깨에 올려놓았다. 그는 청바지와 티셔츠만 입고 있었다. 그리고 많은 사람들이 매력적이라고 생각할 만한 얼굴을 가졌지만, 이날 아침에는 검은색 야구모자와 텁수룩한 갈색 머리에 얼굴이 거의 가려져 있었다. 몇 분간 현을 튕기면서 악기를 조율한 뒤, 주머니에 손을 넣어 1달러짜리 지폐를 몇 장 꺼내더니 앞에 놓인 바이올린 케이스에 던져놓았다. 지나가는 사람들이 연주를 듣고 거기에 돈을 넣어주길 바라면서. 그 젊은이가 연주를 시작한 곳은 바쁜 아침나절의

지하철 입구였다. 수천 명의 사람들이 직장이나 학교, 혹은 다른 목적지를 향해 서둘러 가느라 바빴다. 지하철이 도착하고 출발할 때마다 수없이 많은 사람들이 쏟아져 나왔다. 그야말로 러시아워가 한창이었다. 하지만 그런 분주한 분위기 속에서, 이 젊은이가 연주하는 놀라운 바이올린 소리가 지하철역을 가득 메웠다.

그것은 무시하기 불가능한 소리였다. (아니, 가능했을지도?)

43분 동안, 1천 명이 넘는 사람들이 조슈아 벨Joshua Bell이 바이올린을 연주하는 지하철역 입구의 문을 지나갔다. 만약 그가 평범한 거리 연주자였다면, 소수의 사람들만 그에게 관심을 보이면서 잔돈 몇 푼을 주고 간 게 별로 대수롭지 않은 일이었을 것이다. 하지만 조슈아 벨은 그저 그런 길거리 연주자가 아니다. 그는 아마 세계에서 가장 유명한 바이올리니스트일 것이다. 더욱이 그는 그 순간 지금까지 작곡된 곡들 중 가장 어려운 클래식 명곡을 연주하고 있었다. 그리고 그 걸작은 세계에서 가장 순수하고 감동적인 소리를 내는 300만 달러짜리 바이올린으로 연주되고 있었다.

하지만 그에게 주목하는 사람은 거의 없었다. 왜일까? 다들 너무 바빠서 발걸음을 멈추고 음악에 귀를 기울일 수 없었기 때문이다.

분주함은 훈장이 아니다

할 일이 너무 많아 그걸 할 시간이 충분하지 않다. 어디서 많이 듣던 말 같은가? "난 바빠"라는 변명을 얼마나 자주 하는가. 마크도 매일 그런 변명을 하며 살았다. 잠시 귀 기울일 틈도 없이 조슈아 벨의 음악을 지나쳐 간 수많은 사람들처럼, 마크의 바쁜 일정 속에도 예정에 없던 존재에 관심을 기울일 시간은 전혀 남아 있지 않았다.

그리고 그는 자기가 바쁘다는 사실을 자랑스럽게 여겼다. 심지어 그걸 자랑할 만한 업적처럼 생각했다! 그는 모든 사람에게 자기가 얼마나 강인한 사람인지 되새겨주고 싶어 했다. 그는 자기가 일과 가족 사이에서 어떤 식으로 곡예를 했는지, 아름다운 교외 지역에 살면서 도심지로 통근하는 게 얼마나 힘든지를 사람들이 알아주기를 바랐다. 그는 우리 강좌에 등록한 학생이나 코칭 고객, 독자를 돕다가 곧바로 식료품점으로 달려가는 생활에 대해 얘기한다. 그리고 짧은 시간 안에 아들에게 밥을 먹이고 달래고, 매일 잠자리에 들기 전에 목욕을 시킬 것이다. 마크는 이런 식으로 계속 자신의 생활에 대해 토로한다.

"내가 얼마나 바쁜지 모르겠어요? 다들 보이지 않나요? 제 발 명심해줘요! 제발!"

그렇다, 그게 바로 마크가 자신에 대해 알아주기를 바라던 바다. 하지만 지금은 더 이상 그러지 않는다. 이제 그는 멈춰 서서 음악에 귀를 기울일 줄 알게 되었다.

분주한 건 성취가 아니다. 분주함 그 자체를 좋아하는 마음가짐으로는 보람 있는 일을 아무것도 이룰 수 없다. 이런 종류의 분주함은 모든 걸 필요 이상으로 힘들게 만드는 마음가짐이다. 만약 우리가 빈곤선 아래로 내려가지 않는데도 단지 먹고 살기 위해 세 가지 일을 동시에 한다면, 이렇게 분주한 생활의 98퍼센트는 스스로 자초한 것이다(여기에서 제외된 2퍼센트의 시간은 살면서 무작위로 생기는 극도로 힘든 사건에 기습을 당한 경우다).

우리가 오랫동안 분주함에 대해 연구해서 그게 우리의 통제 범위 안에 있다는 걸 깨닫고 난 뒤에야 비로소 마크도 자신의 분주함의 정체를 알게 되었다. 우리는 대개의 경우 실제로 필요도 없는 일에 미친 듯이 매달리면서 스스로 두통을 야기한다는 걸 깨닫게 되었는데, 마크가 그런 일의 선두주자였다. 평일 낮에는 그가 가족, 동료, 그리고 기본적으로 주변의 모든 사람들에게 자기와 함께 바쁘게 움직이자고 잔소리를 하는 모습을 볼 수 있었다.

"신발 끈을 더 빨리 묶지 않으면, 영화를 놓치게 될 거예요!"

"이 일을 한 시간 안에 끝내지 못하면, 절대로 목표를 달성할 수 없을 겁니다!"

정말 놀라운 점은, 그가 모든 사람을 자극해서 더 빨리 뛰게 했든 아니든 상관없이 어쨌든 우리는 항상 같은 속도로 움직였다는 것이다. 하지만 마크가 우리를 밀어붙였을 때는 (마크를 포함한) 모든 사람이 더 불행했다. 그의 분주함은 대부분 스스로 자초한 드라마라는 사실이 명백해졌다. 그는 해결되지 않은 생각과 근심, 두려움에 반응해 머릿속에서 분주함을 만들어내면서 무의식적으로는 그게 어떻게든 자신의 삶을 더 쉽게 만들어줄 것이라고 생각했다. 하지만 정확히 그 반대되는 효과가 생겼을 뿐이다. 마크의 분주함은 우리 삶에 엄청난 스트레스와 복잡함을 안겨줬다. 그리고 심지어 할 일이 정말 많은 (아마도 지나치게 많은) 날에도 그의 하루는 형편없는 계획으로 꽉 차 있었다. 그렇다. 모두 쓸모없는 일이었다.

왜 마크는 자기 삶을 더 힘들고 더 바쁘고 더 불행하게 만들었을까? 슬프게도 우리들 중 많은 이들이 불필요하게 바쁜 일들로 자기 삶을 채우는 큰 이유는 항상 플러그인 상태에서 서로 연결되고 공유하며 비교하는 우리 사회와 관련이 있다. 우리는 기본적으로 다른 사람들과 관련된 자신의 현재 위치와 가진 것들에 기초해서 본인을 정의하곤 한다. 그리고 남들보다 좋은 직업과 집, 차, 물건을 가지고 있지 않으면 열등감을 느낀다. 그리고 우리가 더 잘할 수 있다고 오해하는 유일한 방법은 뭐든지 더 바쁘게 하는 것이다!

결국 우리는 우리가 하는 일 그 자체다. 우리가 파티에서 처음 만나는 낯선 사람들에게 말하는 건 직책이나 회사 같은 것들 아닌가? 우리는 더 많은 성취감을 느끼기 위해 소셜 미디어 피드와 달력에 불필요하게 분주한 일들을 가득 채워놓는다. 지금 이 순간에 평범한 자신이 되는 걸 피하기 위해서다. 그 대가는? 마음의 평화, 온전한 정신, 행복이다. 우리는 필연적으로 가장 중요한 걸 보지 못하게 된다. 우리의 분주함이 그걸 어딘가 다른 곳에서 가능한 한 빨리 다른 일을 해야만 하는 끝없는 필요성 속에 파묻어 버렸기 때문이다.

25년 전에 인터넷 혁명이 시작될 때는, 사람들은 기술 발전 덕에 일을 덜 하게 될 것이고 그래서 우리는 인생에서 정말 중요한 것에 더 많은 주의를 기울일 수 있을 것이라고 예상했다. 하지만 오늘날에는 그와 반대되는 증거들이 많다. 예전보다 절반의 시간에 두 배나 많은 일들을 해낼 수 있을지도 모르지만, 지금은 다들 우리가 그렇게 하기를 기대한다. 즉, 그게 새로운 기준이 된 것이다. 그 밖에도 기술은 우리의 자유시간을 끊임없이 방해한다. 우리는 문자 메시지, 이메일, 소셜 미디어 등을 하루 24시간 쉴 틈 없이 체크하기 때문이다.

그래서 첨단 기술은 수많은 장점에도 불구하고, 그 어느 때보다 절망적으로 압도당하는 기분을 느끼게 한다.

그렇다면 해결책은? 스스로 마음을 챙겨야 한다. 일상적인 의식으로서의 마음 챙김은 삶의 방식이자 존재의 방식, 보는 방식, 그리고 인간의 모든 힘을 이용하는 것이다. 마음 챙김의 핵심은 다음과 같다.

- 지금 벌어지고 있는 일들을 모두 제대로 알고 있으면서, 상황이 나아지거나 달라지길 바라지 않는다.
- 상황이 변할 때는 너무 심하게 매달리지 않으면서 모든 긍정적인 경험을 높이 평가한다(모든 건 필연적으로 변하기 마련이므로).
- 인생이 항상 그럴 것이라고 두려워하지 말고 모든 부정적인 경험까지 받아들인다(모든 건 변하므로, 인생이 항상 그럴 리는 없다).
- 가장 중요한 일에 집중하기 위해 불필요한 방해물을 모두 제거한다.
- 지금 이 순간에 모든 에너지와 주의를 기울여서 실질적인 조치를 취할 수 있게 한다.

마음 챙김 수련을 시작하기 전에 우리는 사전 예방적이라기보다 사후 대응적이었다. 매일 끝없이 달리기만 하는 것 같았다. 역경과 싸우고 재정적인 어려움이나 사랑하는 사람들을 잃는 일에 대처하느라 고군분투했다. 수입은 적었고 이 때문에 더 많은 일들을 하루 일과 속에 집어넣어 분주함을 성취의 메달처럼 내세우는 바쁜 영웅이 되려는 충동이 들었다. 해야 할 일 목록에는 항상 다른 뭔가가 포함되어 있었고 최근에 한 일보다 더 많은 관심을 쏟아야 한다고 생각되는 다른 일들이 있었다. 하지만 모든 걸 한데 모으고 있다는 느낌보다는 모든 게 뿔뿔이 흩어지고 집중력이 떨어진다는 느낌이 들었다.

일단 마음 챙김을 우리 삶의 일부분으로 만들고 그걸 의식으로 실천하기 시작하자, 우리 각자의 내면에 놀라운 평온이 찾아들었다.

우리 클라이언트들은 대부분 우리가 과거에 그랬던 것처럼 바쁜 게 곧 생산적인 거라고 여긴다. 하지만 정신을 차리고 스스로에게 "어떻게 해야 지금 이 순간에 가장 적합한 효과적인 조치를 취할 수 있을까?"라고 물어본다면 정말 중요한 게 뭔지 깨닫기 시작할 것이다.

마음 챙김이 가능한 방법으로 하루하루를 살다 보면 인생이 바뀔 수도 있다.

다음 장에서는 신중하게 자신의 시간에 대한 우선순위를 매기고 하루 안에 모든 걸 다 하고 싶다는 욕망을 버리며 분주함에 대한 시각을 조정하는 방법을 논의하면서 여러분이 이해할 수 있도록 도울 것이다.

우선순위를 정하는 기술

너무 많은 것(과업, 지나친 의무, 주의를 산만하게 하는 것들)을 상대적으로 좁은 공간(하루 24시간) 안에 쑤셔 넣으려고 한다는 사실을 스스로 인정하는 순간, 잡다한 일정을 없애야 한다는 게 명백해진다. 신중하게 우선순위를 매기는 것이 관건이다.

오늘 여러분이 하는 모든 일, 24시간 내에 끼워 넣으려고 하는 모든 일들을 주의 깊게 살펴보자. 아침저녁 시간에 TV를 얼마나 보는가? 어떤 웹 사이트를 둘러보는가? 무슨 게임을 하는가? 문자 메시지, 이메일, 소셜 미디어 계정 업데이트에 얼마나 많은 시간을 할애하고 있는가? 인터넷 쇼핑을 얼마나 많이 하는가? 먹고, 청소하고, 다른 사람들을 돌보는 데 얼마나 많은 시간을 할애하는가? 하루의 소중한 시간을 잡아먹는 다른 일들은 어떤 게 있는가?

다들 하루 사이에 너무 많은 일을 처리하려고 시도해본 적이 있을 것이다. 우리 부부 역시 아이가 태어나면서 거대한 학습 곡선이 찾아왔다. 엔젤은 신중한 우선순위 선정을 통해 자신의 일정과 초보 엄마로서의 마음가짐이 어떻게 정리되었는지 이야기한다.

맥이 태어났을 때 가장 어려웠던 부분은 내 시간을 타협해야 한다는 것이었다. 특히 한 번에 모든 걸 다 하려고 했기 때문에 더 어려웠다. 일을 할 때도 맥과 함께 있었으면 하고 바랐다. 아이가 뭘 하고 있는지 궁금했고 내가 아이와 충분한 시간을 보내지 못할까 봐 걱정했다. 그러다가 맥과 함께 있을 때는 해야 할 일 목록과 마치지 못한 일들을 생각했다. 정말 놀랍도록 힘든 시기였다. 나는 여러 방향으로 갈가리 찢어지는 기분이었고, 그 순간 내가 존재하는 장소에 절대 만족하지 못했다.

그래서 마크와 나는 우리의 존재에 집중하면서 현재 있는 곳에 만족하기 시작했고, 그것이 큰 차이를 만들었다. 우리는 일의 우선순위를 정했다. 마크의 이모에게 일주일에 세 번, 오전 10시부터 오후 4시까지 와서 맥을 봐달라고 부탁하자는 계획을 세웠다. 그렇게 하면 우리는 일에 집중할 수 있다. 또 믿을 수 있는 사람이 맥을 봐주고 있다는 걸 알기에 우리가 해야 할 일을 완수하는 데 온 에너지를 쏟을 수 있었다. 그리고 이건 우리가 맥과 함께 있을 때, 그 시간을 100퍼센트 즐길 수 있다는 걸 의미했다. 우리는 일에 대해서도 걱정하지 않았다. 이 모든 것은 그 순간에 집중하는 능력을 향상시키기 위해 해야 할 일들의 우선순위를 정하는 것에서 비롯되었다.

자신의 분주한 모습을 자세히 살펴봤을 때 가장 먼저 알아차릴 수 있는 건, 할 필요가 없는 무작위적인 일들을 너무 많이 하고 있다는 것이다. 그러니 시간이 많이 낭비될 수밖에 없다. 그리고 지나치게 많은 의무가 여러분의 삶을 불필요한 스트레스와 활동으로 가득 채우고 있다는 걸 알아차릴 수도 있다. 중요하지도 않으면서 정신을 산만하게 하는 일과 의무를 최대한 많이 없애고 새로 발생하는 일들은 거절하면서 자신의 시간을 되찾기 시작할 수 있다. 물론 말은 쉬워도 실천하기는 어려울 수 있지만, 중요한 건 시간을 할당하는 방법을 바꿀 수 있다는 걸 깨닫는 것이다.

우선 자신의 해야 할 일 목록을 살펴보자. 합리적으로 생각할 때, 앞으로 24시간 동안 그중에서 얼마나 많은 일들을 처리할 수 있을까? 아마 멀쩡한 정신으로 해낼 수 있는 건 서너 개 정도일 것이다. 이제 다음 24시간 동안 한 가지 작업만 수행할 수 있다면 어떤 작업을 수행하겠는가? 그게 여러분의 최우선 과제다. 그 한 가지 일이. 사실 하루 만에 목록에 있는 일들을 전부 완료할 수는 없고, 당장 목록 최상단에 있는 일 서너 개를 할 수도 없다. 한 번에 할 수 있는 일은 한 가지뿐이다. 그러니 가장 중요한 일에 집중하고, 그 일을 다 마치면 다음에 할 일이 뭔지 생각해보자. 다른 건 다 치우고 한 가지에 집중하는 것이다.

이제 신중한 우선순위 정하기가 어떤 식으로 작동하는지 알게 되었는데, 여러분이 살면서 모든 일의 우선순위를 신중하게 결정할 때 기억해야 하는 몇 가지 기본 원칙들이 있다.

첫째, 살면서 중요한 목표를 달성하거나 어떤 결과를 얻고 싶다면, 그것과 상충되는 것들을 포기해야 한다. 그렇다고 불필요하게 힘든 삶을 살아야 한다는 뜻은 아니다. 그저 모든 걸 다 가질 수는 없다는 뜻이다. 본인이 궁극적으로 달성하고자 하는 목표보다 가치가 떨어지는 것들은 희생해야 한다. 그러니 자기가 원하는 것부터 생각하는 게 아니라, 그걸 얻기 위해 기꺼이 포기할 수 있는 것들을 먼저 생각해보자. 여행을 가지 않는다면 목적지가 있을 수 없다. 예를 들어, 식스팩이 선명하게 드러나는 복근을 원한다면, 힘든 운동과 몸에 좋은 식사를 해야 한다. 스스로에게 물어보자. 희생할 가치가 있는 일은 무엇일까? 이 질문은 자신의 진정한 우선순위가 무엇인지 밝혀준다. 왜냐하면 며칠, 혹은 몇 달씩 뭔가를 하고 싶어 하면서도 필요한 일들을 행동에 옮기지 않고 따라서 어떤 발전도 이루지 못한다면 사실은 그걸 정말로 원하는 게 아닐지도 모른다. 그걸 이루기 위해 거쳐야 하는 희생과 힘든 일들을 겪고 싶어 하지 않기 때문이다. 어쩌면 그건 여러분의 실제 우선순위가 아닐지도 모른다. 아니면 진지한 변화를 이뤄야 할 때일 수도 있다.

둘째, 지나친 전념은 평화롭고 신중한 삶을 사는 것과 대조되는 인생이다. 옳은 일에 전념하는 것과 모든 일에 지나치게 전념하는 것 사이에는 차이가 있다. 깨어 있는 매순간을 해야 할 일 목록에 들어 있는 작업이나 주의를 산만하게 하는 다른 일들로 채우고 싶다는 유혹이 들기도 한다. 하지만 자신에게 그러지 말자. 공간을 비워두자. 자신의 삶을 질서 있게 유지하고 일정에 여유를 둬야 한다. 착지하기 쉬운 장소, 넓은 오차 범위, 생각하고 숨 쉴 수 있는 공간이 있는 토대를 마련하자.

셋째, 너무 많은 걸 통제하려고 들면 즐길 수 있는 게 너무 적어진다. 철통같은 계획으로 꽉 찬 삶을 살지 말자. 열심히 일하되 융통성을 발휘해야 한다. 최고의 순간은 종종 계획되지 않은 상태에서 생기는 경우가 많으며 계획했던 목표에 정확하게 노달하지 않았을 때 가장 큰 후회가 발생한다. 가끔은 그냥 놔두고 긴장을 풀고 심호흡을 하고 지금 있는 것을 사랑하자.

피곤할 때는 오래전에 극복한 부정적인 상황들에 공격을 받기도 한다. 기진맥진한 마음은 비효율적이다. 날마다 재충전을 해야 한다. 이건 숨을 고르고 혼자만의 공간에서 생각을 정리하고 관심을 내부로 집중하며 일상생활의 혼란에서 회복되기 위한 시간을 갖는 걸 의미한다. 잠시 동안 하던 일을 멈추고 세상이 여러분 없이 돌아가게 하는 건 매우 건설적인 방법이다. 그렇게 하지 않는다면, 더 이상 여러분의 관심이 필요 없는 문제와 상황에 대해 곰곰이 숙고하느라 공연히 녹초가 될 가능성이 높다.

군더더기는 어떻게 처리할까

그러면 여러분이 하고 싶지만(혹은 '해야만' 한다고 느끼지만) 할 수 없는 다른 일들은 어떻게 해야 할까? 24시간 안에, 혹은 그 어디에도 끼워 넣을 수 없는 과업은 어떻게 해야 할까? 바로 이럴 때 군더더기를 처리하는 기술이 필요하다.

그 일들은 내일도 할 수 있다. 아니면 아예 하지 않기로 할 수도 있다. 어느 쪽이든, 현실은 그게 앞으로 24시간 동안 여러분의 삶에 포함되지 않을 것이라는 얘기다. 그리고 이것들이 최우선 과제도 아니었기 때문에 전혀 문제될 게 없다.

문제는 여러분이 모든 걸 일정에 끼워 넣을 수 없어서 불안감과 압도감, 좌절감을 느낄 때에만 발생한다. 하지만 여러분의 느낌은 본인이 처한 현실이 아니라 자기가 모든 걸 다 할 수 있고, 모든 사람에게 모든 것이 될 수 있어야 하며, 초인적인 존재가 되어야 한다는 이상에 바탕을 두고 있다는 것을 깨달아야 한다. 그러니 현실에 맞춰서 자신의 이상을 조정해야 한다. 그리고 여러분이 모든 걸 다 할 수는 없다는 게 현실이다. 여러분은 중요한 일만 선택할 수 있고 나머지는 모두 때가 되길 기다리거나 목록에서 삭제해야 한다.

우리는 매일 클라이언트와 학생, 글쓰기, 그리고 가족이라는 세 가지 핵심 사안에 초점을 맞추고 살아간다. 이건 우리에게 가장 중요한 것들이므로 여기에 우리의 에너지를 쏟고 신중하게 정신을 집중하는 것이다. 일단 이런 식으로 집중하기 시작하자, 집중을 방해하는 게 뭔지 알아차릴 수 있었다. 의무라고 생각해서 했던 일들은 우리의 최우선 순위에 포함되지 않으므로 배제시킬 수 있었다. 그리고 우리가 해야 했던 희생들이 점점 견디기 쉬워졌다.

우리가 핵심적인 사안을 스물다섯 가지씩 고르려고 하지 않았다는 사실에 주목해야 한다. 여러분의 우선순위 목록에 스물다섯 가지의 일들이 있고 그것들 모두가 똑같이 중요하다면, 정신이 흐트러질 수밖에 없다. 하루에 그렇게 많은 일들을 하는 건 불가능하며 결국 성취하지 못한 것에 대한 죄책감과 후회로 이어진다. 그건 현재에 충실한 것과 반대되는 일이다. 정말 중요한 것에 집중하고 오늘 할 수 있는 일을 하자. 집중할 일을 두 개나 세 개 혹은 다섯 개 정도 고른다. 그거면 충분하다. 나머지는 우선순위에서 해제하고 그렇지 않다는 생각을 버려야 한다.

여러분이 가장 중요한 일에 집중하지 못하게 방해하는 것들의 우선순위를 신중하게 해제하는 과정을 도와주는 방법이 두 가지 있다.

먼저 접시를 깨끗이 닦을 수 있다면 어떤 걸 다시 접시 위에 올려놓을지 결정한다. 우리 삶은 하룻밤 사이에 갑자기 복잡해지는 게 아니라 서서히 복잡해져 간다. 그 합병증은 한 번에 하나씩 슬금슬금 나타난다.

어떻게 하면 이런 악순환을 막을 수 있을까?

정기적으로 한 걸음 물러나서 일정이 비어 있다면 거기에 무엇을 집어넣을 것인지 다시 평가해봐야 한다. 만약 접시가 완전히 깨끗한데 공간이 제한되어 있다면, 오늘 거기에 무엇을 담겠는가?

마크의 경우, 그는 조용히 집중해서 글을 쓸 수 있는 시간, 아들과 함께 노는 시간, 엔젤과 함께 운동하고 차를 마시는 시간, 점심시간의 짧은 산책, 그리고 한동안 얘기를 나누지 못한 옛 친구와의 즐거운 대화, 본인에게도 중요하고 다른 이들에게 변화를 가져다줄 수 있는 간단한 활동 몇 가지, 읽고 배우는 시간, 자기 전에 혼자 생각하고 명상하면서 긴장을 풀 수 있는 시간을 추가할 것이다.

여러분은 자기 접시에 무엇을 얹고 싶은가?

그걸 알아냈으면 머릿속에 떠오르는 초대와 활동, 요청과 과업들을 계속 살펴보면서 이게 깨끗한 접시에 올리고 싶은 것인지 자문해보면 된다.

다음으로는 거절하는 법을 배우자. 모든 일에 '예스'라고 말하는 건 여러분을 비참하게 만드는 지름길이다. 자기가 바쁘기만하고 별로 실속은 없는 일을 하고 있다고 느낀다면 이건 '예스'를 너무 남발한 결과인 경우가 많다. 우리 모두 의무적으로 해야 하는 일들이 있지만, '예스'를 적절히 관리해야만 편안한 속도로 일할 수 있다. 그러니 싫다고 말하고 싶을 때 '예스'라고 말하는 걸 그만두자. 항상 상대방의 부탁을 모두 받아들일 수는 없다. 때로는 명확한 경계를 정해둬야 한다.

매우 가치 있는 일의 경우에는 거절하는 게 부당해 보인다고 생각할 수도 있다. 싫다고 말할 때는 마음이 아플 것이다. 하지만 그렇게 해야만 한다. 그렇지 않으면 모든 일을 건성으로 대하면서 제대로 해내지 못해 믿을 수 없을 만큼 스트레스를 받고, 끝없이 이어지는 실패와 좌절의 악순환에 갇혀 있는 것처럼 느끼게 될 것이기 때문이다. 충분한 수면을 취하지 못할 테고 기진맥진 지쳐서 집중력이 점점 더 떨어지다가 결국 한계에 다다르게 될 것이다.

하지만 기억하자. 많은 사람들이 이렇게 심신을 약화시키는 악순환에 갇히게 되는 유일한 이유는 자기가 모든 사람에게 도움이 될 수 있고 동시에 모든 곳에 있을 수 있으며, 모든 부분에서 영웅이 될 수 있다는 우리 마음속의 판타지 때문이라는 것을. 하지만 다시 한 번 말하지만, 현실은 그렇지 않다. 현실은 우리가 슈퍼맨도 원더우먼도 아니라는 것이다. 우리는 인간이고 한계가 있다. 우리는 자기가 모든 걸 할 수 있고, 모든 사람을 즐겁게 할 수 있으며 동시에 모든 장소에 존재할 수 있다는 생각을 버려야 한다. 여러분은 몇 가지 일을 잘 할 수도 있고 모든 일을 형편없이 망쳐놓을 수도 있다. 그게 진실이다.

분주함의 재구성

자신의 우선순위를 잘 관리하고 몇 가지 일들을 우선순위에서 제외시켰다면, 이제 여러분을 압도하는 분주함에 대한 일반적인 생각을 재구성해야 한다.

인간인 우리는 스스로 바쁘다고 생각하는 정도에 따라서 느끼는 부담감이 증폭된다. 즉, 우리가 스스로에게 말하는 삶에 대한 이야기가 우리의 스트레스 수준을 극적으로 증가시키거나 완화시킬 수 있다. 그래서 생각 재구성을 통해 큰 차이가 생기는 것이다.

최근에 진행한 코칭 시간에, 세 아이의 엄마이자 아내이면서 성공적인 사진 사업을 운영하는 레베카가 자신의 삶에 대해 생각하는 방식을 어떻게 재구성했는지 이야기했다.

예전에는 내 삶이 엄청나게 바쁘다고 말하곤 했지만, 이제는 그렇지 않습니다. 지금은 삶이 매우 풍요롭고 흥미진진하다고 여기지요. 개인적으로나 직업적으로 직면한 도전들에 맞설 힘이 있다고 느껴요. 현실을 거부하는 것도 아니고, 거의 날마다 하루 일과를 마칠 무렵이 되면 기진맥진하지요. 하지만 지금은 만족스러운 피로감입니다. 나는 내가 할 수 있는 일을 하면서 최선을 다했어요. 그래서 기분이 좋아지죠. 물론, 때로는 힘들게 절충해야 하는 일들이 있지만 괜찮습니다. 그런 절충을 통해서 내 우선순위들에 더 집중할 수 있게 되니까요. 물론 모든 일을 다 할 수는 없어요. 하지만 최선을 다할 수는 있습니다. 올바른 이유들을 위한 일을 할 수도 있고요. 그리고 그 과정에서 다른 사람들이 존중받고 사랑받는다고 느끼게 할 수 있습니다.

레베카는 예전에 부담스러웠다고 표현한 삶의 부분에 새로운 틀을 적용함으로써, 사물을 신선한 시각으로 바라보고 자기가 최선을 다하고 있으며 올바른 이유를 위해 일을 하고 있고, 자신의 행동을 통해 다른 이들이 가치 있는 존재라는 느낌을 받는다는 걸 알게 되었다.

그리스의 철학자 에픽테토스Epictetus는 2천여 년 전에 이렇게 말했다. "사람들은 자기에게 일어나는 일 때문이 아니라 그것과 관련해 자기들이 형성한 원칙과 의견 때문에 혼란을 느낀다. 우리가 방해받거나 불안감을 느끼거나 슬퍼할 때는 그걸 다른 사람 탓으로만 돌리지 말고, 자신의 원칙과 의견 탓으로 돌려야 한다."

현대의 행동과학도 이에 동의한다. 합리적 정서행동치료법REBT

을 개발한 것으로 유명한 미국의 심리학자 알버트 엘리스Albert Ellis는 사람들이 사건에 반응하는 방식은 사건 자체가 아니라 사건에 대한 그들의 관점에 따라 결정된다는 사실을 증명했다.

때때로 적어도 당장은 자기가 처한 상황을 바꿀 수 없는 경우가 있다. 당장 새 직장을 구할 수는 없다. 다른 사람이 자신의 의지에 반하는 변화를 이루도록 할 수는 없다. 그리고 물론 과거를 지울 수도 없다. 하지만 상황에 대한 자신의 인식이나 믿음, 혹은 의견을 바꾸는 건 틀림없이 가능하다. 그건 여러분의 태도를 바꾸는 데 도움을 줄 것이고 궁극적으로 자기 힘으로 통제할 수 없는 고난을 넘어서게 해줄 것이다.

중요한 건 여러분에게 항상 선택권이 있다는 것이다. 여러분이 상황을 신중하게 재구성하고, 본인의 삶을 과도하게 부담스러운 것이 아닌 풍요롭고 흥미로운 것으로 보기 시작할 수 있게 도와주는 몇 가지 방법이 있다.

1. 당신의 유일한 현실은 지금 이 순간, 바로 여기에서 벌어지고 있는 일들이다.

마음, 육체, 영혼의 건강 비결은 과거를 슬퍼하거나 미래를 걱정하지 않고, 신중하게 목적의식을 가지고 현재를 살아가는 것이다. 진정한 부는 지금의 순간을 최대한 경험할 수 있는 능력이다. 다른 시간과 장소는 진짜가 아니다. 평생의 평화와 풍요로움은 이런 단순한 인식에서 찾을 수 있다.

2. 부정적인 생각은 당신이 그걸 믿지 않는 한 해롭지 않다.

여러분의 생각이 문제가 아니라, 고통을 야기하는 생각에 집착하는 게 문제다. 생각에 집착하는 건 증거도 없이 그게 사실이라고 믿는 것이다. 믿음이란 여러분이 오랫동안 집착해온 생각을 말한다.

3. 분노는 반드시 고통을 수반한다.

화가 났을 때 함부로 말하고 행동하다 보면 틀림없이 나중에 후회할 말을 하게 된다. 무언가에 대해 화를 내고 극적으로 반응하기는 쉽다. 그것과 관련해 생산적인 일을 하는 건 어렵지만 가치 있는 일이다. 삶은 너무 소중하고 너무 짧기 때문에 화를 내고 호들갑을 떨면서 보내기엔 시간이 아깝다. 그러니 그만하고 긍정적으로 생각하자. 최선을 다해야 한다.

4. 모든 건 두 번 창조된다. 처음에는 마음속에서 그리고 삶 속에서.

진정한 싸움은 여러분의 마음속에서 먼저 일어난다. 본인의 생각에 패배한다면, 이미 패배한 것이다. 이걸 기억하자. 화를 내거나 분개할 충분한 이유가 있다고 해도, 화를 내지 말아야 한다. 여러분의 에너지를 삶에 실제로 도움이 되는 생각과 행동 쪽으로 옮기자.

이 장이 거의 마무리되고 있는 지금, 좋은 생각과 마음 챙김의 가장 큰 적은 분주함이라는 사실을 스스로 상기하는 게 중요하다. 다들 바쁜 일정에 따라 살고 있지만, 우리들 가운데 항상 바쁠 필요가 있는 사람은 극소수에 불과하다. 우리는 우선순위를 정하는 법이나 반드시 그래야 할 때 거절하는 법을 모를 뿐이다.

그 반면, 어떤 순간에 존재감을 키우면 우리가 실제로 통제할 수 있는 것들에 집중할 수 있는데, 이게 행복으로 돌아가는 열쇠이다. 우리는 이런 시간을 몇 번이고 반복해왔다. 살면서 무슨 일이 일어나더라도, 우리는 오늘의 전투에서만 싸울 수 있다. 대부분의 스트레스와 분노, 걱정은 지금 이 순간이 아닌 다른 시간과 장소의 가능성에 관심을 돌리는 바람에 생기는 것이다. 바쁘게 지내면 잠깐 동안은 더 생생하게 살아 있다는 느낌이 들기도 하지만, 내일 혹은 임종을 맞을 때가 되면 틀림없이 분주하게 보내는 시간을 줄이고 목적성 있게 마음을 다해 사는 것에 더 시간을 쏟았어야 한다고 생각하게 될 것이다.

우리는 오늘의 전투에서만 싸울 수 있다.

인생 파헤치기 프로젝트 2

1장에서는 의식의 중요성을 얘기하면서 여러분의 존재와 마음 챙김을 실천하는 데 도움이 되는 일상적인 의식을 치르면 큰 보상을 얻을 수 있다고 했다. 여기에서는 여러분이 지금 어디에 있고 마음 상태가 어떻건 상관없이, 자신을 중심으로 모으고 현재에 충실할 수 있게 도와줄 몇 가지 간단한 마음 챙김 실습 방법을 소개한다.

- 편안한 자세를 취한 뒤 자기 몸에 집중하면서 지금 각 부분의 느낌이 어떤지 살펴본다. 이 과정을 30초 동안 계속한다.
- 60초 동안 본인의 호흡에 정신을 집중한다. 숨소리를 듣고 느낀다.
- 60초 동안 자신의 걱정거리, 두려움, 판단, 의심, 이상 등에 관한 생각을 관찰한다. 그것들은 그저 생각에 불과하다는 걸 인식한다. 그걸 믿거나 반응할 필요가 없다.
- 자신의 발, 몸, 호흡, 주변 환경에 유의하면서 주의 깊게 걷는다.

하루 중 언제라도 필요할 때마다 이런 간단한 마음 챙김 실습을 조금씩 할 수 있다. 마음 챙김의 이점을 얻기 위해 30분씩 명상을 할 필요가 없다는 걸 기억하자. 단 몇 분간 신중하게 주의를 기울이면서 집중하는 것만으로도 큰 성과를 낼 수 있다. 핵심은 그걸 의식으로 만들어서 날마다 반복하는 것이다.

마지막으로, 추가적인 영감이 필요한 이들을 위해 우리가 현재에 충실하면서 상황을 균형 있게 유지하기 위해 늘 되새기는 일곱 가지 내용을 소개한다. 사는 게 정신없이 바빠서 주체할 수 없는 기분이 들 때면, 마음가짐이 다시 바뀔 때까지 이런 내용들을 되새긴다. 여러분도 똑같이 해보기를 권한다.

1. 심호흡을 하기에 가장 좋은 때는 별로 심호흡을 하고 싶지 않은 순간이다. 왜냐하면 그럴 때 해야 가장 큰 변화를 불러올 수 있기 때문이다.

2. 스트레스나 상황에 압도되는 느낌은 모두 여러분이 반응하는 방식때문에 생기는 거지, 살아가는 방식 때문이 아니다. 태도를 바꾸면 이런 감정들은 사라진다. 우리는 인생을 바라보는 자신의 시각을 통제할 수 있다.

3. 우리가 관심을 기울이는 것들은 다 커지게 마련이다. 그러니 중요한 일에만 집중하고, 중요하지 않은 것들은 놓아버리자.

4. 자신에게 사랑을 좀 베푸는 것도 좋은 일이다. 어떤 상황에서든 모든 사람을 위해 모든 일을 다 할 수는 없다. 할 수 있는 만큼만 하

되, 즐거운 마음으로 하자.

5. 걱정, 좌절, 분노, 미루는 습관은 우리를 지치게 한다. 반대로, 진정성 있고 정직한 노력은 열정을 북돋아줄 것이다. 상황에 따라서 행동하자.

6. 포기하지 말고 계속하자. 한 번에 한 걸음씩. 진정한 목적에는 시간 제한이 없다. 진정한 목적에는 마감일노 없나. 어리분이 내딛는 한 걸음 한 걸음에 집중하자.

7. 어떤 일이든 간에, 우리는 항상 오늘의 전투만 치를 수 있다. 어제와 내일의 무한한 전투까지 추가하면 삶이 너무 복잡해진다.

분주함을 신중함으로 바꾸면, 자신에게 가장 중요한 일들을 이룰 수 있는 길이 더 넓게 열려 있다는 걸 발견하게 될 것이다.

집착 버리기:
이 세상에는 우리가 통제할 수 없는 일이
무수히 많다

"어제 오후에 쌍둥이 언니가 자기 병실에서 전화를 했어요. 동생은 거의 1년 동안 혼수상태에 빠져 있었거든요. 우리는 밤새 얘기를 나누며 웃었지요. 물론 아직 몸이 다 나은 건 아니지만 다시 언니와 함께 연말연시와 새해를 맞이할 수 있다니 정말 뭐라 말할 수 없이 행복한 기분이에요."

이건 우리가 지난 12월에 앰버라는 독자에게 받은 이메일의 첫 단락 내용이다. 앰버는 계속해서 이렇게 썼다.

"그런데 정말 말도 안 되는 게 뭔지 아세요? 언니가 사고를 당하기 한 달 전에, 우리는 말도 안 되는 일로 말다툼을 했고 그 때문에 그달 내내 서로 알은체도 하지 않았어요. 솔직히 지금은 왜 그렇게 화가 났었는지 기억도 안 나요. 우리가 그 일을 잊고 서로 사랑할 기회를 다시 얻었다는 데 정말 감사할 따름입니다. 우리는 고집을 부리면서 잘못된 생각에 매달렸으니까요."

와! 정신을 번쩍 들게 하고, 적당히 놓아버릴 술노 알아나 안다는 걸 떠올리게 해주는 멋진 이야기다. 놓아버린다는 건 지금 좋은 상태를 유지하기 위해 일이 '어떻게 되어야 하는가'에 대한 집착과 기대를 없애는 것이다. 이건 여러분 인생에 더 나은 미래를 만들기 위한 공간을 조성한다. 우리는 종종 무슨 일이 일어났어야 했는지, 혹은 무엇이 되어야 했는지에 대한 생각에 집착한다. 이런 생각의 무게가 어깨에 무겁게 짓누르면서 오늘 최선을 다하려는 우리의 능력을 방해한다. 하지만 어떻게 보면 이건 현실적이지 않은 걸 고수하는 행동이다. 그건 우리 삶이 어떠했어야 한다는 생각과 기대에 계속 매달려 있다. 왜냐하면 우리는 이야기를 통제하고 싶어 하기 때문이다.

우리는 자기가 어떤 사람이 되어야만 한다는 생각을 버리고 현재의 상황과 그것에 대해 자기가 할 수 있는 일에 집중한다는 게 얼마나 어려운지 알고 있다. 서론에서 얘기한 것처럼, 우리가

20대 후반일 때 가장 친한 친구 한 명이 갑자기 사망했고, 그 후 얼마 안 있어 엔젤의 오빠도 자살로 생을 마감했다. 그 후 몇 달 동안 깊은 슬픔에 잠긴 엔젤은 놓아주는 행동에 관심을 기울였고 그것이 발휘하는 힘을 이해하게 되었다. 슬픔과 애도를 헤쳐 나가는 동안, 엔젤은 처음에는 그 상황의 현실을 직시할 수가 없었다. 그렇게 짧은 시간에 두 사람을 잃는다는 건 무척이나 힘든 일이었고, 자신을 추스르고 무슨 일이 일어났는지 제대로 깨닫는 데도 수개월이 걸렸다.

그녀가 눈앞의 상황에서 한 걸음 물러나 그들과 함께 보낸 모든 시간을 감사하고, 그들과 알고 지내면서 생긴 좋은 기억과 행운을 인정한 뒤에야 비로소 그들의 죽음이 일어나지 말았어야 했다는 생각을 그만둘 수 있었다. 엔젤은 그들이 사라진 건 통제할 수 없는 일이고, 그걸 통제할 수 있다고 생각하면서 계속 매달리면 결국 자신이 무너지고 말 것이라는 걸 깨달았다. 그들을 어떻게든 되살릴 수 있기를 바라는 걸 포기하자, 엔젤은 오빠와 친구의 기억을 기리면서 그들이 계속 우리 마음속에서 살아갈 수 있게 하는 방법을 찾아냈다.

결국 우리는 죽음이 모든 것의 끝이기는 해도 그게 인생의 필수적인 부분이라는 걸 인식하게 되었다. 만약 생명이 무한하다면 누군가 혹은 무언가의 가치를 인정하는 게 불가능해진다. 죽음은 또한 새로운 시작이기도 하다. 특별한 누군가를 잃기는 했지만, 이런 결말은 멋진 삶의 순간을 상실한 것 같은 재창조의 순간이기 때문이다. 깊은 슬픔에도 불구하고 그들의 죽음은 우리의 삶을 재창조하도록 유도하고, 이런 재창조는 새롭고 보이지 않는 방법과 장소를 통해 아름다움을 경험하는 기회다. 그리고 마지막으로, 죽음은 한 사람의 삶을 기리고 그들이 우리에게 보여준 아름다움에 감사하는 기회이기도 하다.

인간인 우리는 때로 슬픔의 무게와 그것이 우리를 한자리에 붙잡아두는 것에 익숙해진다. 일례로 엔젤은 사람들에게 "오빠는 내가 사는 동안 몇 번이고 되풀이해서 죽을 테지만, 난 괜찮아요. 그게 오빠를 더 가깝게 느끼게 해줄 거예요"라는 말을 종종 한다. 엔젤은 그 사람을 놓아 보내더라도 슬픔은 절대 사라지지 않는다는 걸 이런 식으로 상기시켜 줬다. 한 발 한 발, 한 숨 한 숨씩, 그건 우리의 일부가 된다. 비통해하는 걸 완전히 멈출 수는 없을지라도 우리가 잃어버린 사람들을 사랑하는 걸 멈추지도 않기 때문에 그들을 향한 지금의 사랑에 의지할 수 있다. 우리는 그들을 사랑하고 그들의 훌륭한 인품에서 매일의 영감을 얻어 살아감으로써 그들을 모방할 수 있다.

또 우리 삶에 더 이상 적합하지 않은 관계, 어떤 이유로든 더는 우리의 목표나 꿈과 일치하지 않는 사람들과 관련해서도 놓아주는 것의 힘을 확인할 수 있다.

얼마 전, 어린 시절 친구 중 한 명이(그를 존이라고 하자) 점점 우리 생활에 암적인 존재가 되어가고 있다는 걸 알게 되었다. 마크와 존은 초등학생 때부터 친구였지만, 마침내 마크가 그에게 "더 이상은 안 되겠다!"고 선언하고 말았다. 두 사람은 함께 자랐지만, 핵심적인 삶의 가치관에 있어서 완전히 다른 행성에 도달하게 되었다. 존은 일을 하는 올바른 방법은 하나뿐이라고 믿었다. 대학에 가고, 학위를 받고, 직장을 얻고, 인생의 깨어 있는 모든 순간을 회사의 승진 사다리를 오르는 일에 다 바쳐야 한다는 것이다. 하지만 마크에게는 다른 계획이 있었다.

마크는 대학에서 학위를 받고 졸업한 뒤에 좋은 직장을 얻었지만, 상실감을 이기기 위해 계속 노력하면서 시간이 날 때면 우리 부부가 함께 운영하는 '마크와 엔젤의 인생 파헤치기'라는 블로그에 글을 쓰기 시작했다. 하지만 블로그 구독자가 점점 늘어나자, 존은 날마다 우리의 성공을 깎아내리는 모습을 보였다. 마크가 작은 성공담을 얘기할 때마다, 존은 "그러거나 말거나. 그건 블로그일 뿐이잖아. 블로그 같은 건 나도 한다고"와 같은 부정적인 말을 하곤 했다.

그리고 우리가 블로그에 모든 시간을 쏟아 붓기 위해 직장을 그만두자, 존은 우리가 실패할 거라고 했다. "정말 말도 안 되는 짓이야! 그렇게 좋은 직장을 그만두다니. 경기도 이렇게 안 좋은데, 내 생각에 너희는 지금 불장난을 하고 있는 거야." 마크도 결국 진저리가 나서, "네 생각 따위 중요하지 않아!"라고 받아치기에 이르렀다. 그게 마크와 존의 우정이 막을 내리게 된 계기가 되었다. 몇 년이 지나자, 두 사람의 관계는 이제 과거의 그림자에 불과한 수준이 됐지만 솔직히 우리 생활은 훨씬 더 밝아졌다. 오랜 친구와 멀어지는 게 마크에게 쉬운 일은 아니었겠지만, 그의 행복과 성장을 위해서 꼭 필요한 일이었다.

이건 슬프지만 사실이다. 여러분이 아무리 노력하고 또 스스로에게 얼마나 많은 변명을 늘어놓든 상관없이, 어떤 사람은 여러분이 살면서 소중하게 여기는 것이나 여러분이 되고 싶은 인물 유형에서 점점 더 멀어진다. 시간이 지나면서, 그들은 여러분의 가치관과 요구에 더 이상 부합하지 않는다는 걸 계속 증명할 것이다. 여러분은 평소에 가장 많은 시간을 함께 보내는 다섯 명을 합쳐서 평균을 낸 사람이다. 그러니 최고의 자신이 되는 데 도움이 되지 않는 관계나 의견은 기꺼이 놓아버리거나 하다못해 일시적으로라도 멀리하자.

이제 놓아야 할 때라는 신호

사랑하는 사람을 잃은 상실감, 유해한 관계, 나쁜 습관, 기타 자신의 필요를 충족시키지 못하는 것들을 언제 놓아줘야 하는지 아는 게 항상 쉬운 일은 아니다. 대부분의 경우, 우리에게 정말 필요한 것들과 몇몇 것들을 놓아줬을 때 우리 삶에 어떤 이득이 되는지 솔직하게 말하기가 어렵다. 만약 여러분이 다음과 같은 사람과 가까이하고 있다면 본인의 상황을 재평가해야 할 때다.

억지로 꾸며진 모습을 보여야 하는 사람

좋은 관계는 두 가지가 기반이 되어야 한다. 첫째, 비슷한 부분을 환영하고, 둘째, 차이를 존중하는 것이다. 그러니 상대방에게 다정하게 대하되 단순히 상대방이 원한다고 해서, 혹은 그들이 그게 여러분에게 가장 바람직한 방향이라고 여긴다고 해서 여러분의 본모습을 완전히 바꿔서는 안 된다.

만약 누군가가 여러분이 아닌 다른 사람이 되기를 바란다면, 그에게서 한 걸음 떨어지자. 다른 사람인 척하면서 그들과의 관계를 온전하게 유지하는 것보다는 그들과 관계를 끊고 있는 그대로의 자기 모습을 지키는 편이 더 현명하다. 약간의 심적 고통을 치료하고 새로운 사람을 만나는 게 산산조각난 자신의 정체성을 다시 짜맞추는 것보다 쉽다.

말과 행동이 일치하지 않는 사람

여러분이 듣고 싶어 하는 말만 해주는 사람들을 조심하자. 여러분이 듣고 싶은 말만 정확하게 해주는 사람을 믿는 건 매우 쉬운 일이지만, 그들이 하는 행동도 잘 지켜봐야 한다. 행동은 말보다 더 큰 목소리로 진실만을 전한다.

누구나 내일이 오기를 기다리는 마음을 품게 해주는 사람을 곁에 둘 자격이 있다. 만약 어떤 사람이 여러분에게 그와 반대되는 영향을 미친다면, 항상 모순된 행동을 하고 말과 행동이 전혀 일치하지 않는다면 그들을 놓아줄 때가 된 걸지도 모른다. 나쁜 친구를 사귀는 것보다는 차라리 혼자 있는 편이 낫다. 결국 진정한 우정은 마음으로 하는 약속이다. 멀리 떨어져 있다고 깨지지도 않으며, 시간이 지나도 변치 않는다. 그러니 여러분의 친구들이 말하는 내용만 듣지 말고, 장기적으로 그들이 어떤 행동을 하는지 지켜보자. 진정한 친구는 서서히 자신을 드러낼 것이다.

매일 신세를 한탄하는 사람

마음에 들지 않는 게 있다면 그걸 바꾸면 된다. 현실적으로 상황을 바꾸는 게 불가능하다면, 그에 대해 생각하는 방식을 바꿔보자. 상처받는 건 스스로 통제할 수 없지만 비참해지는 건 언제나 여러분의 선택이다. 상황이 아무리 나빠도 언제나 본인이 그걸 더 악화시킬 수 있다. 부정적인 생각은 부정적인 결과를 낳고, 긍정적인 생각은 긍정적인 결과를 낳는다. 여러분 인생의 가능성을 제약하는 유일한 걸림돌은 오늘 당신이 사용한 "하지만…"이라는 변명뿐이다.

결국 행복이란 문제가 하나도 없는 게 아니라 문제에 잘 대처하는 능력임을 깨닫게 될 것이다. 자신의 문제에만 너무 푹 빠져 있지 않다면, 여러분의 마음이 수용할 수 있는 그 모든 놀라운 일들을 상상해보라. 항상 자기가 잃어버린 게 아니라 가진 걸 봐야 한다. 중요한 건 세상이 여러분에게서 빼앗아간 게 아니라 남아 있는 걸 가지고 뭘 하느냐다.

편안함만 추구하는 사람

위대한 성취는 쉽지 않지만, 그럴 만한 가치가 있다! 그러니 어떤 기분인지는 잊고 여러분이 당연히 누려야 할 것들을 기억하자. 껍데기를 깨고 나오기에 가장 좋은 때는 언제나 지금이다. 기회를 잡고 실수를 하며 그 과정에서 교훈을 얻어야 한다.

큰 도전은 종종 비상한 성공에 대비할 수 있게 해준다. 모든 고난은 경험이나 교훈을 안겨준다. 위대한 여행은 결코 쉽지 않지만, 우리가 거기에서 뭔가를 배우고 성장한다면 그 과정에서 겪은 역경은 결코 시간낭비가 될 수 없다.

화살은 뒤로 당겨야만 발사된다는 걸 기억하자. 삶이 여러분을 다시 어려움 속으로 끌어들이더라도, 집중력을 잃지만 않는다면 결국 긍정적인 방향으로 발사되리라는 걸 의미한다. 그러니 집중력을 유지하면서 계속 목표를 겨냥하자!

현재 상황을 비관하는 사람

인생에서는 오르고 싶지 않은 사다리의 꼭대기에 있는 것보다는 오르고 싶은 사다리의 맨 아래에 있는 게 더 낫다. 그러니 목표를 포기한 사람들에게 설득당해서 목표 추구를 중단해서는 절대 안 된다. 대부분의 상황에서 활용할 수 있는 최선의 방법은 자신의 직관을 따르는 것이다. 위험을 무릅쓰자. 어떤 일이 일어날지 두렵다는 이유로 안전하고 쉬운 선택을 해서는 안 된다. 그렇게 한다면, 좋은 일은 절대 일어나지 않을 것이다.

항상 고장 난 걸 고치기만 하는 건 아니다. 다시 시작해서 새로운 걸 창조해야 하는 경우도 있다. 때로는 사물을 명확하게 보려면 그것과 거리를 두어야 한다. 더 강해진다는 것은 곧 낡은 습관이나 관계, 환경과 멀어져서 여러분을 정말 감동시킬 수 있는 뭔가를 찾는 걸 의미한다. 그건 여러분의 마음을 완전히 사로잡아서 아침에 얼른 일어나고 싶어 견딜 수 없는 지경이 될 것이다. 그게 바로 산다는 것이다. 자기가 얼마든지 조율할 수 있는 상황에서 삶의 기본 설정에 안주하지 말자.

여러분의 목표와 요구는 바뀔 수 있다. 한때 자신에게 옳았던 게 지금도 꼭 옳은 건 아니다. 때로 놓아주는 것의 가장 어려운 부분은 자기가 변했다는 걸 깨닫고, 새로운 진실과 함께 다시 시작하는 법을 배우는 것이다. 만약 더 이상 새로운 것들을 배우지 않는다면, 몇 가지 것들을 놓아줘야 할 때일지도 모른다.

과거에 집착하는 사람

더 이상 존재하지 않는 것에 매달리느라 방해를 받는 사람들이 너무 많다. 우리는 과거를 되짚느라 삶의 많은 부분을 낭비한다. 이미 일어났던 일을 다시 떠올리려고 한다면, 현재를 놓치고 있는 것이다. 다른 시간과 장소에서 살려고 하지 말자. 그만 놓아주자! 새로운 걸 만들려면 어떤 것의 끝을 받아들여야 한다. 그러니 그 낡은 문들을 이제 닫아버리자. 자존심이나 무능함, 자기중심주의 때문이 아니라, 여러분은 이미 그 문에 전부 들어가 봤고 그게 아무 데로도 연결되지 않는다는 걸 깨달았기 때문이다.

예를 들어, 지난 사건에 대한 분노, 분개, 증오의 무게를 계속 끌고 다니는 건 여러분을 방해할 뿐만 아니라 현재의 축복과 기회도 차단한다. 가장 힘든 시기가 지난 후에도, 결국 아픈 마음을 이겨내고 울었던 이유와 누가 고통을 야기했는지 잊어버릴 것이다. 행복과 자유의 비밀은 통제나 복수가 아니라, 일이 자연스럽게 진행되도록 놔두고 시간이 흐름에 따라 경험에서 교훈을 얻는 것이라는 걸 깨닫게 될 것이다. 그리고 의식적으로 놓아줄 경우 이걸 더 빨리 배울 수 있다.

이미 지나간 일들을 놓아줌으로써 생기는 정신적인 여유는 그 공간을 신선하고 가치 있는 것으로 채울 수 있는 기회를 준다. 그러니 과거를 놓아버리고 자신을 자유롭게 하며 새로운 시작의 가능성에 마음을 열자.

무엇보다, 인간은 우리가 갖고 태어난 유일한 진짜 꼬리표라는 걸 기억해야 한다. 우리는 이 간단한 사실을 너무 자주 잊어버린다. 우울함, 이혼, 질병, 거부, 가난 같은 꼬리표에 집착하는 건 자기가 구름이기도 하다는 사실을 잊은 비나 자기가 물이라는 사실을 잊은 얼음과도 같은 것이다. 우리는 지금 우리가 취하고 있는 형태보다 훨씬 더 큰 존재이기 때문이다. 그리고 바람, 물, 하늘처럼 우리도 살면서 여러 번 형태를 바꾸겠지만 그대로 본인의 진정한 자아는 계속 유지될 것이다.

더 큰 목초지를 주어라

우리가 삶의 모든 측면을 어떻게 통제하고 싶은지 생각할 때 종종 떠올리는 인용구가 있다. "동물들을 통제하고 싶다면, 그들에게 더 큰 목초지를 주어라." 만약 여러분이 동물들로 가득한 목장을 가지고 있는데 동물들이 모두 난폭한 행동을 한다면, 정말 그들을 통제할 수 있을까?

아니, 불가능하다.

여러분이 할 수 있는 일은 동물들에게 더 큰 목초지를 주는 것이다. 동물들이 이리저리 돌아다니게 놔두자. 풀을 뜯고 방황하게 놔두자. 그들에게 여분의 공간을 줌으로써, 통제를 포기하면 자유로워질 수 있고, 정말 중요한 게 무엇인가에 대한 새로운 시각도 얻을 수도 있다.

이와 똑같은 철학이 인생의 다른 많은 부분에도 유효하게 작용한다. 뒤로 물러나서 어떤 일들이 벌어지게 놔두면 그 일들이 저절로 해결되고 여러분의 요구도 충족된다. 여러분은 스트레스를 덜 받고, 정말 중요한 일에 투자할 시간과 에너지는 늘어날 것이다.

이런 형태로 놓아주는 건 포기하는 게 아니다. 특정 인물, 결과, 상황에 집착하는 마음을 버리는 것이다. 그건 인생이 특정한 방향으로 움직일 것이라고 기대하지 않고, 최고의 내가 되겠다는 목적을 가지고 매일매일 자신의 삶을 살아간다는 뜻이다. 목표와 꿈을 갖고, 의도적인 행동을 하며 멋진 관계를 맺되, 자기 삶의 모든 측면이 반드시 어떻게 보여야 한다는 생각에서는 벗어나자.

이렇게 스스로를 자유롭게 하는 항목에서 가장 중요한 부분은 자신을 괴롭히는 생각의 증인이 되는 일상적인 관행이다. 우리는 지난 10년 동안 수천 명의 사람들과 함께 일하면서, 사람들이 받는 스트레스의 근본적인 원인은 스트레스를 주는 생각에 집착하는 고집스러운 성향이라는 걸 알게 되었다. 간단히 말해, 모든 일이 우리가 상상하는 대로 정확하게 진행되기를 바라는 희망에 매달리다가 그 상상력이 실현되지 않으면 헛되이 자신의 삶을 끝없이 복잡하게 만드는 것이다.

그러면 어떻게 해야 더 나은 삶을 살 수 있을까? 애초에 매달려야 할 게 없다는 사실을 깨달아야 한다. 마치 그게 진짜고 견고하여 우리 삶에 영원히 함께 할 고정물인 것처럼 우리가 필사적으로 매달리려고 하는 대부분의 것들(상황이나 문제, 걱정, 이상, 기대 등)은 사실 그곳에 존재하지 않는다. 혹 어떤 형태로든 존재한다면, 그것들은 변하고, 유동적이고, 영구적이지 않으며, 대부분 우리의 마음속에 만들어진 것들이다.

우리가 이 사실을 이해하면 인생을 대하기가 훨씬 쉬워진다.

눈가리개를 한 채로 커다란 수영장 한가운데에 있다고 상상해보자. 여러분은 가까이 있다고 믿는 수영장 가장자리를 잡으려고 필사적으로 애쓰지만, 사실 가장자리는 아주 멀리 떨어져 있다. 그 상상의 가장자리를 잡으려고 목적도 없이 물을 튀기면서 그곳에 존재하지 않는 뭔가를 향해 손을 뻗어 잡으려고 하다보면 스트레스를 받고 지치게 된다.

이제 행동을 잠시 멈추고 심호흡을 하며 주변에 매달릴 게 아무것도 없다는 사실을 깨닫는다고 상상해보자. 주변에는 물밖에 없다. 여러분은 계속 존재하지도 않는 걸 잡으려고 애쓸 수도 있고, 아니면 주위에 물만 있다는 사실을 받아들이고 편히 쉬면서 물 위에 둥둥 떠다닐 수도 있다.

이게 놓아주는 기술이다. 그리고 이건 여러분의 생각에서 시작된다.

목격자 되기

주변 세상이 혼란스럽고 혼돈에 빠져 있다고 해서 여러분 내면의 세계도 반드시 그래야만 한다는 법은 없다. 자신의 생각을 그냥 목격하는 방법으로, 다른 사람들이나 과거, 통제할 수 없는 사건, 또는 여러분의 전반적인 마음 상태에 의해 만들어진 혼란과 혼돈을 제거할 수 있다. 처음에는 간섭하지 않고 심지어 판단조차 하지 않은 채 그냥 주시하기만 한다. 너무 빨리 판단을 내리면 순수한 증인의 마음을 잃게 되기 때문이다. "이건 좋네" 혹은 "이건 나빠"라고 서둘러서 말하는 순간, 이미 혼돈에 사로잡힌 것이다.

생각을 목격하고 그에 대해 반응하는 것 사이에 격차를 만들려면 시간이 약간 걸린다. 하지만 일단 그런 격차가 생기면 놀라운 일을 하게 될 것이다. 여러분은 자기가 생각 그 자체도 아니고, 그들에게 영향을 주는 혼란도 아니라는 걸 알게 된다. 여러분은 그저 놓아버릴 줄 알고, 자기 마음을 좇아가면서 소동을 극복하는 능력이 있는 관찰자일 뿐이다.

이런 생각 관찰 과정은 우리가 2장에서 논의한 '마음 챙김'이 발휘하는 마력이다. 관찰과 목격에 점점 더 깊이 뿌리를 내리면 혼란스럽고 무질서한 생각들이 사라지기 시작한다. 여러분은 지금 생각하고 있지만, 마음은 무의미한 수다에 빠져 있다. 가외의 무게도 없고 노력도 훨씬 덜하면서 떠다니고 있다. 그건 깨달음의 순간이다. 여러분이 아마 난생처음으로, 조건 없이 진정 자유로운 인간이 되는 순간일 것이다.

그러니 오늘, 이런 모든 사소한 골칫거리를 놔줘야 한다는 걸 상기하자. 의식적으로 하루하루를 살아야 한다. 평소라면 흥분할 만한 사소한 불만거리를 최소 한 가지 이상 알아차리려고 노력해보자. 그런 다음 그걸 그냥 놓아버리는 것이다. 이런 사소한 방법을 통해 자기가 느끼는 방식을 제어할 수 있는 자유를 경험하자. 그리고 살면서 마주치는 모든 상황에서 이와 똑같은 수준의 통제력을 발휘할 수 있다는 걸 깨달으면 된다.

어느 순간이든, 여러분이 느끼는 방식은 여러분이 선택한 방식이고, 반응하는 방식 또한 본인이 선택한 방식이다. 그런 걸 놓아줘야 생각도 잘 되고 더 잘 살 수 있다. 여러분의 생각과 걱정을 그것이 속해 있다고 믿는 작은 공간에 끼워 맞추려고 하지 말고, 최선을 다해서 그걸 놓아주자. 과거가 고통스럽더라도 그렇게 할 수 있다. 붙잡고 있는 건 과거만 존재한다고 여기는 것과 같다. 놓아주고 앞으로 나아가는 건 여러분의 마음속에 밝은 미래가 있다는 사실을 아는 것이다.

우리 블로그 구독자인 에반은 최근 이와 관련된 상황을 경험했다. 그는 실패한 관계를 놓아버리는 데 어려움을 겪고 있었다. 그 관계의 부정적인 영향이 그의 생각을 마비시키고 일상생활에까지 스며들었다. 에반은 우리에게 보낸 이메일에서, 오랫동안 남쪽으로 향하고 있던 이 유해한 관계의 징후와 증상을 설명했다. 그는 그만둘 필요가 있다는 걸 인정했지만, 그렇게 하면 결국 현실을 직시하고 지금껏 품고 있던 본인의 인생과 관계에 대한 믿음까지 놓아버려야 하기 때문에 어려움을 겪고 있었다. 그의 이메일에 포함된 다음과 같은 문장이 상황을 잘 요약해준다. "인생에서 가장 어려운 건 자기가 진실이라고 생각했던 걸 버리는 것입니다."

에반이 지적한 것처럼, 과거를 놓고 앞으로 나아가는 건 어려운 일이다. 그러려면 자신의 정신을 구속하는 과거에 대한 두려움과 실망을 마주해야 하는데 그 과정은 두려울 수 있다. 이 두려움을 받아들이는 법을 배워야 한다. 그래야 그걸 지나쳐서 앞으로 나아가기 시작할 수 있다. 만약 무언가를 놓아줄 필요가 있지만 그렇게 할 수 없다고 느낀다면, 여러분이 혼자가 아니라는 걸 알아야 한다. 현실을 받아들이고 버릴 건 버리고 앞으로 나아가는 건 우리 모두가 삶의 현실을 마주할 때 배워야 하는 기술이지만, 그 기술에 숙달되려면 시간이 걸린다.

이를 실현하기 위한 몇 가지 추가 전략과 관점이 있다.

1. 진실을 받아들이고 감사하자.

놓아주는 건 여러분을 웃고 울게 하고, 배우고 성장할 수 있게 도와준 경험에 감사하는 것이다. 또한 그건 여러분이 가진 모든 것, 한때 가졌던 모든 것, 그리고 앞에 놓여 있는 가능성에 대한 수용이기도 하다. 이 모든 것은 결국 삶의 변화를 감사하게 받아들이는 힘을 찾는 일이다.

2. 잠시 거리를 두자.

경우에 따라서는 상황을 명확히 판단하기 위해 몇 걸음 뒤로 물러날 필요도 있다. 이를 위한 가장 좋은 방법은 잠시 휴식을 취하면서 다른 걸 탐색하는 것이다. 그런 다음 시작한 곳으로 돌아가면 새로운 시각으로 사물을 바라볼 수 있다. 그러면 거기 있는 사람들도 여러분을 다르게 볼 수 있다. 시작한 곳으로 되돌아가는 건 한 번도 그 자리를 떠나지 않는 것과는 완전히 다르다.

3. 바뀔 수 있는 것에만 집중하자.

인생의 모든 걸 자신이 완벽하게 제어할 수 있다는 생각에서 벗어나야 한다. 살면서 버릴 건 버리고 가능한 건 배우고, 바꿀 수 없는 것들을 걱정하면서 에너지를 낭비하지 말자. 자기가 바꿀 수 있는 것에만 오롯이 집중하고, 혹시라도 마음에 들지 않는 부분을 바꿀 수 없다면 그것에 대해 생각하는 법을 바꾸면 된다. 선택 사항을 검토하고 여러분이 싫어하는 걸 더 나은 목표를 달성하기 위한 출발점으로 재구성하자.

4. 자신의 삶에 대한 소유권을 주장하고 완전히 통제하자.

다른 사람은 여러분에게 책임이 없다. 여러분의 존재를 완전히 통제하고 있는 건 여러분 자신이다. 평생 동안 여러분은 부모님이나 선생님, 멘토, 교육 시스템, 정부 등을 탓해야 한다고 배웠을지도 모르지만, 자기 자신을 비난하라고 배운 적은 없다. 그렇지 않은가? 그건 절대 여러분 잘못이 아니니까. 하지만 그렇지 않다! 그건 항상 여러분의 잘못이 맞다. 뭔가를 바꾸고 싶다면 놓아버릴 건 놓아버리고, 삶을 계속 꾸려나가고 싶다면 그걸 실현시킬 수 있는 유일한 사람은 여러분 자신이기 때문이다.

5. 내면에 집중하자.

다른 사람들을 돕는 것도 중요하지만, 먼저 자기 자신부터 시작해야 한다. 만약 여러분이 어디에 잘 맞는지 혹은 어떻게 영향을 끼칠 수 있는지를 알아보기 위해 자신의 외면을 살펴보고 있다면, 그보다는 내면을 들여다봐야 한다. 자신의 현재 모습, 현재 영위하고 있는 라이프스타일, 그리고 여러분에게 살아 있다는 느낌을 주는 게 뭔지 알아보자. 그런 다음 그런 것들을 양육하고 현재의 삶이 그것들을 더 이상 억누를 수 없을 때까지 긍정적인 방향으로 조정해서, 여러분이 성장해 현재의 상황을 극복할 수 있게 한다.

6. 새로운 청중을 찾자.

여러분의 삶 속에 들어온 어떤 사람들은 여러분을 강하게 북돋워서 자기가 없이도 여러분이 움직일 수 있게 해준다. 그들은 여러분의 운명의 일부가 아니라 기억의 일부분이어야 한다. 자신의 행복과 주변 사람들에 대한 잠재력을 절충하기 시작해야 한다면, 이는 함께 시간을 보내는 이들을 바꿔야 할 때라는 뜻이다. 지역 모임에 참가하고 회의에 참석하며 인터넷상에서 네트워크를 형성하고 더 많은 지원을 받는 부족을 찾아야 한다.

7. 기회를 잡자.

삶이 여러분에게 어려운 과제를 내줬다면, 거기에는 이유가 있다. 그건 변화를 이루고 새로운 걸 시도하려는 여러분의 용기와 의지를 테스트하기 위한 것이다. 인생은 한 방향, 즉 앞으로만 움직인다. 이번 도전은 낡은 것을 버리고 새로운 걸 위한 길을 닦을 기회다. 당신의 운명은 당신의 결정을 기다리고 있다.

8. 오늘에 집중하자.

과거의 부정적인 경험이 미래를 단정하지는 못할 것이라고 지금 당장 결심할 수 있다. 아무리 작고 힘든 일이라도 다음에 내딛을 수 있는 긍정적인 걸음이 뭔지 알아내고 그걸 받아들이자. 망설이지 말고 뒤도 돌아보지 말고 한 걸음 앞으로 나아가야 한다.

9. 필요한 만큼 자주, 진심으로 용서하자.

용서는 상처보다 행복을 선택하고 저항보다 수용을 선택하는 끊임없는 태도다. 그건 누구나 때때로 실수를 저지른다는 사실을 인정하는 것이다. 심지어 우리 중 가장 뛰어난 사람도 심각한 결과를 초래할 수 있는 어리석은 짓을 한다. 하지만 그렇다고 해서 우리가 모두 악하고 용서받을 수 없는 존재라는 의미는 아니다. 이걸 알고 있어야 한다. 받아들여라. 용서하는 데는 힘이 필요하기 때문에 용서하기까지 시간이 걸릴 수도 있다. 용서를 할 때는 모든 힘을 다해 사랑하기 때문이다. 이런 진정한 용서는 "그 경험에 감사하다"고 진심으로 말할 수 있는 수준으로 여러분을 이끌어준다.

10. 삶 자체가 교훈이라는 사실을 받아들이자.

세상은 변하고 사람도 변하지만, 여러분은 항상 여러분 자신일 것이다. 따라서 그 어떤 사람이나 일 때문에라도 자신의 본성을 희생해서는 안 된다. 그 자아가 아무리 두렵고 낯선 것으로 판명되더라도 지금 이 순간 당당하게 자신의 모습을 드러내야 한다. 배우려는 의지만 있다면, 가장 나약한 날에도 계속해서 조금씩 더 강해질 수 있다는 걸 깨닫자. 모든 역경과 고난을 통해 얻을 수 있는 가장 위대한 것은 여러분이 얻은 성과가 아니라 여러분이 어떤 사람으로 발전되었는가 하는 것이다.

11. 자존감을 키우자.

자기가 여행을 할 만한 가치가 있는 사람이라고 믿는 게 때로 이 여정의 가장 어려운 부분이 되기도 한다. 여러분에게는 그런 가치가 있다! 그러니 자신의 심리 상태를 주시하면서 자기비하적인 생각을 멈추도록 하자. 예전에 경계심 없이 정직했던 순간에는 자신을 가치 있는 친구로 인식했다는 걸 상기하자. 스스로에 대해 그렇게 믿으면 세상이 반응하기 시작한다. 항상 그렇게 생각하기는 힘들지 몰라도, 여러분이 자신의 가치를 인식하고 인정하기 시작할 때 긍정적인 변화가 시작된다.

12. 모든 일을 친절하게 대하자.

어려운 상황에 처했을 때는 세 가지가 특히 중요하다. 첫째는 친절해야 한다. 둘째도 친절해야 한다. 셋째는 (짐작했겠지만) 친절해야 한다. 여러분이 어떤 일을 하건 친절이 가미되면 더 효과적으로 할 수 있다. 어떤 말을 하든 친절하게 표현하면 언제나 더 매력적일 것이다. 단 한 번의 친절한 행동이 평생 동안 긍정적인 영향을 미칠 수도 있다. 자신의 목적에 친절을 더하면 하루하루 더 밝아지고 해가 갈수록 더 충만해질 것이다. 매일 친절하게 행동하겠다고 결심하는 건, 보다 행복한 세상에서 사는 걸 택한 것이다.

마지막으로, 뭔가를 놓아주는 건 포기하는 게 아니라는 사실을 반복해서 상기하는 게 중요하다. 놓아주는 건 특정한 사람이나 결과 그리고 상황에 대한 불건전한 집착을 포기하는 것이다. 그건 날마다 최고의 자신이 되겠다는 목적을 가지고 살아가며 일이 특정한 방향으로 진행될 것이라고 기대하지 않고, 자기가 아는 선에서 최선을 다한다는 의미다.

놓아주는 건 포기하는 게 아니다.

우리가 놓아줘야 하는 것들

뭔가를 놓아주는 건 우리가 살면서 날마다 어떤 식으로든 직면하게 되는 과제다. 그래서 여러분이 그 과정을 시작하도록 도와주는 작지만 건전한 리마인더 역할을 할 열다섯 가지 일들을 정리해 봤다. 자신의 인생에서 이렇게 유해한 요소들을 제거하고 나면 기분이 얼마나 좋아지는지 깜짝 놀랄 것이다.

1. 분노의 표출

순간적으로 화가 났다는 이유만으로 영원히 어리석은 기분을 느끼게 될 행동을 해서는 절대 안 된다.

2. 사소한 원한

비통한 기분을 곱씹거나 남의 잘못된 행동을 전부 기억하며 살기에 인생은 너무 짧다. 여러분 인생에서 한 번 더 기회를 얻을 만한 사람이 있다면, 그에게 기회를 주자. 누군가에게 사과를 해야 한다면 얼른 하자. 여러분의 하루가 매일 새롭게 시작되어야 한다.

3. 잘못된 신념

가끔은 하던 일을 멈추고 스스로에게 "이게 정말인가?" 물어보자. 때때로 상황을 조작해서 그걸 자신이 만들어낸 현실에 끼워 맞추는 모습을 보면 정말 재미있다. 하지만 어떤 걸 생각한다고 해서 그게 현실이 되지는 않는다. 뭔가를 원한다고 해서 그게 실제로 내 것이 되지는 못한다. 그러니 자신의 생각을 조심하면서 현명하게 행동해야 한다. 여러분의 정체성이 진실에 뿌리를 두고 있지 않으면, 자기가 만들어낸 왜곡된 현실에 빠지게 된다.

4. 어제의 비극

우리는 자신에게 벌어진 일로 정의되지 않는다. 우리는 지금 이 순간 스스로 되고자 하는 모습대로 존재한다. 불필요한 부담감을 버리고, 깊게 심호흡을 하면서 다시 시작하자. 자꾸 뒤를 돌아보는 걸 그만두고 다음 걸음을 내딛는 걸 갈망하게 되면 자기가 인생의 올바른 방향을 향하고 있다는 걸 알게 될 것이다.

5. 인생의 사소한 골칫거리들

바보처럼 사소한 일들 때문에 행복을 깨뜨리지 말자. 좌절감과 스트레스는 사물이 존재하는 방식 때문이 아니라 여러분이 그에 반응하는 방식 때문에 생기는 것이다. 따라서 자신의 태도를 조절하면 좌절감과 스트레스가 사라진다.

6. 어떤 사람이 나보다 아래에 있다는 생각

여러분이 지금의 위치에 오르기 위해 정말 열심히 노력하며 살았다고 하더라도, 세상에 100퍼센트 자수성가한 사람은 없다. 누군가가 여러분을 믿고 격려하고 투자해줬기 때문에 지금의 여러분이 있는 것이다. 늘 감사한 마음을 갖고, 여러분도 다른 사람을 위해서 그런 존재가 되어주자. 다른 이들을 무시하는 사람치고 장기적으로 잘 되는 사람은 없다. 그러니 타인에 대해 섣부른 가정을 하지 말자. 그들의 생각과 이야기를 물어보자. 그리고 진심으로 귀를 기울이자. 인내심을 가져야 한다. 기꺼이 배울 자세가 되어 있어야 한다. 친절하게 행동하면서 좋은 이웃이 되자.

7. 물질적인 부가 지금의 나를 만들었다는 생각

우리는 이 세상에서 물질적으로 얻은 것들을 통해 정의되지 않는다. 항상 겸손해야 한다는 걸 기억하자. 결국 여러분을 정의하는 가장 중요한 두 가지 요소는, 가진 게 매우 적을 때의 인내심과 필요 이상으로 많은 걸 가지고 있을 때의 마음가짐이다.

8. 외부에서 행복을 찾으려는 태도

스스로 자신을 위한 햇빛을 만들어야 한다. 진정한 행복은 내면에서 시작된다. 매일 아침 긍정적인 글을 읽고, 밤에 잠자리에 들기 전에도 긍정적인 일을 하자. 모든 긍정적인 가능성과 기회에 정신을 집중하면 기분이 좋아질 것이다. 그리고 그렇게 기분이 좋으면 멋진 일들을 할 수 있다.

9. 자신의 모든 선행을 보상받고 싶어 하는 것

매순간 자신에게 어떤 보상이 돌아올지 너무 신경 쓰지 말자. 여러분이 다른 사람에게 긍정적인 도움을 준다면, 거기에는 항상 여러분을 위한 뭔가가 존재한다. 우리는 다른 누군가의 삶을 바꿀 수 있는 능력을 가지고 태어났다. 이 재능을 낭비해서는 안 된다. 항상 나눠주고 늘 곁에 있어 주자. 변화를 일으키는 사람이 되어야 한다.

10. 사소한 선의의 거짓말과 가식

어떻게 하면 신뢰를 쌓을 수 있을까? 간단하다. 정직하게 행동하면 된다. 일단 시작한 일은 끝을 맺자. 약속을 잘 지키자. 일을 망치면 사과해야 한다. 모든 사람이 함께 시간을 보내고 싶어 하는 그런 사람이 되자. 행동과 하는 말, 가치관이 항상 일치하는 그런 사람 말이다.

11. 직관이 시키는 일을 두려워하는 것

두려움은 실패보다 더 많은 꿈을 죽인다. 그러니 두려움 때문에 의기소침해지지 말고, 깨어서 일어나야 한다. 자기가 두려워하는 일을 매일 한 가지씩 하자. 두려움을 떨치고 직관에 따라 행동할수록, 직관이 더 많은 도움을 줄 것이다. 진정으로 뭔가를 느낀다면 거기에 관심을 집중하자.

12. 좋은 때가 오기만을 기다리는 것

항상 완벽한 계획이 필요한 건 아니라는 사실을 기억하자. 가끔은 그냥 한번 시도해보고 적당히 물러나서 어떻게 되어 가는지 지켜보는 것도 괜찮다. 말하자면, 세상을 더 잘 알게 될 때까지 최선을 다하자는 뜻이다. 그리고 잘 알게 된 뒤에는, 더 잘 하면 된다.

13. 성공을 모 아니면 도라고 생각하는 시각

성공과 실패의 양극단 사이에 있는 중간 영역, 즉 여정과 과정, 경로 등의 가치를 인정하자. 자기가 배운 것들, 다른 사람이 교훈을 얻도록 도와준 방법, 그리고 스스로 참여한 성장 과정 등을 잊지 말라는 얘기다. 그리고 무엇보다도, 성공했다고 우쭐해하거나 실패했다고 의기소침해하지 말자.

14. 자기 비판

비참하고 자기비하적인 발언에 영감을 받는 사람은 아무도 없다. 잘못된 일을 포기하는 게 실패라는 생각에서 벗어나자. 포기하는 것과 앞으로 나아가는 것은 완전히 다른 일이다. 자기 자신과 다른 이들에게 영감을 주고 싶다면, 즐겁게 살아가야 한다. 재미있는 일을 하자. 자신을 사랑하고 용서하자. 스스로를 받아들이자. 내가 나답게 살아가는 걸 미안해해서는 안 된다.

15. 타인을 의식한 일시적인 노력

변화는 지금보다 더 나은 사람이 되고 더 밝은 미래로 나아가기 위한 것이다. 그게 자신에게 올바른 일이라는 걸 알기 때문에 변화해야 한다. 모든 사람이 다 여러분을 좋아할 필요는 없고, 어떤 사람은 여러분이 뭘 하든 상관없이 좋아하지 않을 것이다. 이 사람들이 여러분에 대해 하는 말들을 기분 나쁘게 받아들이지 말자. 그들이 하는 생각과 말은 여러분이 아니라 그들 자신의 본질을 드러내는 것이다. 우리가 집중해야 할 대상은 오직 우리뿐이다.

인생의 어떤 부분이 불가피하게 끝을 맺게 되었을 때는 그걸 받아들이는 태도가 항상 필요하다. 이런 상황에서 앞으로 나아갈 수 있는 비결은, 낡은 걸 고치거나 싸우는 데만 힘을 쏟는 게 아니라 새로운 걸 만들어서 키우는 데 집중하는 것이다. 문 닫기, 인생의 한 장 마무리하기, 페이지 넘기기 등 그걸 뭐라고 부르든 간에, 중요한 건 이미 끝난 인생의 그 부분을 과거로 남겨두기 위해 힘을 발휘하는 것이다. 위의 목록에서 얘기한 것들 가운데 한두 가지를 찾아내서 놓아주는 것부터 시작하자. 그러면 현실을 있는 그대로 받아들이는 데 따르는 보상을 받게 될 것이다.

집착을 버리면 비로소 보이는 것들

놓아준다는 건 결코 쉽지 않은 일이며, 하루에도 여러 차례 되풀이되는 긴 여행이라고 할 수 있다. 하지만 그 여정을 계속 고수한다면, 결국 귀중한 인생 교훈을 몇 가지 배우게 된다. 새로운 길로 나아가는 건 물론 어려운 일이지만, 더 이상 본인에게 적합하지 않거나 더 이상 존재하지 않는 상황 속에 남아 있는 것보다는 훨씬 낫다는 걸 알게 된다. 놓아준다는 게 더는 어떤 대상이나 사람을 신경 쓰지 않는다는 뜻이 아니라는 걸 배우게 된다. 단지 지금 이 순간 본인이 진정으로 통제할 수 있는 유일한 존재는 자기 자신뿐이라는 사실을 깨닫는 것이다. 그리고 자유로운 몸과 마음으로 행복을 되찾기 위해서는 확실성에 대한 욕구를 버려야 한다는 것도 깨우치게 된다.

확실성의 반대는 불확실성이 아니라 개방성과 호기심, 그리고 삶에 저항하기보다 인생을 있는 그대로 기꺼이 받아들이는 태도다. 우리는 자기 삶의 새로운 장을 여는 일에 익숙하고 변화에는 불편함이 따른다는 것도 알고 있다. 우리는 상실을 견디고 실업 상태를 이겨냈으며 고통스러운 실패나 유해한 관계에 대처하고, 처음으로 아이를 낳기도 했다. 한편으로는 우리를 방해하는 상황이나 생각, 사람, 습관을 버리면 삶을 변화시키는 이점들이 생긴다는 것도 알았다. 마크는 지금 이 교훈을 다시 깨우치고 있다.

오늘 아침에 친한 친구를 만났습니다. 그 친구는 제가 무척 아끼는 친구지만, 그녀의 건강 상태가 너무 걱정스러워서 몇 년 동안 속으로 끙끙 앓았습니다.

이러다가는 친구를 잃을지도 모른다는 생각이 들어, 치료를 도와주고 싶어요.

제가 다른 사람들을 도울 때 사용한, 오랜 세월에 걸쳐 효과가 입증된 방법을 친구에게 적용해 지금보다 행복하고 단순하고 건강하게 살게 해주고 싶어요. 친구가 건강하지 못한 습관을 버리고, 운동과 정신 수양법을 배우고, 자신의 욕구를 키워서 다시 건강하게 살아갔으면 좋겠습니다.

하지만 현실은 그렇지가 못합니다. 절 두렵게 하는 것들을 통제하고 싶지만, 그와 관련해 할 수 있는 일이 아무것도 없습니다. 왜냐하면 저는 저 자신 말고는 아무도 통제하지 못하거든요. 친구를 돕고 싶지만 그녀는 도움 받는 것에 관심이 없어요. 사실 예전부터 수없이 제게 그렇게 말해왔고요.

그래서 오늘, 놓아버리기로 했습니다.

친구의 슬픔을 모른 척하겠다는 얘기가 아니에요. 그녀를 통제하고 바꾸려고 애쓰는 걸 그만두고, 대신 깊게 숨을 들이마시면서 친구의 모습을 있는 그대로 받아들이기로 한 겁니다.

그리고 어떻게 됐는지 아세요? 친구의 존재 자체가 축복이라는 사실을 깨달았습니다. 그녀는 놀랍도록 특별하고 독특한 사람이라서 말로 표현하기가 힘들 정도예요. 유쾌하고 열정적이고 인정도 많고 현명하고 엉뚱하면서도 사려 깊고 또 충성스러운 친구랍니다.

친구에 대한 걱정을 놓아버리고 그녀의 진실한 모습을 온전히 받아들이니까, 그때서야 비로소 친구를 잃을지 모른다고 걱정하거나 그녀의 생활 방식을 바꾸려고 애쓰는 대신 친구의 모든 부분을 진심으로 즐겁게 받아들일 수 있었습니다.

그리고 이건 인생의 거의 모든 부분에서 가장 좋은 방법이라는 걸 배웠습니다. 어떤 사람이 위험에 직면해 있거나 다른 누군가를 위험에 빠뜨리려고 하는 게 아닌 이상, 그들을 억지로 변화시키려는 시도를 멈출 수 있습니다. 그냥 그들의 존재 안에 녹아들어서 진짜 모습을 알아차리고 별난 부분들까지 모두 받아들이는 겁니다. 우리는 자기가 살면서 처한 여러 가지 상황이나 손실 그리고 세상에 대해 불평하는 걸 그만둘 수 있습니다. 있는 그대로 받아들이면서 그 진가를 인정하는 거죠.

숨쉬듯 자연스럽게요.

이 글을 읽는 동안에도 여러분은 숨을 쉬고 있다. 잠시 하던 일을 멈추고 이 숨소리에 주목해보자. 우리는 자신의 호흡을 조절해서 더 빠르거나 느리게 숨쉴 수도 있고, 원하는 방식대로 호흡할 수 있다. 아니면 그냥 자연스럽게 숨을 들이쉬었다가 내쉴 수도 있다.

상황을 통제하거나 어떤 조치를 취하지 않고도 폐가 숨을 쉴 수 있으면 모든 게 평온해진다. 이제 긴장으로 굳어진 어깨 같은 몸의 다른 부분도 숨을 쉰다고 상상해보자. 억지로 긴장시키거나 통제하려고 하지 말고 그냥 내버려두면 된다.

이번에는 지금 있는 방을 둘러보면서 주변의 물건들에 주목하자. 그중 하나를 골라서 숨을 쉬게 한다. 여러분과 같은 방이나 집, 건물 안, 아니면 근처의 집이나 건물에 다른 사람들이 있을 것이다. 그들을 머릿속에 떠올리면서 숨을 쉬게 하자.

모든 사물과 모든 사람이 숨을 쉬게 한다는 것은 곧 그들을 있는 모습 그대로 내버려둔다는 뜻이다. 그들을 억지로 통제하거나 걱정하거나 바꿀 필요가 없다. 그들이 평온하게 숨을 쉴 수 있게 내버려두고 그 모습을 온전히 받아들이면 된다. 이게 바로 자기가 통제할 수 없는 것들을 놓아주는 방법이다. 이걸 실행에 옮기면 인생이 바뀔 수도 있다.

요점은 살다 보면 미처 예상치 못한, 바람직하지 않은, 통제 불가능한 일들이 벌어진다는 것이다. 물론 자기가 통제할 수 없는 것들을 붙잡고 매달릴 수도 있다. 하지만 행복을 되찾고 싶다면, 그 가운데 몇 가지는 기꺼이 놓아줘야 한다. 우리는 자신에게 일어나는 일이나 주변에서 일어나는 일들을 모두 통제할 수 없다. 우리가 통제할 수 있는 건 스스로의 대응 방식뿐이다. 아래의 마무리 실습은 자기가 인생 이야기를 표현하는 방식을 살펴보면서, 어떻게 해야 한 걸음 물러나 놓아줄 긴 놓아주면서 앞으로 나아갈 수 있는지 이해할 기회를 준다.

인생 파헤치기 프로젝트 3

잠시 시간을 내서 "여기에 혹시 다른 의미가 있는 건 아닐까?"를 생각해본다면, 살면서 겪는 가장 심각한 오해 가운데 상당수를 피할 수 있을 것이다. 연구 전문 교수인 브렌 브라운Brene Brown이 고안하고 우리가 학생 및 클라이언트들과 코칭 작업을 진행하면서 적절히 조정한 재구성 도구를 사용하는 것도 아주 좋은 방법이다. 우리는 이 도구를 '나에게 들려주는 이야기'라고 부른다. "여기에 혹시 다른 의미가 있는 건 아닐까?"라는 질문을 던지는 것만으로도 생각을 재구성하고 관점을 넓히는 데 도움이 되지만, 최근에 우리 학생과 클라이언트들은 곤란한 생각 앞에 '나에게 들려주는 이야기'라는 간단한 구절을 덧붙이는 것만으로도 많은 '깨달음의 순간'을 얻었다.

이건 다음과 같은 방식으로 작용한다. '나에게 들려주는 이야기'는 살면서 겪는 모든 힘든 상황, 괴로운 생각이 여러분을 지배하는 그런 상황에 적용할 수 있다. 예를 들어, 여러분이 사랑하는 누군가(남편, 아내, 남자 친구, 여자 친구 등)가 점심시간에 전화를 걸겠다고 약속하고는 걸지 않았다고 가정해보자. 그렇게 한 시간이 지나자 그 사람은 여러분을 별로 중요하게 여기지 않는다는 생각 때문에 화가 난다. 본인이 이런 기분을 느끼고 있는 걸 알아차리면, 이 표현을 사용하자. 나에게 들려주는 이야기는, 그들이 전화를 걸지 않은 이유는 내가 중요하지 않아서가 아니라는 것이다.

그런 다음 자신에게 다음과 같은 질문을 던지자.

- 이 이야기가 사실이라고 확신할 수 있는가?
- 나 자신에게 이 이야기를 했을 때 어떤 기분이 들고, 어떻게 행동했는가?
- 이 이야기의 결말이 사실이 될 수 있는 또 다른 가능성이 있다면 무엇일까?

여유를 가지고 모든 상황을 좀 더 신중하게 생각해보자. 다른 이유를 떠올려보라고 자신에게 과제를 내주자! '나에게 들려주는 이야기'와 세 가지 관련 질문은 여러분의 일상생활 속에서 일어나는 걱정스럽고 혼란스러운 상황을 다시 살펴보면서 재구성할 수 있는 도구를 제공한다. 이걸 시작으로, 무의식적으로 자신에게 들려준 이야기에 이의를 제기하면서 좀 더 객관적인 태도로 현실을 확인할 수 있다. 이건 궁극적으로 행복을 되찾는 데 도움이 되지 않는 이야기들을 놓아버리고, 여러분이 삶의 모든 측면에서 더 나은 결정을 하도록 도와줄 것이다.

나부터 사랑하기:
해야 할 일의 맨 앞에는
언제나 나 자신이 있어야 한다

사업을 처음 시작할 때 우리는 다른 사람들이 우리를 어떻게 생각하는지에 너무 골몰한 나머지 모든 일에 지나치게 신경을 쓰고, 스스로 초래한 스트레스와 부정적인 기분에 압도당해서 녹초가 되곤 했다. 나 자신을 사랑할 여지가 없었다. 그래야 한다는 생각조차 하지 못했다. 우리 둘 다 이걸 매우 현실적인 방법으로 경험했다. 그리고 엔젤은 우리 아들이 태어난 뒤에 그 모든 걸 다시 경험했다.

맥이 태어난 뒤, 나는 모든 걸 다 해내려고 애썼다. 최고의 엄마, 최고의 아내, 최고의 가정주부, 최고의 요리사가 되려고 했다. 나는 모든 걸 책임지고 있었다. 하지만 머릿속에는 계속 '난 못해'라는 생각이 맴돌았다. '나는 적합한 사람이 아니야. 완전히 무너지고 말 거야.' 내 힘으로 감당하기에는 너무 벅찼지만, 그걸 인정하고 싶지 않았다. 그런 얘기를 크게 소리 내서 하고 싶지 않았다. 아이가 태어나고 몇 달이 지나서야 겨우 나를 위한 시간을 내어 심호흡을 하면서 엄마와 아내로서의 책임감의 무게가 나를 추월하지 못하게 할 수 있었다.

시간이 걸리기는 했지만, 조용히 앉아서 나 자신을 사랑하고 내가 엄마로서 해낸 일들과 내가 일구고 있는 가족 안에서 이룬 발전에 자랑스러워하는 법을 배웠다. 결과적으로, 나는 전보다 훨씬 행복해졌다. 계속 스스로를 괴롭히지도 않고 이 정도로는 불충분하다고 되뇌지도 않았다. 이렇게 자기애에 집중하기 시작하자 전보다 현실에 충실할 수 있었고, 나는 남들에게 나눠줄 좋은 자질을 갖춘 괜찮은 사람이라는 사실을 받아들일 수 있었다. 나는 계속해서 발전하고 있다는 걸 알고, 또 지금의 자신에게 만족하는 법을 배우고 있다.

결국 이런 경험을 통해, 우리는 자기를 사랑하는 능력(자신의 필요와 요구에 마음을 여는 능력)을 얻지 못하면 성장할 수가 없고 서로를 온전히 사랑하는 능력도 갖지 못하게 된다는 걸 알았다. 우리 내면에 사랑이 있어야만 그 안에 삶도 있다는 걸 배운 것이다.

자기애란 자신을 위한 공간을 만드는 방법을 배우는 것이다. 해야 할 일 목록에 자신을 포함시키고, 신체적으로나 정신적으로 건강한 삶을 연습할 수 있는 시간과 공간을 미리 마련해놓자. 자기애는 우리 삶이 늘 바쁘게 서둘러서 처리해야 하는 의무만으로 가득 차 있지 않다는 걸 확실히 하는 방법이다. 우리도 시간을 현명하게 관리하면서 충분히 휴식을 취하고 열정을 채우고, 필요한 모든 방법으로 자신을 뒷받침해야 한다.

자기애를 받아들이기가 늘 쉬운 건 아니다. 우리도 그걸 안다. 인생에서 가장 어려운 일 가운데 하나가 바로 불완전한 부분까지 모두 포함해서 자기 자신을 인정하고 받아들이고 사랑하기 위해 노력하는 것이다. 내가 누구고, 어떤 기분을 느끼고, 무엇이 필요한지 솔직하게 인정해야 한다. 자기가 하지 못하는 일 때문에 스스로를 의심하는 걸 멈추고, 자기 존재의 모든 부분을 인정하기 시작하자. 그리고 마지막으로, 우리가 사랑하는 이들이라도 모든 부분에 있어 우리 생각에 동의하지는 않는다는 걸 깨닫고 그걸 받아들여야 한다. 모든 사람에게 사랑을 받아야 한다는 생각은 빨리 버릴수록 좋다.

자기애가 부족한 사람은 자기가 사랑하는 이들이나 운영하는 사업, 본인에게 월급을 주는 고용주들을 위해 충분히 잘 하고 있다는 기분이 들지 않을 것이다. 자신의 가장 친한 친구가 되는 법을 배워야 한다. 왜냐하면 때로 자신의 가장 끔찍한 적이 되어 버리는 함정에 너무 쉽게 빠지기 때문이다. 다른 사람이 나를 사랑한다는 생각에 홀딱 빠져서 정작 자기 자신을 사랑하는 건 잊어버린다.

과거에는 자신을 무시했을지 몰라도, 여러분은 정말 사랑할 가치가 있는 사람이다. 자기 안에서 그런 진실을 찾아내서 긍정하기만 하면 된다. 지금부터 발견 과정이 시작된다.

여러분은 정말 사랑할 가치가 있는 사람이다.

누구나 가끔은 불행한 상황을 경험하지만, 어쩌다 한 번씩 불행을 겪는 것과 습관적으로 불행한 삶을 사는 건 큰 차이가 있다. 몇몇 예외가 있기는 하지만(임상적인 우울증 같은), 우리가 코칭 과정에서 느낀 바로는 대부분의 사람들이 겪는 불행은 주로 자기 무시에서 기인한다는 것이다.

평소에 대체적으로 행복한 사람이라고 하더라도, 스스로를 무시하는 건 쉽게 생길 수 있는 습관 또는 의식이다. 이를 해결하는 방법은 여러분에게 필요하고 또 받을 자격이 있는 각별한 관심을 쏟는 것이다. 자신의 감정에 저항하거나 무시하는 건 도움이 되지 않는다. 그런 행동은 스트레스와 질병, 혼란, 관계 파탄, 분노, 우울증으로 이어진다. 이런 일을 겪어본 적이 있다면 자기감정을 부정하는 게 끔찍할 정도로 해롭다는 걸 알고 있을 것이다. 자기 무시가 습관화되면 삶의 기준이 급락하기 때문에 거기에서 벗어나기가 더 어려워진다.

지금 바로 자문해보자. "잘못된 이유 때문에 내 기준을 낮추지 않을 만큼 나를 사랑하는가?" 만약 망설여진다면 이제부터 그렇다고 말할 수 있는 힘을 기르자!

인생은 떳떳하게 살아야 한다. 다른 사람들이 알아주거나 이해해주지 않더라도, 자기 자신을 위해 올바른 일을 해야 한다. 평판은 다른 사람들이 여러분에 대해 알고 있는 사실이고, 명예는 여러분이 스스로에 대해 알고 있는 사실이다.

여러분은 무의식적으로 자신을 비하하면서 삶의 많은 부분을 허비했다는 사실을 인정해야 한다. 우리들은 자신이 필요한 자질을 갖추지 못했다고 생각하며 나 아닌 다른 사람이 되려고 했다. 상황에 잘 적응하고, 예민하지 않고, 빈곤하지 않으며, 흠이 별로 없는 사람. 나와 비슷한 부분이 적은 사람 말이다. 우리는 남에게 좋은 인상을 주고 싶고 사람들이 나를 좋아해주기를 바란다. 남들 눈에 훌륭하고 사랑스러운 사람처럼 비춰져서 치유받고 온전해진 기분을 느끼려는 것이다. 하지만 그토록 오랜 시간 동안 거짓 미소를 띠운 얼굴 뒤에서, 다른 모든 이들을 기쁘게 해주려다가 무심코 자기 자신을 배신했다. 그리고 그동안 내 내 마음이 아팠을 것이다.

하지만 이제 지금까지와는 다른 시선으로 상황을 바라볼 수 있게 되었다. 자신을 폄하하는 건 말도 안 되는 일이다. 게다가 이제 여러분이 뭘 하든, 어떻게 바뀌든 상관없이 어떤 이들은 결 코 여러분을 좋아하지 않을 것이라는 걸 깨달았다.

그리고 이제는 올바른 이유를 위해 일하기 시작해야 한다는 것도 깨달았다.

다른 사람들에게 필요하기 때문이 아니라, 마침내 내가 나 자 신의 사랑과 관심을 받을 가치가 있는 사람이라는 걸 알게 되었 기 때문이다.

다른 사람들이 나를 인정해주기 때문이 아니라, 내가 직접 공 기로 호흡하고, 나만의 생각을 하고, 아무도 차지할 수 없는 공 간을 차지하고 있기 때문이다.

여러분은 역경을 겪었을 수도 있고 거절 때문에 좌절했을 수 도 있지만, 그래도 완전히 망가지지는 않았다. 그러니 다른 사람 들에게 엉뚱한 쪽으로 설득당해서는 안 된다. 자신을 하찮게 여 기는 걸 거부하고 스스로를 치유해야 한다. 남들 앞에 당당히 나 서서, 속으로 옳다고 생각되는 일을 하자. 자신의 본모습을 있는 그대로 인정하고, 별난 부분들도 전부 진심으로 받아들이자. 자 기애를 일상적인 의식으로 만들자. 자기혐오에서 벗어나 자기애를 향해 나아간다면, 인생의 모든 부분에서 깊은 치유와 성장을 발견할 것이다.

자신의 가치를 의심하거나 스스로를 비판하면서 보내는 모든 순간은 비극적인 손실이라는 걸 기억하자. 인생의 신선한 순간들을 그냥 내다 버리는 거나 마찬가지다. 더 이상 시간을 낭비하지 말자. 오늘은 자신을 사랑하기 시작하기에 가장 좋은 날이다.

자기애도 훈련을 통해서

우리는 자신의 가장 가혹한 비평가가 될 수 있다. 우리 마음은 자기 혐오의 전쟁터가 되어 긍정, 수용, 자기애를 위한 공간을 만드는 게 거의 불가능해진다. 하지만 원한다면 그 가능성을 열어볼 수 있다. 그래서 자기애를 되찾고 성장시키는 과정에서 첫 번째로 중요한 초점은 바로 정서적 행복 문제를 해결하는 것이다. 이를 위해 우리가 애용하는 방법은 명상을 하면서 자신에게 관심을 기울이는 것이다.

그러면 하루를 시작하는 순간부터 단 5분 안에 감정적인 행복을 얻을 수 있다. 잠에서 깨자마자 주변에서 들리는 소리와 자기 몸이 느끼는 감각에 주목하는 것부터 시작하자. 그리고 잠깐 자기 몸 상태를 확인하는데, 발부터 시작해 정강이를 지나 무릎과

대퇴부 그리고 그 위까지 쭉 감각을 이동시킨다. 이 몇 분 동안 자기 몸속에 존재하는 기분은 어떤가? 온전히 몸에 주목하기 어렵다면 벽에 비친 햇살을 바라보거나 촛불을 켜고 깜박이는 불꽃에 집중하자.

몇 분 동안 이런 것들에 관심을 기울이면, 자신의 중심이 되는 장소에서 하루를 시작할 수 있다. 우리 부부는 아침에 일어나자마자 서로 굿모닝 키스를 나누기도 전에 스마트폰부터 확인한다는 걸 깨닫고는 이 방법을 실천하기 시작했다. 정신없이 바쁜 기분으로 하루를 시작해서 그 이후에 하는 다른 일들에도 계속 불안감이 퍼져간다는 걸 알게 되었다. 우리의 하루는 더없이 혼란스러웠다. 그 어떤 일에도 제대로 신경을 쓸 수가 없었다. 아침을 바쁘게 시작하면 그 시간을 제대로 누리지 못하기 때문에 시간을 낭비한 듯한 기분이 든다. 또 평화롭지도 못하다. 하지만 위와 같은 간단한 아침 명상으로 하루를 시작하면 그날의 나머지 시간을 어떻게 보낼 것인지에 대한 기조도 정해지고 평소와는 세상이 다르게 보일 것이다.

자기는 아무 가치도 없는 인간이라고 생각하면, 그런 생각은 우리 삶의 다른 모든 측면에도 부정적인 영향을 미친다. 하지만 자신을 심적으로 잘 대하면 주변 세상이 더 밝아진다. 어떻게 하면 될까? 자신에게 심적인 안정감을 줄 수 있는 구체적인 방법을 몇 가지 살펴보자.

반복적인 질문을 통해 부정적 감정을 뿌리치자

우리는 학생들과 함께 자아 탐구 과정을 자주 이용한다. 이 과정은 불교와 동양 철학을 바탕으로 하며, 앨런 왓츠[Alan Watts]와 바이런 케이티[Byron Katie]의 가르침에 따라 조정된 것이다. 이 실습은 흥미로운 사실들을 드러내는 간단한 질문을 자신에게 던지는 것이 핵심이다. 이런 자기 관리 과정은 실제로 우리 삶을 크게 향상시켰다. 이건 어떤 생각이 여러분을 지배하거나 자신에 대한 감정이 별로 좋지 않을 때 사용하면 좋다.

괴로운 생각이 자꾸 들면, 그걸 적어둔다. 그리고 하루 이틀 정도 지나 마음이 차분하게 가라앉고 정리되면, 사랑과 관심이 깃든 허심탄회한 태도로 그 생각을 좀 더 객관적으로 바라본다. "이건 사실인가? 이 생각을 입증할 수 있을까? 머릿속에 이런 생각을 품고 있는 나란 사람은 누구인가? 이 생각을 없앨 수 있다면, 나는 어떤 사람이 되고 또 어떤 것들을 보게 될까? 이 생각과 정반대되는 건 무엇이고, 그런 반대되는 생각 속에도 어느 정도의 진실은 존재하는가?"라고 자문해보자. 매일같이 자신의 괴로운 생각을 적어두는 연습을 반복하자. 그리고 적어도 일주일에 한 번 정도는 자기 생각을 검토하면서 자아 탐구를 위한 질문을 던진다.

이렇게 몇 주가 지나면 서서히 패턴이 보이기 시작할 것이다. 똑같은 생각들이 날마다 자기를 괴롭히고 있다는 걸 깨닫기 시작할 것이다. 일단 이걸 인지하면, 다음부터는 그 생각을 막 떠올리려는 순간에 알아차릴 수 있다. 다음에 또 부정적인 생각이 들고 그에 동반되는 불안감까지 찾아오면 스스로에게 이렇게 말할 수 있을 것이다. "전에도 겪어본 적이 있는데 괜찮아. 이런 생각이 들어도 아무렇지 않다고." 그러면 이 생각과 관련해 자신에게 들려줄 수 있는 다른 이야기를 갖게 될 테고, 그건 여러분의 관점을 더 좋은 쪽으로 바꿔줄 것이다.

나는 충분히 괜찮은 사람이라고 자신에게 말하자

너무 단순하다고 생각할지도 모르지만, 아주 중요한 일이다. 자기가 부족한 사람이라는 생각이 들기 시작할 때마다 "난 충분히 괜찮은 사람이야!"라고 스스로 되뇌자. 때로는 자기가 여행할 가치가 있는 사람이라고 믿는 게 이 여정에서 가장 어려운 부분이 되기도 한다. 여러분은 충분히 가치 있는 사람이다! 자신의 결점을 받아들이자. 실수를 인정하자. 숨지 말고 거짓말하지도 말자. 진실과 맞서고 그걸 통해 더 강해지자. 진실은 여러분에게 벌을 주지 않는다. 당신은 언제나 있는 모습 그대로도 충분히 훌륭하며, 그 어느 때보다 더 강해질 수 있다. 도중에 실수를 저질러도 큰 해가 되지는 않지만, 그걸 부정하고 은폐하려고 하면 문제가 생길 것이다. 결점이 있는 사람들은 아름답고 호감이 가며 긍정적으로 변화하기 쉽다.

여러분이 여러분인 데에는 이유가 있다. 주의를 산만하게 하는 것들을 무시하자. 자기 내면의 목소리에 귀를 기울이자. 자기 일에 신경 쓰자. 자신의 가장 큰 소망과 목표를 가슴에 새기고 매일 거기에 시간을 할애하자. 혼자 걷는 걸 무서워하지 말고, 거기에 애정을 쏟는 걸 주저하지 말자. 다른 사람의 무지나 호들갑스러운 행동, 부정적인 태도 때문에 진실에서 벗어나거나 자기 모습을 있는 그대로 사랑하는 걸 포기하지 말자. 그리고 타인의 거절은 장기적으로 볼 때 별로 중요하지 않다는 걸 기억하자. 거절을 받아들이고, 정말 중요한 일에 다시 관심을 집중하자.

중요한 건 자신을 어떻게 바라보는가다. 다른 사람이 어떻게 생각하든 상관없이 자신의 가치관과 신념에 충실하게 살아가는 걸 습관화해야 한다. 옳은 일을 하는 걸 부끄러워하지 말자. 이런 긍정적인 습관을 실행에 옮기려면, 자신의 성격을 형성하고 자기만의 삶을 살아갈 때 중요한 것 몇 가지를 정리해서 목록을 만드는 일부터 시작하자. 예를 들면, 정직, 신뢰성, 자존감, 자기 수양, 동정심, 친절함 같은 자질을 목록에 포함시킬 수 있다. 이렇게 참조할 수 있는 간략한 목록을 만들어두면, 외부에서 검증받기 위한 행동을 취하기보다 자기가 직접 엄선한 특징과 행동들을 의식적으로 적용하고 유지시킬 기회가 생긴다.

당면한 과제를 극복할 수 있다고 믿자

위대한 도전은 삶을 흥미롭게 하고, 그걸 극복하는 과정은 인생에 의미를 안겨준다. 자기를 사랑하는 사람들은 이 사실을 알고 있으며 그에 따라 살아간다. 인생이 던져준 도전 과제를 다루는 방식이 여러분의 성공과 행복 수준을 결정짓는다. 그러니 자신의 실수를 담대하게 웃어넘기면서 거기서 교훈을 얻자. 자신의 고민거리에 대해 가볍게 농담을 하면서 힘을 얻자. 당면한 도전 과제를 즐기면서 하나씩 정복해가자.

그렇게 하는 게 항상 편하기만 할까? 절대 그렇지 않다. 하지만 그만큼 가치가 있는 일일까? 물론이다! 살면서 느끼는 불편한 감정도 일단 받아들이고 나면, 계속 밀려오는 파도를 타고 오르내리다가 결국 부서져서 사라진다. 이런 파도가 밀려올 때마다 오래된 감정의 층은 씻겨나가고, 찾을 수 있을 거라고 기대하지도 않았던 보물을 쌓아놓고 간다. 미숙함은 사라지고 새로운 지각이 찾아온다. 좌절감은 씻겨나가고 회복력이 생긴다. 미움은 사라지고 친절한 마음만 남는다. 이런 감정적 경험의 파도를 타는 게 쉽다고 말하는 사람은 없겠지만, 불편함의 리듬을 참는 법을 배우는 건 자연스럽고 도움이 되며 인생에 꼭 필요한 일이다. 그 불편함이 여러분을 원래보다 더 강하고 건강한 사람으로 만들어줄 것이다.

비난보다 책임을 택하자

자신을 사랑하는 사람들은 안 좋은 일이 생기면 손가락질할 대상을 찾기보다는 스스로 책임질 방법을 찾는다. 이들은 자기가 아닌 다른 곳에서 책임 소재와 비난 대상을 찾으면 문제를 해결하지 못한다는 걸 알고 있다. 그런 태도는 불안감과 무력감만 생기게 한다. 자기가 모든 책임을 지기로 하면, 슬픔과 부진 속에서 허덕이기보다 긍정적인 변화와 수용을 장려하여 결국 자신에게 이로운 방향으로 나아가게 된다.

책임을 진다고 해서 과거에 발생한 결과를 곱씹는다는 뜻은 아니라는 걸 명심하자. 오로지 지금 이 순간에 스스로 결정을 내리고 그걸 최대한 활용한다는 뜻이다.

스스로 학습하자

마하트마 간디Mahatma Gandhi의 이야기처럼, '내일 죽을 것처럼 살고, 영원히 살 것처럼 배워야 한다'. 인생은 한 권의 책인데, 스스로 공부하지 않는 사람들은 이 책을 몇 페이지밖에 못 읽는 꼴이다. 아는 게 많아지면 더욱 잘 살 수 있고 자신감도 생긴다. 자기를 사랑하는 사람들은 이걸 핵심으로 삼는다. 그들은 모든 공부는 결국 독학이라는 걸 알고 있다. 여러분이 대학 강의실에 앉아 있든 커피숍에 앉아 있든 그건 중요하지 않다. 우리는 배우고 싶지 않은 건 배우지 않는다. 자력으로 지식을 추구하기 위해 시간과 노력을 들이는 사람들만이 이 세상에서 진정한 교육을 받는 사람들이다.

널리 인정받는 학자나 기업가, 예술가 또는 역사적 인물을 보라. 그들이 공식적인 교육을 받았든 아니든, 결국 자신을 향상시키기 위해 방대한 시간과 에너지를 투자한 지속적인 독학의 산물이라는 걸 알게 될 것이다. 이건 가장 고귀한 형태의 자기애 중 하나다.

자신의 열정과 재능에 연료를 공급하자

여러분의 삶이 의미 있는 것이 되려면, 스스로의 힘으로 인생을 살아가야 한다. 모든 사람에게 적합해 보이는 길을 택하는 게 아니라, 자신에게 알맞은 길을 선택해야 한다. 우리는 어떤 아이디어나 활동에 부드럽게 이끌리는 걸 느낄 때가 있다. 그런데 때로는 그 당기는 힘이 훨씬 강력하기도 하다. 자신을 사랑하는 이들은 자기 내면의 갈망을 중요한 것으로 인식하고 존중하며, 그런 갈망을 키우기 위해 시간과 에너지를 쏟는다. 그들은 내면의 허기를 채우는 게 다른 이들에게 어떤 모습으로 비춰질까 하는 두려움보다 훨씬 더 중요하다는 걸 알고 있다.

여러분에게 내주고 싶은 과제는 이것이다. 오늘 그리고 앞으로 매일같이 이 세상에서 살아가는 삶을 방관자가 아닌 적극적인 참여자로서 살자. 매일 아침마다 본인에게 정말 중요한 게 뭔지 자문하고, 그때 나온 대답을 중심으로 하루를 꾸려갈 수 있게 해주는 용기와 지혜, 그리고 의지력을 찾아내자.

타인에게 휘둘리지 않는 법

어떻게 다른 사람들이 나를 대하는 방식을 통제할 수 있을까? 궁금할 것이다. 사실 그건 불가능한 일이다. 완벽하게는 말이다. 하지만 걱정할 필요 없다. 자기 자신을 우선순위에 집어넣고 자기부터 먼저 돌본다면 주변인들에게 더 좋은 사람이 될 수 있고 또 더욱 의도적이고 건전한 방식으로 관계를 맺을 수 있다.

다른 사람들이 여러분을 대하는 방식을 완전히 통제할 수는 없지만, 주변 환경에 대한 자신의 반응을 제어할 방법은 무수히 많으므로 이를 통해 다른 이들과 긍정적이고 감정적으로 풍요로운 상호작용을 할 수 있다.

사람들에게 나를 대하는 방법을 알리자

모든 사람이 내가 베푸는 호의에 감사하지는 않는다. 그러니 여러분의 관심을 받을 자격이 있는 사람은 누구고, 여러분을 이용만 하는 사람은 누군지 알아내야 한다. 여러분의 시간과 에너지가 잘못된 관계에 허비되고 있다면, 결국 아무 의미도 없는 덧없는 우정과 얄팍한 로맨스만 지루하게 반복될 것이다. 또한 왜 나는 항상 애정을 갈구하기만 하는지 의아해질 것이다.

그래서 자신을 사랑하는 이들은 자존감과 자부심이 가득한 상태에서 관계에 접근한다. 그들은 모든 사람이 자기를 좋아하리라고 기대하지 않고, 또 모든 사람이 그래야 할 필요도 없다. 그들은 사랑받고 존중받는 기분을 느끼려면 뭐가 필요한지 알고, 다른 이들에게 뭘 제공해야 하는지도 안다. 주변 사람늘에서 여러분이 정해놓은 경계를 부드럽게 가르쳐주고, 만약 그들이 반복해서 경계를 넘는다면 여러분 쪽에서 센스 있게 한 발짝 뒤로 물러서자.

나만의 가격을 지키자

다른 사람들이 애정과 존중이 담긴 태도로 여러분을 대하지 않는다는 느낌이 든다면, 자신의 가격표를 확인해보자. 어쩌면 자기도 모르는 새에 스스로의 가격을 낮춰놨을지도 모른다. 자기애가 강한 사람은 자신의 시간과 관심을 쏟는 대가로 어떤 대우를 받고 싶은지 당당하게 보여줌으로써 자신의 가치를 지킨다. 그러니 여러분도 할인 매대에서 내려오자. 여러분이 자신을 진심으로 아끼고 존중하지 않는다면 다른 사람들도 그럴 것이다.

나를 실망시키는 사람들과 거리를 두자

잘못된 관계를 계속 유지하는 것보다는 차라리 아무와도 관계를 맺지 않는 편이 낫다. 여러분을 걱정해주지 않는 사람들을 너무 많이 걱정할 필요도 없다. 자신의 가치를 알아야 한다! 여러분을 무시하는 사람에게 마음을 다 맡기면 결국 실망만 하게 된다. 평생 함께할 친구들은 여러분에게 동기를 부여하고 영감을 주며 여러분을 존중한다. 여러분 주변에 있는 이들은 균형 잡힌 태도로 여러분에게 힘을 실어줘야 한다. 이 기준을 명확히 하자. 언제나 양보다는 질이 우선이다.

방해꾼들을 멀리하자

남을 함부로 판단하고 험담하는 일에 열중해서는 안 된다. 주변 사람들의 부정적인 태도나 호들갑스러운 모습을 받아들이지 말자. 긍정적인 태도를 유지해야 한다. 사람들을 냉정하게 비판하기보다 따뜻한 시선으로 바라보자. 다른 사람들에 대해 수다를 떨거나 실체도 없는 문제를 일으키며 살기엔 인생이 너무 짧다. 그보다는 필요 이상으로 감사를 표하고 친절한 태도를 보이는 편이 낫다.

오직 나를 기준으로 삼아라

자기가 누구인지 아는 것과 그런 자신을 진심으로 신뢰하면서 본모습에 따라 살아가는 건 별개의 일이다. 우리 사회에서 진행되는 온갖 사회적 조건화 때문에, 때로는 자신에게 진실해야 한다는 걸 잊곤 한다. 세상에 휩쓸려 자신을 잃지 말자. 자기가 아닌 다른 인물인 척할 때는 진정 가까이하고 싶은 이들을 자기 삶 속으로 끌어들일 수가 없다. 그러니 항상 당당한 모습을 지킬 수 있도록 자신을 사랑하고, 가치관이나 생각이 맞는 그룹을 찾을 수 없다면 여러분이 직접 그 근원이 되어야 한다. 그러면 여러분이 원하는, 여러분과 비슷한 가치관과 생각을 가진 사람들이 다가올 것이다.

진실이 최우선이다

평소 생활이나 일을 할 때, 평판은 언제나 다음에 받을 봉급보다 중요하고, 진실한 태도는 다음에 느낄 흥분보다 더 큰 가치가 있다는 걸 기억하자. 남을 속이는 이들은 항상 불신과 불확실성을 느끼면서 살아야 하는 벌을 받는다. 그들은 자기가 속인 사람이 언젠가 역으로 자기를 속일 것이라는 두려움 속에서 살아간다. 그리고 그런 두려움은 끝없는 악순환의 시작일 뿐이다. 우리의 정체성이 정직에 뿌리를 두지 않는다면, 잘못된 이유 때문에 엉뚱한 사람들에게 인정을 구하려고 하는 온갖 위험하고 외로운 상황으로 이어질 수 있다. 그런 삶을 살아서는 안 된다. 진실을 말하자. 자기가 한 말은 꼭 실천에 옮기자. 약속을 지키자.

일을 망치면 미안하다고 사과하자. 친절을 베풀자. 솔직하게 행동하자! 솔직한 태도가 항상 많은 친구를 안겨주지는 못하겠지만, 늘 올바른 친구를 사귀게 해준다는 걸 잊지 말자.

분노에 휘둘리지 말자

분노의 가장 큰 특징은 반드시 되돌아온다는 것이다. 여러분을 화나게 하는 사람이 결국 여러분을 조종하게 된다. 증오는 자기가 좋아하지 않는 이들을 공격하는 무기라고 생각하지만 사실 증오는 구부러진 칼날이며, 남에게 해를 끼치면 그만큼 자신에게도 해가 돌아온다. 그러니 다른 사람들 때문에 화를 내지 않도록 하자. 여러분은 그런 하찮은 분노보다 더 대단하고 훌륭한 사람이다. 화를 내지 않고 평화를 받아들일 수 있는 힘을 가지고 있다.

부정적인 사람들과 어울리면 우리도 그 기운에 휩쓸린다. 말을 아껴야 할 사람들 앞에서 함부로 말을 낭비하지 말자. 때로 여러분이 할 수 있는 가장 강력한 발언은 아무 말도 하지 않는 것이다. 어떤 사람들은 그냥 그대로 내버려두는 법을 배우는 게 내적 평화를 얻을 수 있는 좋은 방법이다. 그들을 용서하자. 그들이 용서받을 자격이 있기 때문이 아니라, 여러분이 평화를 누릴 자격이 있기 때문이다. 자신을 사랑하고, 영원히 희생자가 되는 부담에서 벗어나 그들이 곁에 있든 없든 상관없이 앞으로 계속 나아가자. 여러분은 다른 사람의 행동을 통제할 수 없다는 걸 기억하자. 하지만 그에 대한 자신의 반응은 통제할 수 있다. 원한과 억울함과 분노를 놓아버리면, 오랫동안 짊어졌던 짐을 버리고 훨씬 가벼워진 기분을 느끼게 될 것이다.

자기애를 실천하고, 자신의 마음과 몸, 감정을 돌볼 수 있는 방법은 무수히 많다. 이 모든 방법은 서로 연결되어 있고, 여러분의 전반적인 건강에 기여한다. 여러분이 자신이 이런 요소들에 모두 주의를 기울인다면, 곧 자신의 마음과 영혼에 진정한 힘이 깃들어 있다는 걸 깨닫게 될 것이다. 그건 자신의 본모습에 대한 믿음과 신뢰, 그리고 지금껏 겪은 역경이나 비판에 구애받지 않고 그 믿음에 따라 행동하려는 의지에 관한 것이다.

지금 이 순간부터, 여러분이 스스로에게 보여줘야 하는 사랑과 존중, 관심을 다시는 다른 이들에게 구걸하지 않겠다고 결심하자. 오늘 거울에 비친 자기 모습을 보면서, "너를 사랑해, 그리고 이제부터 그 사실을 증명할게!"라고 말하자. 자기를 사랑하고 돌보는 연습을 하면, 스스로 행복해질 기회를 주게 된다. 그리고 여러분이 행복해지면 지금보다 더 좋은 친구, 더 좋은 연인, 더 좋은 가족 구성원, 더 좋은 사람이 될 수 있다.

자신을 소중히 여기지 않는 이들에게
보내는 편지

본 장에서는 이미 많은 내용을 다루었지만 최근에 한 수강생에게 받은 짧은 이메일에 영감을 받아서 작성한 공개 서신을 하나 보여주고 싶다.

마크와 엔젤에게,

저는 40대 초반인데 지금 곤란한 현실에 직면해 있습니다. 직업상 간호사로 일하면서 매일 말 그대로 제 시간의 90퍼센트를 다른 사람들을 돕는 데 쓰고 있지만, 그 과정에서 저 자신을 완전히 무시했고 지금은 그것 때문에 고통을 겪고 있습니다. 머릿속에서 제가 바로 응답하지 않은 사이렌이 울리는 기분이에요. 그래서 자주 불안하고 우울한 기분을 느끼는데, 특히 쉬는 날에는 더 심하답니다. 어떻게 하면 좋을까요? 이런 힘든 시기에는 어떻게 의욕을 북돋워야 하나요? 어떤 식견이라도 알려주시면 대단히 감사하겠습니다.

감사합니다.

걱정에 잠긴 학생이

아래는 자신을 소중히 여기지 않는 모든 이들에게 보내는 우리의 공개 회신이다.

걱정에 잠긴 학생에게,

옛날에 어떤 마을에서는 사람들이 모두 직접 지은 목조 주택에 살았어요. 그러니 화재가 늘 매우 현실적인 위험일 수밖에 없었죠. 작은 불꽃 하나가 몇 시간 사이에 마을 전체를 태워 잿더미로 만들 수도 있었거든요. 그래서 이 마을 사람들은 기발한 소방 시스템을 개발했어요.

연기가 나는 게 보이면 자원봉사자가 시끄럽게 사이렌을 울리는 거예요. 사이렌이 울리는 순간, 마을 사람들 모두 하던 일을 내팽개치고 미리 지정된 장소로 달려가 화재를 진압했어요. 모두 우물에서 물을 긷고, 인간 사슬을 만들어 물통을 옆 사람에게 전달하고, 불이 꺼질 때까지 물을 퍼붓는 등 맡은 역할에 따라 움직였죠.

어느 날, 먼 마을에서 온 여행자가 사이렌 소리를 듣고는 거리에서 만난 사람에게 무슨 소리냐고 물었어요. 그 여자는, "불이 날 때마다 이렇게 사이렌을 울리면 불이 꺼져요!"라고 설명했어요.

그 말을 들은 여행자는 깜짝 놀라서, 여기와 마찬가지로 화재 때문에 끔찍한 곤란을 겪고 있는 자기 마을에도 이 놀라운 사이렌 기술을 도입하기로 했습니다. 그는 자기 마을 사람들을 모아놓고 이렇게 말했어요. "여러분, 이제 화재를 두려워하지 않아도 됩니다. 불을 끄는 새로운 방법을 알아냈어요. 어떻게 하는지 보여줄 테니, 잘 보십시오."

그는 자기 집 옆에 쌓여 있는 커다란 건초더미에 불을 붙였어요. 불길은 빠른 속도로 그의 집 근처로 번지기 시작했죠. 그러자 그는 다른 마을에서 구해온 사이렌을 꺼내서 켰어요. 하지만 불이 꺼질 기미를 보이지 않고 점점 거세지니까, 다시 사이렌을 울렸어요. 불은 계속해서 빠르게 번졌어요.

"모두들, 조금만 참으세요! 곧 불이 꺼질 테니까…."

그는 당황해서 계속 사이렌을 울렸지만, 불길은 더 커져서 더 격렬하게 타올랐어요. 얼마 지나지 않아 마을 전체가 완전히 불에 타버렸죠. 이 모든 게 물론 그가 사이렌의 목적을 오해했기 때문에 벌어진 일입니다. 사이렌은 불을 끄는 데 사용된 게 아니에요. 그건 마을 사람들에게 긍정적인 행동을 취하도록 지시하는 단순한 신호였죠.

이 이야기와 여행자의 비극적인 실수는 우리 안에도 사이렌 시스템이 존재한다는 사실을 일깨워줍니다. 이야기 속의 화재 경보처럼, 그건 여러분의 관심을 긴급히 필요로 하는 문제들에 대해 행동을 촉구하는 신호지 마법 같은 해결책이 아닙니다. 이런 사이렌 소리에 귀를 기울이고 거기에서 긍정적인 행동을 취할 수 있는 동기를 얻는다면 자신의 삶을 구할 수 있는 것은 물

론이고 여러분과 여러분에게 의존하는 사람들을 위한 목적의식
과 평화, 해결책을 만들어낼 수도 있습니다.

여러분이 다음에 취해야 하는 조치들이 쉽지는 않겠지만 그
럴 만한 가치가 있을 겁니다. 때로 우리는 자신의 가장 친한 친
구가 되는 법을 배워야(혹은 다시 배워야) 합니다. 왜냐하면 자신
의 가장 나쁜 적이 되어 버리는 덫에 너무 쉽게 빠지기 때문입
니다. 다른 사람들에게 사랑받거나 다른 사람이 자기 말에 귀
기울여주는 건 좋아하면서, 정작 자신을 사랑하고 자신이 말에
귀 기울이는 건 자주 잊어버립니다.

이제 자신을 무시하는 건 그만둬야 합니다.

당장 오늘부터 자신을 가장 우선시하세요.

본인의 심장과 머리가 여러분에게 하는 말에 귀 기울여 보세요.

감사합니다.

마크와 엔젤 드림

인생 파헤치기 프로젝트 4

종이 한 장을 세로로 반 나눈다. 한쪽 칸에는 자신의 강점, 극
복했던 어려운 상황, 살면서 만난 좋은 사람들, 개인적인 성취,
자존감을 높이는 가치관 등 자신과 관련해 좋아하는 부분을 모

두 적는다. 그리고 다른 한쪽에는 자신의 개인적인 약점이나 여전히 씨름하고 있는 문제들의 목록을 만든다. 어쩌면 여러분은 때때로 이기적으로 행동하거나 책임지는 걸 회피하거나 약속을 지키지 않을 수도 있다. 그 문제가 무엇이든 간에, 백일하에 드러내 샅샅이 살펴보다 보면 어느새 수치심이 덜 느껴질 것이다.

실습이 끝날 즈음에 자신의 강점과 약점을 큰 소리로 읽어보자. 그리고 가슴에 손을 얹고 자신에게 이렇게 말한다. "나는 강하다. 나는 약하다. 내게는 결점이 있다. 나는 망가졌다. 나는 배우고 있는 중이다. 나는 나약하다. 나는 인간이다. 그리고 이런 모든 것에도 불구하고, 나는 나 자신을 무조건적으로 사랑할 수 있도록 허락한다. 나는 성장하고 있으며, 과거에 저지른 실수를 성장 여정을 위한 연료로 사용하는 발전 중인 사람이다. 나는 자신을 있는 그대로 받아들이고, 최고의 내가 되겠다는 목표를 세울 것이다."

이 장의 내용을 다시 읽으면서 이 실습을 자주 하자. 여러분에게 도움이 되는 의식과 생활 패턴, 그리고 자신을 방해하는 의식과 생활 패턴에 대해 명상을 하면서 시간을 보내자. 진정한 자신과 분리되게 만든 고통을 다시 떠올리면서 그걸 의식 속에서 부드럽게 억누르자. 그렇게 하면 자기 인식, 마음 챙김, 자기애가 커질 것이다. 그리고 자신의 본모습으로 살아도 충분히 괜찮

다는 걸 알게 되면, 다른 사람들을 받아들이고 사랑하면서 그들
에게 연민을 많이 느끼고 비판은 줄이는 방법도 배우게 된다.

섣불리 낙담하지 않기:
가장 큰 불행은
가장 큰 행복과 맞닿아 있다

얼마 전, 우리 블로그 구독자 중에 한 명인 콜린이 이메일을 보내왔다. 그녀는 세상을 바라보는 자신의 관점이 좀 밝아지게 된 계기에 대해 이야기를 털어놓았다.

"남편이 죽고 거의 5년이 지난 그날 아침, 어떤 멋진 부부와 그들의 세 자녀가 우리 집 현관문을 두드렸어요. 그 남자가 미소를 지으며 이렇게 말하더군요. '당신 남편이 제게 심장을 기증해 주셨어요. 내 목숨을 구해주신 거죠. 그 후 날마다 당신 남편을 위해 기도하고 또 당신을 생각했답니다. 정말 감사합니다!'"

콜린은 자기 집 문 앞에 서 있는 그 사람을 응시하기 전까지는, 남편의 죽음을 긍정적으로 바라볼 수 있는 부분이 전혀 없었다는 걸 시인했다. "남편의 죽음을 받아들이기 쉬워진 건 아니지만, 그에 대한 내 생각이 달라진 건 분명해요. 산산이 부서졌던 마음의 작은 조각 하나가 치유된 느낌이에요."

그리고 실제로 이런 일들이 가끔 생기곤 한다. 콜린의 경험은 매우 특별하지만, 때로 인생은 좋은 신호를 보내 퍼뜩 정신을 차리게 하면서 우리의 관점을 더 좋은 쪽으로 바꿔주기도 한다. 하지만 중요한 건, 어느 날 갑자기 인생의 깨달음이 찾아와 우리의 관점을 바꿔줄 때까지 기다릴 필요가 없다는 것이다. 그 사실을 알든 모르든, 우리에게는 그 일을 스스로 해낼 수 있는 능력이 있다.

하지만 우리가 가진 이 힘을 제대로 이해하려면, 우리가 직접 경험하는 모든 것이 현실이라는 믿음을 타파해야 한다.

어릴 때, 다른 사람에게 들은 이야기나 소문에는 의문을 품어도 되지만 자기가 직접 경험한 일들은 모두 진실로 받아들이라고 배우곤 했다. 다시 말해, 우리가 직접 눈으로 보거나, 귀로 듣거나, 두 손으로 느낀 것들이 가장 확실한 진실이라는 얘기다. 하지만 항상 그런 것은 아니다.

우리의 내적 대화와 사고방식은 실제로 살면서 하는 경험을 해석하는 방식에 엄청난 영향을 미친다. 우리가 무의식적으로 자신에게 하는 이야기는 내면의 느낌만 바꾸는 게 아니라, 실제로 우리가 보고 듣고 경험하는 것 그리고 주변 세상에서 진실이라고 믿는 것을 변화시킨다. 결과적으로 사람들은 같은 경험을 하고도 저마다 다르게 해석할 수 있다. 우리 각자는 자기 마음속에 울린 다른 이야기를 통해서 같은 경험을 할 수도 있다. 그리고 그 이야기는 매 순간 우리가 느끼는 감정과 사물을 해석하는 방식을 변화시킨다. 언제든 관점이 가장 중요하다. 그리고 어떤 면에서 보면, 우리가 스스로에게 들려주는 이야기가 우리의 관점을 좁히는 경향이 있다. 인생이 어떻게 돌아가는지에 대한 이야기를 듣고 난 뒤에 어떤 경험을 하면, 그 이야기를 기준으로 바라보는 경향이 생긴다.

우리 중 누군가는 깊은 상심을 겪었다. 누군가는 사고나 질병으로 부모, 형제, 혹은 자녀들을 잃었다. 누군가는 배우자가 부정을 저지르기도 했다. 누군가는 자기가 의지하던 직장에서 해고당했다. 누군가는 성별이나 인종 때문에 차별을 받았다. 과거의 고통스런 일들에 대한 기억을 선명하게 불러일으키는 새로운 경험을 하면, 그것 때문에 현재의 관점이 변화되어 시야가 좁아진다.

하지만 부정적인 과거 경험 때문에 현재의 관점이 좁아진다면 그건 대부분 방어 메커니즘 때문이다. 우리는 사는 동안 매일같이 어느 정도의 불확실성을 경험하는데, 우리의 마음은 평소에 잘 아는 익숙한 이야기에 매달려서 이를 보상받으려고 한다.

오래된 이야기와 과거의 경험을 이용해 현재를 해석하는 것이다. 가끔은 이런 접근 방식이 통할 때도 있지만, 낡은 이야기와 과거의 경험이 현재의 순간과 완전히 무관할 때도 있기 때문에 결국 도움을 주기보다는 우리를 다치게 하는 경우가 훨씬 많다.

이번 장에서는 일상의 관점을 밝은 쪽으로 바꾸고 상황이 아무리 어둡게 느껴지더라도 그런 어려움 속에서 아름다움을 찾도록 도와주는 몇 가지 진리와 도구들을 살펴볼 것이다. 이 방법을 능숙하게 통제할 수 있다면 여러분은 자신이 원하는 삶이 방향에 따라 이를 자유자재로 활용할 수 있게 될 것이다.

죽음 안에도 생명이 있다

불교에는 승려들이 자신의 죽음을 명상하는 전통이 있다. 그들은 명상을 하는 동안 자신의 죽음이 가족과 공동체에 어떤 영향을 미칠지 생각한다. 하지만 이런 명상을 소름끼친다고 여기지는 않는다. 그들은 자신의 관점을 바꾸기 위해, 그리고 살면서 얼마나 많은 선을 행했고 또 감사해야 할 것들은 얼마나 많은지 깨닫기 위해 이런 묵상을 하는 것이다. 삶은 결코 완벽하지 않고 많은 괴로움이 따르지만, 명상은 그런 속에서도 여전히 존재하는 놀라운 가능성을 볼 수 있게 해준다. 우리가 더없이 부정적으로 생각할 수 있는 것들에 초점을 맞춤으로써, 그들은 자신의 관점을 바꾸고 삶이 제공하는 긍정적인 면모들을 더 잘 찾을 수 있게 된다.

우리도 이와 비슷한 방법을 시도해볼 수 있다. 잠시 동안 과거를 되돌아보면서 자기가 얼마나 많은 역경을 극복했는지 깨달으면, 그걸 이용해서 본인의 개인적인 힘에 대한 인식을 높일 수 있다. 삶의 변화로 인한 고통은, 우리가 그걸 통제하지 못하고 현실은 우리와 무관하게 진행되며 종종 변화가 우리의 기대를 충족시키지 못한다는 사실을 깨달으면서 생긴다.

무엇보다, 건전하고 행복한 시각은 여러분이 인생의 변화를 받아들이기로 결정했다는 걸 의미한다. 변화가 삶의 기본적인 사실이라면, 왜 이에 저항하는 걸까? 왜 변화를 받아들이고 놓아줄 건 놓아주면서 충만한 삶을 살지 않는 건가? 그렇게 하면, 삶의 변화 속에서 나타나는 아름다움을 더 잘 볼 수 있다. 힘들다는 건 알지만, 그건 우리가 저항하는 데 익숙해져 있기 때문이다. 만약 습관적인 저항과 비판하고 싶은 충동을 제쳐둔다면, 자신의 진정한 잠재력이 얼마나 될지 상상이 가는가?

우리의 관점은 과거의 경험에서 비롯된 것이다. 지금껏 겪은 역경, 오랜 세월 동안 해온 부정적인 경험과 긍정적인 경험, 이전에 맺은 관계, 이런 모든 것들이 마음 뒤편에 자리를 잡고 있다. 그리고 어떤 상황에 대처해야 할 때가 되면 무의식적으로 거기에 있는 정보들을 모두 참조한다. 만약 이런 잠재의식의 존재와 그게 우리에게 어떤 영향을 미치는지 모른다면, 이전의 경험을 바탕으로 성급하게 잘못된 판단을 내릴 수도 있다. 결과적으로, 관점을 바꾸는 데 따르는 어려움은 대부분 자기가 애초에 잠재의식을 참고하고 있다는 사실을 깨닫지 못하기 때문에 생긴다.

그러면 어떻게 해야 자신의 관점을 재구성할 수 있을까? 힘들고 고통스러운 인생의 상황을 몇 가지 살펴보면서, 그에 대한 여러분의 시각을 어떻게 바꿀 수 있는지 알려주겠다.

1. 존경하는 어떤 사람이 감정을 폭발시키면서 마구 소리를 질러댄다.

이 사람은 상처를 입었거나 좌절하거나 화가 난 상태인데, 여러분이 자기 옆에 있다는 이유 때문에 여러분에게 화풀이를 하고 있다. 여러분은 이런 상황에 공감할 수 있는가? 여러분도 그들 같은 입장에 처했던 적이 있는가? 우리의 유사성, 공동의 투쟁, 인간으로서의 연관성에는 물론 아름다운 부분이 존재한다. 이 아름답고 상처받은 인간과 공감하고, 그들이 삶의 변화에 대처하는 동안 겪는 고통을 함께 느끼며 연민의 마음을 전하고, 그들이 분투하는 과정에서 하는 행동을 기분 나쁘게 받아들이지 않으면서 계속 나아가자. 사실 그는 우리에게 도움을 청하고 있는 중이다.

2. 세 살짜리(혹은 13살짜리) 자녀가 여러분의 말을 듣는 걸 거부한다.

놀랍게도 그 아이는 벌써 다 자라서 자신의 독립성을 주장하는 것이다. 아이는 혼자 생각하면서, 자기가 남의 명령에 따르는 아랫것이 아니라 한 명의 인간임을 증명하고 있다. 여러분도 아이의 입장이 되어본 적이 있는가? 직장의 말단사원일 때나 어려서 부모님과 함께 살 때? 다른 사람이 여러분을 통제하려고 해서 짜증이 난 적이 있는가? 이런 성장과 독립, 투지, 그리고 이렇게 성인이 되어 가는 과정은 아름답다. 그 아름다움과 미소를 보라. 그 진가를 인정하자. 아이가 배우고 성장할 수 있는 여지를 줘야 한다.

3. 직장에서 해고당했다.

직장을 잃는 건 힘든 일이지만, 모든 일의 마지막은 그 다음에 오는 모든 일들의 시작으로 이어진다. 그러니 성공한 사람의 무거운 짐을 다시 초심자가 되는 가벼움으로 대체하자. 홀가분하고 새로운 출발은 또 다른 이야기의 시작이며, 삶이 생기를 되찾고 자신의 모습을 재창조할 수 있는 기회이기도 하다. 이런 기회가 가진 아름다움, 고정된 일상에서 풀려난 자유와 해방감을 맛보자. 더욱이 이런 일들은 자기가 늘 원하던 방식대로 삶을 재건할 수 있는 견고한 토대도 된다.

4. 가까운 친구나 가족이 죽었다.

사람마다 슬퍼하는 방식이 각기 다르고 슬픔을 이겨내려면 시간이 필요하기 때문에 이건 매우 힘든 상황이다. 사랑하는 사람이 갑자기 죽으면 그들의 모든 걸 한꺼번에 다 잃는 게 아니다. 몇 주, 몇 달, 몇 년에 걸쳐 서서히 잃게 된다. 그 사람이 자주 입던 낡은 재킷에서 서서히 그의 향기가 사라지는 것처럼 말이다. 그렇다, 죽음은 아마도 가장 고통스러운 삶의 변화일 것이다. 우리는 형제자매와 가장 친한 친구를 잃은 경험이 있다. 그때의 경험을 통해, 사랑하는 사람을 잃으면 심장이 반으로 쪼개지는 것처럼 아프다는 걸 알고 있다. 그 상실감을 완전히 극복한다는 건 불가능하다. 그들을 영원히 잊을 수 없기 때문이다. 하지만 다른 시각에서 보면, 이건 한편으로 좋은 일이기도 하다. 3장에서 벌써 논의한 주제이기는 하지만, 여기서 다시 생각해볼 만한 가치가 있다. 죽음은 하나의 시작이다. 특별한 사람을 잃었지만 이때의 마지막은 우리가 소중히 여기던 중요한 뭔가를 잃어버렸을 때처럼 재창조의 순간이기도 하기 때문이다. 깊은 슬픔에도 불구하고, 그들의 죽음은 우리의 삶을 재창조하도록 유도하고, 이런 재창조는 눈에 보이지 않는 새로운 방식으로 아름다움을 경험할 수 있는 기회다. 그리고 마지막으로, 죽음은 한 사람의 삶을 기리고 그들이 우리에게 보여준 아름다움에 감사할 수 있는 기회다.

여러분도 이제 알고 있듯이, 우리도 우리 몫의 역경을 겪어 봤다. 헤어나기 힘든 감정적, 경제적인 어려움을 겪었다. 그 시기 동안에는 삶이 얼마나 '멋질' 것인가에 대한 기대가 산산조각 나, 그저 분노와 비통함, 두려움만 느꼈다. 하지만 중요한 건 역경에 대한 시각 때문에 상황이 더 악화되었다는 것이다. 우리는 상상했던 그런 삶을 누릴 자격이 있는 사람들이라고 계속 얘기했지만, 이런 생각 때문에 앞으로 나아가기가 더 힘들었다. 곁에서 보기에는 끔찍하지만 실상은 아름다운 것들에 마음을 열기 시작한 후에야 비로소 새로운 길이 열리기 시작했다.

이제부터는, 처한 상황에 관계없이 자기 관점의 주인이 되기 위해 알아둬야 하는 가장 중요한 사실들 몇 가지를 좀 더 깊이 파고들어볼 생각이다.

인생을 바꾸는 5가지 지름길

익숙한 것들의 경계를 넘어 아직 마주할 준비가 되지 않은 현실 속으로 쾌적 지대를 확장하는 건 어려운 일이지만, 그게 바로 정신적, 감정적 자유로 향하는 가장 명확한 길인 경우가 많다. 정신적으로나 정서적으로 자유로워지면 어려운 상황에서 한 발짝 물러나 보다 건설적인 시각으로 바라보는 게 쉬워진다.

하지만 대다수의 사람들은 사는 내내 성장과 배움, 그리고 가장 큰 잠재력을 발휘하며 살아가는 걸 방해하는 반쪽 진실과 거짓을 받아들이면서 살아간다. 이런 거짓과 맞서는 건 불편하고 무섭고 심지어 고통스러울 수도 있다. 하지만 절대적으로 필요한 일이다. 이런 사실을 염두에 두고, 인생을 바꾸는 놀랍도록 유익한 다섯 가지 진리를 강조하고 싶다. 수백 명의 수강생과 코칭 클라이언트들도 이를 통해 새롭고 건전한 관점을 받아들이지 못하게 방해하는 거짓을 꿰뚫어볼 수 있었다.

첫째, 우리가 겪는 고통은 대부분 스스로 만들어낸 것이며, 우리는 이를 즉시 극복할 수 있다. 사람은 누구나 힘든 일을 겪으면서 산다. 모두 내적으로 시달리고 있다. 매일 걱정을 한다. 일을 하기 싫다며 질질 끈다. 부담감과 분노, 외로움, 불안, 우울에 시달리며 지금과는 다른 직업이나 관계를 가지기를 바란다. 지금의 나는 너무나 괴롭기 때문에 인생의 모든 부분이 더 쉬워져야 한다고 생각한다.

하지만 이런 고민은 전부 자기가 만들어낸 것이다. 물론 진짜 고민이기는 하지만, 애초에 본인이 그걸 마음속에 만들어냈기 때문에 진짜가 된 것이다. 우리는 자신에게 어울리는 삶의 모습에 관한 이상과 환상을 만들어놓고 거기에 집착하고 있다. 일이 기대한 대로 풀리지 않을 수도 있기 때문에 걱정한다. 불편함과 실패가 두려워서 꾸물거린다. 지금보다 훨씬 멀리까지 가 있어야 한다고 생각하기 때문에 부담감을 느낀다. 인생이 달라져야 한다고 생각하기 때문에 화가 난다.

하지만 그런 식으로 살 필요는 없다. 우리의 고민은 모두 우리 머릿속에 있기 때문이다. 이제라도 심호흡을 하면서 모든 생각과 고민을 머릿속에서 밀어내고 현재의 순간에 관심을 기울이자. 지금 여러분 곁에 있는 것(빛, 소리, 자기 몸, 발밑의 땅, 주변에서 움직이거나 가만히 있는 물체와 사람들)에 집중하자. 이런 것들을 이상적인 모습과 비교하면서 비판하지 말고 실제 모습 그대로 받아들이자. 이상이나 환상을 품지 말고 삶을 있는 그대로 바라봐야 한다. 스트레스를 주고 주의를 산만하게 만드는 것들에서 벗어나 지금 자기가 있는 그 순간을 경험하면서 지금 이 상태로도 충분하다는 걸 깨닫자.

둘째, 우리는 다른 사람들의 판단이 타당하거나 중요하지 않아도 그들의 판단을 두려워한다. "다른 사람들이 나를 좋아해주기를 바라는 게 뭐가 잘못된 거죠?" 수강생과 클라이언트들이 자주 하는 질문이다. 간단히 말해, 여러분의 자부심을 다른 이들의 의견과 연결시킬 경우 잘못된 현실 감각이 생겨서 자신감과 행복에 심각한 문제를 일으킬 수 있다. 하지만 우리는 늘 그렇게 행동한다. 다른 이들이 나를 매력적으로 여겨주기를 바라는 것부터 소셜 미디어 게시물에 달린 '좋아요'와 댓글 수를 확인하는 것에 이르기까지, 우리들 대부분은 다른 사람들의 생각에 신경을 아주 많이 쓴다.

자라는 동안 자신의 생각과 감정을 다른 이들과 분리하는 법을 배우지만, 그래도 여전히 다른 사람을 통해 긍정적인 사회적 검증을 추구하는(심지어 애걸하는) 이들이 많다. 최근에 1,200명의 수강생과 클라이언트를 대상으로 실시한 설문 조사에서, 응답자의 3분의 2가 본인의 자아 존중감은 다른 사람들이 자기를 어떻게 생각하는가와 강하게 연결되어 있음을 인정했다. 그건 여러분의 자존감을 측정하는 건전한 방법이 아니지만, 많은 사람이 그렇게 생각하는 건 놀라운 일이 아니다. 우리는 자기가 배운 기대치, 즉 세상이 존재하는 방식에 관한 뿌리 깊은 믿음을 통해 경험하는 모든 것들에 자연스럽게 반응한다.

우리가 품고 있는 가장 일반적인 기대에는 외부 검증과 다른 사람들이 우리에게 반응하는 방식도 포함되어 있다. 사회학자 찰스 쿨리Charles Cooley는 1세기 전에, "나는 내가 생각하는 내가 아니고, 당신이 생각하는 나도 아니다. 나는 당신이 나라고 생각할 것이라고 내가 생각하는 나다"라는 '거울 자아looking-glass self' 현상을 확인했다. 안타깝게도 이런 종류의 외부 검증은 그 핵심에 불안감이 깔려 있기 때문에, 여기에 아주 잠깐이라도 기댔다가는 자신감과 자존감이 깎이게 된다.

가장 큰 문제는, 사람들은 우리와 아무 상관도 없는 자기들 삶의 영향력에 근거해서 우리를 판단한다는 사실을 자주 잊는 다는 것이다. 다른 사람들의 생각을 자기 자존감의 근거로 삼으면 그들의 신뢰할 수 없고 편향된 시각에 따라 자존감이 휘둘리기 때문에 영원히 취약한 상태에서 벗어나지 못할 것이다.

셋째, 과거의 경험은 자기가 실제보다 무능하다고 믿게 만든다. 이를 설명하는 데 도움이 되는 예가 하나 있다. 동물원 사육사들은 대개 다 자란 코끼리 다리에 가는 쇠사슬을 묶고 사슬의 다른 쪽 끝은 땅에 박아놓은 작은 말뚝에 매어놓는다. 키가 3미터에 몸무게가 4.5톤이나 나가는 코끼리는 최소한의 노력만으로도 손쉽게 쇠사슬을 끊고 말뚝을 뿌리째 뽑은 뒤 자유를 찾아 도망칠 수 있다. 하지만 코끼리는 그러지 않는다. 아니, 시도조차 하려고 하지 않는다. 우리가 이쑤시개를 부러뜨리는 것만큼이나 손쉽게 큰 나무를 뿌리째 뽑을 수 있는 지구상에서 가장 강력한 이 육생 동물이 작은 말뚝과 빈약한 쇠사슬에 계속 맥을 못 추고 있는 것이다.

대체 왜일까? 왜냐하면 코끼리가 아기일 때부터 조련사들이 코끼리를 길들이기 위해 같은 방법을 사용했기 때문이다. 당시에는 쇠사슬과 말뚝이 아기 코끼리의 움직임을 억제할 수 있을 만큼 강했다. 코끼리가 도망가려고 할 때마다 쇠사슬이 코끼리를 잡아당겼다. 곧 아기 코끼리는 탈출하는 게 불가능하다는 것을 깨닫고 더 이상 시도조차 하지 않게 되었다. 그리고 이제 다

자란 코끼리는 쇠사슬과 말뚝을 보면서 아기일 때 배운 것(이 쇠사슬과 말뚝에서 도망칠 수 없다는)을 계속 기억한다. 90킬로그램이던 아기 코끼리가 이제 4.5톤의 건장한 어른 코끼리가 되었다는 건 중요하지 않다. 스스로를 제약하는 생각과 믿음이 코끼리를 지배하고 있기 때문이다.

생각해보면 우리도 코끼리와 비슷하다. 우리는 모두 내면에 놀라운 힘을 가지고 있다. 그리고 자기만의 쇠사슬과 말뚝, 즉 우리를 방해하는 생각과 신념도 가지고 있다. 어린 시절의 경험이나 예전의 실패 때문일 수도 있다. 젊을 때 들은 이야기 때문일지도 모른다. 여기서 우리가 깨달아야 할 중요한 사실은, 과거를 통해 배울 필요도 있지만 한편으로는 현재 상황에 대한 가정과 관점을 기꺼이 바꿀 필요도 있다는 것이다. 인생은 정적이지 않다. 여러분은 사슬을 끊고 도망칠 수 있다.

넷째, 진정한 고통과 슬픔, 실패는 우리의 성장에 밑거름이 될 수 있는 경험이다. 가장 잘 알려진 소설이나 노래, 역사상 가장 위대한 발명품 중 상당수는 내장을 찌르는 듯한 고통, 비탄, 실패에서 영감을 얻었다. 이 위대한 도전의 백미는 그것이 걸작 서사시의 창작을 위한 촉매제 역할을 했다는 것이다.

외상 후 성장post-traumatic growth이라는 새로운 심리학 연구 분야에서는 대부분의 사람들이 자기가 겪은 고난과 정신적 고통을 이용해 상당한 창의적, 지적 발전을 이룰 수 있다고 말한다. 구체적으로 말해, 연구원들은 정신적 외상(트라우마)이 장기적인 만족감, 정서적인 힘, 임기응변 능력을 발전시키는 데 도움이 된다는 걸 알아냈다.

기존의 세계관이 산산조각 났다면 관점을 바꿔야 한다. 갑자기 신선한 시각으로 사물을 바라볼 수 있는 기회가 생긴 셈이다. 이건 계속 변화하는 세계관에 대처하는 건전한 방법이다. 그러니 예상치 못한 변화를 회피하기보다는, 자기가 처한 현실이나 살면서 마주치는 다양한 경험을 온전히 포용하면서 단맛 쓴맛 가리지 말고 다 받아들여야 한다. 여기에는 우리의 모든 감정, 우여곡절, 행복한 순간, 고통스러운 순간, 그 중간의 모든 것들이 다 포함된다. 인생은 복잡하고 난해하며 놀라운 것이다.

이런 식으로 삶을 완전히 포용한다는 건 상상할 수 없는 가능성에 마음을 열고, 예상치 못한 변화에 취약해지며, 힘든 시기에 자신을 동정하고, 어떤 일이 생기더라도 자신에게 특별한 사랑과 친절을 베풀고, 이 모든 걸 경험할 수 있는 기회에 감사한다는 뜻이다. 다시 말해, 항상 완벽한 삶을 사는 완벽한 인간이 되기를 기대하는 게 아니라, 현실을 수용하고 자기 모습을 있는 그대로 받아들이면서 최선을 다한다는 얘기다.

마지막으로, 우리는 살면서 궁극적으로 원하는 걸 얻기 위해 몇 가지를 포기해야 한다. 이건 인정하기 가장 어려운 진실 중

하나일 수 있다. 이 책 전체에 걸쳐 몇 번씩 다시 언급하는 이유도 그 때문이다. 중요한 일을 받아들이기 위해 때로는 마음에 드는 일을 거절해야 하기도 한다. 모든 일을 다 할 수는 없기 때문이다. 그러니 최대한 유념해서 현명하게 선택해야 한다. 여러분이 주의를 기울이는 것들이 여러분의 삶 속에서 더 큰 힘을 얻는다. 매 순간, 수천 가지의 사소한 일들이 여러분의 관심을 끌려고 경쟁하고 있다. 이 모든 일들은 우선순위가 높은 것과 그렇지 않은 것이라는 두 가지 범주 가운데 하나로 분류된다.

오늘 여러분의 성공에, 앞으로 나아가기 위한 작은 발걸음을 내딛는 데 가장 중요한 역할을 하는 몇 가지 일에만 집중하자. 그리고 다른 일들을 포기하는 건 단순히 사소하고 즉각적인 희생이 아니라, 중요한 일을 하는 데 필요한 자원을 서서히 얻기 위한 것이라는 사실을 기억하자. 인생의 중요한 목표나 결과를 달성하고 싶다면 그것과 상충되는 것들을 포기해야 한다. 그렇다고 일부러 고통을 겪어야 한다는 건 아니다. 그저 모든 걸 다 가질 수는 없다는 뜻이다. 자신이 궁극적으로 달성하고자 하는 것보다 가치가 낮은 건 희생해야만 한다.

위의 다섯 가지 진실을 깨닫지 못하면 결국 자신의 가치, 역량, 역경을 극복하는 능력에 대해 왜곡된 시선을 가지게 될 수도 있다. 하지만 이런 점들을 기억해 둔다면, 특히 어려운 상황에 직면했을 때나 인생이 변화구를 던질 때에도 본인의 관점을 계속 유지할 수 있는 능력을 갖추게 될 것이다.

삶은 통제할 수 없는 상황으로 가득 차 있다. 우리가 통제할 수 있는 건 그에 대한 대응 방식뿐이다. 잘 생각해보면, 우리 주변에서 일어나는 모든 일들은 거기에 의미를 부여하기 전까지는 아무 의미가 없다. 우리가 스스로에게 던지는 질문이 우리가 만들어낸 의미를 끌고 나간다.

때로는 상황이 아주 최악으로 치달은 뒤에야 비로소 해결의 실마리가 보일 때도 있다. 큰 어려움을 겪던 중에 가장 중요한 기회를 발견하는 경우도 종종 있다. 우리도 그런 경우였다. 엔젤은 극심한 경기 침체 때문에 8년 동안 다니면서 생계를 꾸리던 직장을 잃었다. 그리고 처음에는 다른 직장을 전혀 구할 수 없었기 때문에 망연자실했다. 그녀는 자기가 부당한 취급을 받는다고 느꼈고, 입사를 거절당할 때마다 지금껏 쌓은 경험이 누구에게도 도움이 되지 못한다는 기분이 들었다. 그렇게 크나큰 좌절감에 휩싸였다.

하지만 그 후 자신에게 올바른 질문을 던지기 시작하면서, 우리 두 사람에게 다시 시작할 기회가 있다는 걸 서서히 깨닫기 시작했다. 엔젤은 뭔가가 잘못됐다는 피해의식에서 벗어나 직장을 잃음으로써 생겨난 잠재적인 기회를 주시하기 시작했다. 그녀와 나는 곧 더 이상 고향에 머물 이유가 없다는 걸 알았다.

그래서 우리는 소지품을 몇 가지 챙겨 미 대륙을 가로질러서 구직 시장 상황이 더 나은 지역으로 이사를 갔다. 이사 덕분에 블로그와 사업 성공이 가속화되고 다른 역경에 대처하는 데도 도움이 되었으며, 엔젤은 석사 학위를 무료로 받을 수 있는 대학에서 일하기 시작했다.

물론 여기에서 언급하지 않고 건너뛴 세부사항들이 많다. 하지만 중요한 건, 비록 그 순간에는 깨닫기 힘들더라도 우리가 하는 거의 모든 경험은 시간이 지남에 따라 우리가 성장하도록 도와준다는 것이다. 상황이 여러분을 이끌고 바로잡아주고 시간이 흐르면서 완벽하게 다듬어줄 것이다. 때로는 이런 상황들이 여러분을 압도할 수도 있다. 영원히 틀에 박힌 생활을 하게 될 거라는 기분이 들지도 모르지만, 그렇지 않다는 걸 기억해야 한다. 엔젤의 경우에는 자신의 관점을 스스로 통제할 수 있다는 사실을 깨닫는 게 지속적인 과제였는데, 이건 누구나 마찬가지다. 하지만 자신에게 벌어진 일에 대한 관점을 근본적으로 전환한 덕에 결국 힘든 도전을 성공시킬 수 있었다.

모든 일이 잘못될 때 기억해야 할 것

우리 사무실에는 마크의 할머니가 1977년 9월 16일에 쓴 일기 내용이 걸려 있다.

나는 지금 병원 침대에 앉아서 양쪽 가슴 제거 수술을 받으려고 기다리고 있다. 하지만 이상하게도 운이 좋은 사람이라는 기분이 든다. 지금까지는 건강상의 문제를 전혀 겪지 않고 살아왔다. 나는 이 병원의 소아과 병동 바로 옆에 있는 복도 끄트머리의 마지막 병실에 입원한 69세의 여성이다. 지난 몇 시간 동안 수십 명의 암 환자들이 휠체어나 병상에 실려 가는 모습을 지켜봤다. 그 환자들은 모두 만 17세도 안 된 아이들이었다.

이 일기를 우리 사무실에 전시해둔 이유는, 세상에는 언제나 감사해야 하는 일들이 있다는 걸 계속 상기하기 위해서다. 그리고 상황이 아무리 좋든 나쁘든 상관없이, 우리는 매일 아침 자신의 삶에 감사하면서 일어나야 한다. 우리가 눈을 뜨기 싫어 게으름을 부리는 그 순간에도 어딘가에 사는 누군가는 자신의 삶을 지키기 위해 필사적으로 싸우고 있기 때문이다.

우리는 최근에 엔젤이 어릴 때 가장 친하게 지냈던 친구인 자넷의 서른다섯 번째 생일을 축하했다. 그녀는 4년 전에 유방암 2기 진단을 받았다. 누가 들어도 충격적인 소식이겠지만 특히 그렇게 젊은 사람에게는 더 충격일 수밖에 없다. 고맙게도 치료를 받고 차도가 보여서 최근 2년 동안은 관해 상태를 유지하고 있다. 함께 점심을 먹으면서 자넷은 이렇게 말했다.

"나는 내 20대보다 30대가 훨씬 좋아. 더 자신감이 생겼고, 내가 살면서 원하는 게 뭔지 알고, 내 능력이 어떤지도 알고 있거든. 인생은 제한적이고 내게는 단 한 번의 삶밖에 없다는 걸 아니까 매일 최선을 다해 노력하고 있어."

그녀의 말은 정말 놀라웠다. 상황을 바라보는 그녀의 시각 덕분에 끔찍하게 힘든 시간이 인생에서 원하는 걸 깨닫는 기회로 바뀌었다는 걸 알 수 있었기 때문이다. 자넷의 사례를 보면서, 행복이란 문제가 전혀 없는 상태가 아니라, 문제를 자신의 관점을 좋은 방향으로 바꿀 기회로 활용하는 능력이라는 걸 새삼 느꼈다. 여러분의 삶에 대해 생각해보라. 여러분의 생각이 고민거리와 실망스러운 일들에만 매달려 있지 않다면, 어떤 기쁨과 기회를 좀 더 명확하게 바라볼 수 있을까? 중요한 건 세상이 여러분에게서 뭘 빼앗아갔느냐가 아니라 여러분이 자신에게 남겨진 걸 가지고 뭘 하느냐라는 걸 기억하자.

자신을 짓누르는 문제와 관련된 외로움에서 벗어나고 싶어하는 클라이언트들에게 자주 들려주는 조언이 몇 가지 있다.

첫째, 길에 지나가는 사람들 모두 당신과 똑같이 매력적이고, 복잡하고, 말도 안 되는 이야기를 품고 있다. 다른 사람을 볼 때면 누구나 자기만의 이야기를 품고 있다는 사실을 기억하자. 사

람들은 모두 뜻하지 않은 변화와 성장을 강요하는 일들을 겪곤
한다. 여러분이 만나는 이들은 다 예나 지금이나 계속 어떤 식으
로든 고군분투하고 있다. 그리고 그들에게 있어서 그 일은 여러
분이 겪고 있는 일만큼이나 힘들다.

마크는 운 좋게도 현명한 할머니가 계셨던 덕분에 10대 때부
터 이런 현실을 알고 있었다. 마크가 자신의 걱정거리를 이해하
고 그걸 해결하려고 필사적으로 애쓸 때, 할머니는 이런 말씀을
해주셨다.

"네가 아는 누군가가 지금의 너 같은 기분, 그러니까 방향을
잃고 외로워하거나 더없이 혼란스럽고 미칠 듯한 기분을 느껴
본 적이 없다고 생각한다면, 넌 그 사람을 제대로 알지 못하는
거야. 우리는 모두 가끔 우리를 이상하고 당혹스러운 방향으로
움직이게 만드는 '말도 안 되는' 부분을 가지고 있어. 이건 꼭 필
요한 부분이기도 해. 생각하고 적응하고 성장하기 위해 인간이
지닌 능력의 한 부분이거든. 지적인 생명체의 일부분이지. 위대
한 인물들도 모두 이런 유의 광기를 조금씩 가지고 있었어.

때로는 자기가 실제로 느끼는 감정이 느끼고 싶은 감정과 일
치하지 않을 때도 있을 거야. 그건 네가 다른 관점에서 상황을
바라볼 수 있게 도와주려고 잠재의식이 작용한 거지. 네가 잘
놓아주기만 하면, 이런 감정은 금세 왔다가 사라질 거야. 네가

그걸 의식적으로 인정한 뒤 밀고 나간다면 말이야. 적어도 나는 나 자신을 위해 필요할 때마다 정기적으로 그렇게 해야 한다고 배웠단다. 그러니까 사실 너와 나는 이 문제를 함께 헤쳐 나가려고 애쓰고 있는 거야. 그리고 세상에 그런 사람이 우리뿐만이 아닐 거라고 확신해."

둘째, 여러분은 그 부서진 조각보다 훨씬 큰 존재다. 상황이 힘들고 자신의 일부가 떨어져 나간 기분일 때는 자신과 관련된 모든 것들이 다 같이 부서져 버린 듯한 기분을 느끼기 쉽다. 하지만 그건 사실이 아니다.

다들 마음속에 자기가 어떤 사람인지 보여주는 그림을 하나씩 품고 있다. 그런데 이 생각이 조금이라도 손상되거나 위협을 받으면 방어적이거나 종종 비이성적인 태도로 반응한다. 사람들이 우리가 일을 잘 해냈는지에 의문을 가지면, 그건 본인이 유능한 사람이라는 생각에 위협이 되기 때문에 화를 내거나 그 비판에 상처를 입는다. 어떤 사람이 무슨 일 때문에 우리를 부당하게 비난하고 그로 인해 자기가 좋은 사람이라는 생각이 훼손된다면, 우리는 화를 내면서 그 사람을 공격하거나 웅크리고 앉아서 울어버린다. 무슨 일이든지 다 이런 식으로 반응하는 것이다.

하지만 가장 말도 안 되는 건 실제로 본인이 부정적인 태도와

부당한 비난으로 자기 자신을 해치고 위협한다는 것이다.

최근에 마크는 한동안 미뤄왔던 새로운 창작 프로젝트에 전념하기 위해 의욕을 북돋우려고 애썼는데, 그러다 보니 본인을 항상 생산적이고 의욕이 넘치며 뛰어난 아이디어를 가진 사람으로 여겨왔던 그의 생각이 불현듯 공격을 받게 되었다. 일을 제대로 끝내지 못했다는 걸 깨닫자 자기는 평소에 생각하던 그런 사람이 아니라는 걱정이 들기 시작하면서(두려운 기분이다) 끔찍하게 심한 자의식과 불안감을 느끼게 됐다. 그리고 결국 내면에 깊은 외로움이 싹텄다.

그의 해결책은 자기는 한 가지 면만 있는 사람이 아니라는 걸 깨닫는 것이었다. '나는 늘 생산적이지는 않다. 때로는 생산적이지만 때로는 비생산적이다. 항상 의욕이 넘치지는 않는다. 때로는 의욕이 솟구치지만 그렇지 않을 때도 많다. 그리고 항상 좋은 아이디어를 갖고 있는 것도 아닌 게 분명하다. 그런 건 불가능한 일이기 때문이다.' 마크는 이 생각을 떠올린 뒤 일기장에 다음과 같은 글을 적었다.

사실 나는 여러 가지 모습을 보일 수 있는데, 그 사실을 떠올리자 내 정체성을 확장시켜서 쉽게 깨지지 않게 할 수 있었다. 덕분에 정체성의 작은 조각이 하나쯤 떨어져 나가도 산산이 조각나는 일은 없게 되었다. 그리고 간혹 누군가가 내가 일을 잘

하지 못한다고 생각하거나, 나 스스로 일을 잘하지 못했다는 걸 깨달아도 상관없다. 내가 항상 잘할 수는 없기 때문이다.

나는 실수를 저지른다.

나는 완벽하지 못하다.

그래도 전혀 상관없다.

지금 이 순간에도 피곤한 몸과 혼자인 듯 외로운 모습으로 행복을 찾으려고 애쓰고 있는 세상의 모든 동료들에게 귀엽 만은 걸면서 이 장을 마무리하고 싶다.

이건 여러분을 위한 것이다.

우리가 여러분의 상황을 이해한다는 걸 알아줬으면 한다. 인생이 늘 쉬운 건 아니다. 매일매일이 예측 불가능한 도전이 될 수 있다. 어떤 날에는 아침에 침대에서 일어나 현실을 똑바로 마주하면서 미소를 짓는 것조차 어려울 수 있다. 하지만 세상 어딘가에 존재하는 여러분의 미소 덕분에 무수히 많은 나날 동안 우리가 지치지 않고 계속 전진할 수 있다는 사실 역시 알아주기를 바란다. 살다 보면 때때로 그렇듯이 힘든 날들이 닥쳐와도, 여러분은 더없이 놀라운 존재들이라는 사실을 절대 잊지 말자.

여러분은 항상 완벽하지는 않을 테고 그건 우리도 마찬가지다. 세상 그 누구도 완벽할 수 없고, 당연히 그래야 하는 것도 아니기 때문이다. 모두가 각자의 문제를 안고 있다. 아무도 쉽게 살아가지 못한다. 우리 모두 자기만의 전투를 치르고 있다. 하지만 동시에 다 함께 싸우고 있는 것이기도 하다.

또 하나, 용기가 항상 사자처럼 큰소리로 으르렁대는 건 아니라는 사실을 기억하자. 때로는 하루가 끝나가는 시간에 "내일 또 최선을 다해야지"라고 작게 가르랑대며 속삭이는 소리로 나타날 수도 있다. 그러니 강하게 버티고 서 있자. 일이 흘러가는 방향에 맞춰 최선을 다하는 사람이 항상 가장 좋은 결과를 얻게 된다.

그리고 우리는 여러분과 함께 최선을 다하려고 노력하고 있다.

한 번에 하루씩, 한 번에 한 걸음씩, 남은 인생 내내.

맞다, 인생은 힘들다. 하지만 여러분은 그에 맞설 수 있을 만큼 강인한 사람이다. 매일 웃을 수 있는 힘을 찾자. 남들과 다른 기분도 아름답게 받아들일 수 있는 용기를 찾자. 다른 사람들도 계속 웃을 수 있도록 여러분 마음속에서 그걸 찾아내자. 자기 힘으로 바꿀 수 없는 것들 때문에 스트레스를 받지 말자. 소박하게 살자. 아낌없이 사랑하자. 솔직하게 말하자. 부지런히 일하자. 그리고 부족한 부분이 있더라도 계속 살아가면서, 성장하자.

인생 파헤치기 프로젝트 5

이 장에서 계속 얘기한 것처럼, 관점은 주어진 상황에서 밝은 희망을 찾고 그걸 이용해서 긍정적인 발걸음을 내디딜 수 있게 해준다. 주변의 모든 사물에서 아름다움을 찾아야 한다. 실패할 준비를 하고 있다면, 뇌가 실패만 예상할 수 있도록 굳어버릴 것이다. 그러지 말고 긍정적인 일을 기대하는 연습을 하자. 이는 시간과 연습이 필요한 힘든 과정일 수 있다. 문제를 관리하려고 애쓰기보다 자신의 사고방식을 관리하는 데 초점을 맞추는 게 요령이다. 다음의 간단한 세 가지 질문을 이용하면 이런 과정을 진행하는 데 도움이 되고 여러분의 긴점을 올바른 방향으로 전환할 수 있다.

- 정말 감사하고 싶다면, 지금 무엇에 감사해야 하는가?
- 정말 웃고 싶다면, 지금 웃을 수 있는 일이 무엇인가?
- 정말 흥분하고 싶다면, 지금 무엇에 흥분해야 할까?

다시금 말하지만, 자신에게 올바른 질문을 던지면 힘든 상황을 다루기가 쉬워지고 덜 위협적으로 느껴진다. 꾸준히 연습해야 하긴 하지만, 이 실습은 우리의 관점은 (그걸 자신에게 유리하게 만들든 불리하게 만들든 상관없이) 전적으로 우리 통제하에 있다는 걸 가르쳐준다.

안락함 깨부수기:
폭풍우를 뚫고 지나가기 위해서는
먼저 비를 맞아야 한다

엔젤은 오랫동안 자기가 입양아라는 사실 때문에 고민했다. 그녀는 아기 때 이후로 생모를 만나보지 못했는데, 해가 갈수록 다시는 생모와 만날 수 없을 거라는 무의식적인 두려움이 점점 강해졌다. 엔젤의 마음 한구석에는 생모와 얘기할 기회가 생기기도 전에 생모가 세상을 떠나면 어떡하나 하는 걱정이 끊임없이 맴돌았다.

엔젤은 내심 자기가 입양아라는 사실을 부끄러워했고 또 그와 관련된 얘기를 나누거나 동질감을 느낄 사람이 없다고 여겼기 때문에 되도록 그 사실을 숨겼다. 그리고 자기 생모에 관해

들은 이야기들이 대부분 부정적인 내용이었기 때문에 더더욱 도움이 되지 않았다. 결과적으로 다른 사람들의 의견이 엔젤의 생각과 감정을 좌우하는 바람에, 엔젤은 자기 생모에게 연락하는 문제에 관해 자기만의 의견을 가지기가 힘들어졌다. 이런 상황이 엔젤의 마음을 무겁게 내리눌렀고, 연락을 취하려고 하지 않는 자신의 태도가 그녀를 좀먹기 시작했다. 엔젤은 2년 넘게 생모의 전화번호를 알고 있었지만, 전화하는 걸 계속 망설였다. 그러다가 마침내 자신에게 이렇게 물었다. '나를 가로막는 진짜 문제가 뭐지?'

엔젤은 극도로 긴장한 채로 최악의 상황을 예상하며 전화를 걸었다. 하지만 실제로 벌어진 일들은 최악과는 거리가 멀었다. 두 사람은 한 시간 동안 이야기를 나눴고, 생모와 대화를 마친 엔젤은 한결 가볍고 평온한 기분을 느꼈다. 전화를 걸지 않으면서 생긴 무거운 마음의 짐을 마침내 벗어버리게 되었기 때문이다. 이렇게 자기가 처한 상황을 통제하게 된 엔젤은, 자기 자신에게 들려주는 이야기에 영향력을 미칠 수 있다는 걸 깨달았다. 생모가 연락을 해오기를 기다리지 않고, 그녀가 먼저 행동을 취했다. 자신의 결심을 실행에 옮긴 덕분에 오랜 세월 품어온 두려움과 걱정을 단 한 시간 만에 지워버렸다.

우리를 찾아오는 클라이언트들 중에는 엔젤과 비슷한 문제를 겪는 이들이 많다. 그들은 현 상황에 꼼짝 못 하고 갇혀 있다고 생각한다. 개중 일부는 자기가 유달리 비극적인 일을 겪지는 않았다는 걸 인정하면서도, 여전히 자기 삶에 불만을 품거나 충족감을 느끼지 못하며 그런 상황을 바꾸기 위해 어떤 행동을 취해야 하는지도 모른다. 그들에게는 이용 가능한 기회가 있지만 그걸 적극적으로 추구하지 않는다. 꾸물거리면서 일을 미루고, 새로운 가능성을 달성하는 건 너무 고통스럽거나 고된 일이 될 거라고 스스로에게 말한다. 다시 말해, 그들은 이루어야 할 변화를 끊임없이 피하는 것이다.

변화의 잠재적인 고통을 피하면 자기가 편안하게 살고 있다고 착각할 수도 있지만, 이렇게 수동적인 태도로 살아가다 보면 결국 불행이 닥쳐온다. 우리도 다 이런 기분을 느껴봤다. 기회인 줄 알면서도 그 결과가 어떨지 알기 무서워서 피할 경우 어떤 기분이 드는지 정확하게 알고 있다. 변화와 성장이 불편할 수 있다는 것도 안다. 하지만 자기가 속하지 않은 장소에 계속 머물러 있는 것만큼 고통스러운 일은 없다. 무언가가 바뀌어야 한다는 걸 인정하는 데는 많은 용기가 필요하고, 그 변화를 이루기 위한 책임을 받아들이는 데는 훨씬 더 큰 용기가 필요하다. 그러나 그 일은 여러분이 모든 노력을 쏟아부을 만큼의 가치가 있는 일이다.

앞장에서 우리는 자신의 관점에 얼마나 많은 통제력을 발휘할 수 있는지 얘기했다. 관점도 물론 중요하지만, 행동도 그에 못지않게 중요하다. 때로는 행복을 되찾기 위해 자기 삶에 진정한 변화를 일으켜야 한다. 자신에게 도움이 되지 않는 현재 상황에서 '벗어나야' 한다는 얘기다. 이 장에서는 변화를 받아들이는 세 중요한 이유와 그걸 위한 작은 조치들을 취하는 방법을 알아볼 것이다.

우선 여러분이 현 상황에 갇혀 있다는 것, 따라서 삶을 변화시킬 때가 되었다는 걸 알려주는 경고 신호들부터 살펴보자.

1. 새로운 일에 도전하기 두렵다.

뭔가가 두렵다면 그 두려움이 가장 나쁘다는 걸 깨달아야 한다. 두려움 자체가 여러분의 진짜 적이다. 그러니 떨치고 일어나 현실 세계의 폭풍우 속으로 뛰어들어 두려움에 맞서자. 두려움을 똑바로 직시하면서 폭풍 속으로 곧장 걸어 들어가자. 맨살에 비를 맞자. 이게 첫 번째 난세다. 이미 몸이 젖은 사람은 비를 두려워하지 않기 때문이다. 그리고 이때부터는 다음에 할 일을 훨씬 현명하게 결정할 수 있다.

2. 모든 일이 잘못될 것 같다.

우리 모두의 내면에서는 항상 두 개의 굶주린 세력들이 치열한 전투를 벌이고 있다. 하나는 두려움, 분노, 질투, 탐욕, 억울함, 불성실, 증오 같은 부정적인 감정이다. 다른 하나는 사랑, 기

뿜, 평화, 희망, 연민, 친절, 진실 같은 긍정적인 태도다. 이들 중
에서 여러분이 먹이를 많이 주는 쪽이 이기게 된다.

3. 정신이 지금, 여기가 아닌 다른 데에 가 있다.

어떤 사람들은 과거와 미래는 끝이 없는 반면 현재는 잠깐뿐
이라고 여긴다. 그러나 사실 과거와 미래가 한순간이고 현재는
끝없이 이어진다. 현재에 충실하면서, 우리가 인생이라 부르는
이 순간을 최대한 활용해야 한다.

4. 다른 누군가처럼 되어야 한다는 압박감을 느낀다.

어떤 사람들은 여러분이 본모습대로 살아가는 걸 좋아하지
않을 것이다. 그들은 자기가 상상하는 여러분과 함께하는 것이
더 편하다고 생각한다. 그러니 그런 사람들이 여러분을 못마땅
해한다면 그냥 무시하자. 실제로 여러분을 행복하게 해주는 것
들이, 그들이 여러분의 행복에 도움이 되리라고 생각하는 것들
보다 중요하기 때문이다. 진실을 부인해서는 안 된다. 자신의 독
창적인 모습을 두려워하지 말자. 다른 사람의 의견에 맞춰가며
살아서는 안 된다. 가장 중요한 건 자기 자신이고, 원래의 모습
대로 살아가는 것에는 아무 문제도 없다고 결론 짓자. 그리고 정
말 그렇게 살아가도 아무 문제가 벌어지지 않는다.

5. 세상 사람들 모두와 경쟁하고 있는 듯한 기분이 든다.

여러분의 경쟁 상대는 다른 누구도 아닌 바로 자기 자신이다. 지금 여러분은 자기만의 경주를 벌이고 있다. 어떤 방식이나 모습, 형태로든 다른 사람보다 더 나아지려는 게임을 할 필요는 없다. 단순히 어제보다 더 나아진 자신이 되는 걸 목표로 삼자. 이런 사고방식이 여러분을 자유롭게 해줄 것이다.

6. 인간관계 때문에 비참하나.

주변 사람들을 다 바꿀 수는 없지만, 주변에 어떤 사람들을 둘 것인지는 스스로 선택할 수 있다. 평생 비참하고 우울한 기분을 참아가면서까지 유지해야 하는 가치 있는 관계는 없다. 때로는 사람들과 한동안 거리를 둬야 한다. 때로는 익숙한 문자 메시지와 전화번호를 지우고 다른 사람을 찾아야 한다. 그들이 과거에 어떤 존재였는지 잊을 필요는 없지만, 그들은 이제 예전과 달라졌고 여러분도 달라졌다는 사실을 받아들이자.

7. 지루함을 느낀다.

지금의 상황이 따분하다고 말하지 말자. 그런 건 말할 가치도 없다. 우리는 넓디넓은 세상에 살고 있지만, 그중 극히 작은 일부분밖에 못 봤다. 심지어 여러분의 마음속도 끝없이 넓다. 한 번도 탐색해보지 못한 깊이까지 끝없이 계속된다. 여러분이 살아 숨 쉰다는 것도 사실 무척 놀라운 일이다. 그러니 지루해할 이유가 없다. 그런데도 지루하다면 이제 변화할 때가 된 것이다.

8. 변화하고 있음을 느낀다.

변화는 어떤 과정의 일부분이 아니라 과정 그 자체를 의미한다. 나쁜 소식은 세상에 영원한 건 없다는 것이다. 그러나 이건 한편으로 희소식이기도 하다. 정말로, 세상에 영원한 건 없으니까! 그걸 깨달으면 원하는 건 거의 뭐든지 할 수 있다. 더 이상 그 어떤 것에도 매달리려고 하지 않을 것이기 때문이다.

9. 타인의 말에 지나치게 휘둘린다.

인생은 한 편의 이야기이고, 여러분은 그 이야기의 주인공이다. 다른 사람들은 모두 조연일 뿐이다. 여러분이 허락하지 않는 이상, 다른 조연들은 여러분에게 스트레스를 줄 수 없다. 이건 답답한 현 상황에서 벗어나 이야기를 계속 진행할 수 있게 도와주는 친절한 충고다. 자기가 살고 싶은 대로 이야기를 풀어가고, 다른 사람들이 여러분을 대신해 결말을 쓰게 해서는 안 된다.

이 중에서 공감되는 내용이 있다면, 여러분은 결코 혼자가 아니다. 방법을 모르거나 실패가 두려운 나머지 앞으로 나서서 상황을 바꾸는 걸 꺼리는 사람들이 많다. 아무런 조치도 취하지 않

는 것보다는 불완전한 조치라도 취하는 게 언제나 바람직하다
는 걸 기억하자.

완벽한 타이밍은 없다

앞서도 말한 것처럼, 상황을 바꾸기에 '적절한 시간'을 기다리
는 건 모든 면에서 방해만 될 뿐이다. 완벽한 타이밍에 대한 근
거 없는 믿음에 빠져, 언제가 됐든 자기는 적합하지 않은 사람이
라거나 준비가 부족하다는 생각 때문에 앞으로 나아가지도 못
하고 진정한 잠재력을 발휘하지도 못하는 사람들이 너무나 많
다. 이런 믿음은 한 인간으로서의 성장에 해가 될 뿐만 아니라
시도조차 하지 않는 것에 대한 기본적인 변명이기도 하다. 인생
이 완벽하게 풀리는 경우는 거의 없으며, 별이 일렬로 정렬되는
경우도 드물다. 다음 단계로 나아가는 데 필요하다고 생각되는
자원이 다 모일 때까지 기다린다면, 자기도 모르는 새에 가지고
있던 시간을 다 낭비하고 말 것이다.

그렇다면 대안은 무엇일까? 자신의 상황을 변화시키려면 지
금 바로 행동을 취해야 한다는 걸 깨달아야 한다. 지금의 상황
을 개선하기 위해서 내가 할 수 있는 일은 뭔지 자문해봐야 한
다. 자신을 방해하는 머릿속의 온갖 생각이나 아이디어와 타협

을 봐야 한다. 기다리는 걸 그만두고, 변명을 그만두고, 아주 사소한 것부터라도 변화를 일으키기 시작하겠다고 결심해야 한다. 상황을 변화시키려면, 바뀌기를 바라는 것들을 항상 염두에 둬야 한다. 그리고 그걸 개선하기 위해서 가장 먼저 할 수 있는 일을 하나 찾아보자. 그 하나의 행동으로 모든 걸 바꿀 수는 없겠지만, 그것이 여러분을 더 나은 길로 인도한다.

완벽한 타이밍이라는 개념은 우리가 행동을 취하지 못하도록 방해하는 근거 없는 믿음이지만, 우리가 취하는 행동들은 현명해야 한다. 현명한 행동을 시작할 수 있는 한 가지 방법은 그걸 작게 만드는 것이다. 이게 무슨 말인지 예를 들어서 설명하겠다.

여러분이 아침부터 저녁까지 일터에 매여 단조로운 일만 반복하는 데 진력이 나서 직접 사업을 시작하고 싶어졌다고 가정해보자. 부양해야 하는 가족이나 많은 재정적 책임이 없다면, 직장을 그만두고 사업을 시작하기 위한 중요하고 즉각적인 조치들을 취하는 게 더 쉬울 수 있다. 반면, 여러분에게 재정적으로 의존하는 사람들이 있다면 갑자기 직장을 그만두고 맨손으로 새로운 사업에 뛰어든다는 게 무책임한 행동일 것이다.

하지만 이런 방식(회사의 극심한 생존 경쟁에서 벗어나 자기 사업을 시작하는 것)으로 상황을 바꾸는 게 여러분에게 중요하다면, 아무것도 하지 않은 채 손 놓고 있는 것도 무책임한 행동일 것이다. 이게 바로 핵심이다. 제약이 있다고 해서 뭔가가 저절로 변하기만을 계속 기다리고 있어서는 안 된다. 단번에 거대한 도약을 하는 건 힘들더라도, 인생을 완전히 뒤엎거나 더 많은 고통을 불러일으키지 않고도 목표로 다가갈 수 있는 작은 단계들을 밟을 수 있을 것이다. 언제 생길지 모를 기회들을 잘 받아들이기 위해 자신의 라이프스타일을 점진적으로 조정하고 회복 탄력성을 키우는 데 집중하자. 이런 작은 일들부터 해나가다 보면, 결국 완전히 새로운 길로 독립하기 위한 행동을 취하고 필요한 대비를 잘하게 될 것이다.

이걸 자기 사업을 꿈꾸는 우리 시나리오에 대입하면 어떤 모습이 될까? 어떤 일이든 시작할 수 있는 가장 좋은 방법은 스스로에게 묻는 것이다. 어떻게 하면 이런 변화를 시작하기 위한 라이프스타일을 만들 수 있을까? 재정적인 면에서 보자면, 1~2년 정도 돈을 모으거나 빚을 갚는 것부터 시작할 수 있다. 또 가족과 친구들에게 계획을 얘기하고, 그 계획을 실현하기 위한 지침과 지원을 얻는 방법도 있다. 이런 지원 시스템이 매우 중요하다는 걸 기억하자! (물론 그 지원 시스템이 실제로 도움이 되는지도 확인해야 한다.)

결론은 이거다. 사업을 할 때든 아니면 삶의 다른 부분을 변화시킬 때든, 꾸물거리는 습관을 버리고 실제로 일을 진행시킬 수 있는 비결은, 시작할 때부터 모든 걸 계산해둘 필요는 없다는 사실을 깨닫는 것이다. 작은 단계를 밟는 동안 여러 가지 것들을 배울 수 있고, 이게 본인에게 적합한 경로인지 아니면 방향을 바꿔야 하는지 이해하는 데 도움이 되는 정보들도 꾸준히 수집할 수 있다. 이런 접근 방법을 통해 만들어지는 피드백 회로는, 여러분이 원하는 인생을 향해 나아가는 동안 경로를 올바르게 수정할 수 있도록 유용한 정보들을 제공해줄 것이다.

부업을 하려던 사람이 이런 식으로 1년간 지내보면 자기가 품었던 꿈이 잘못되었다는 사실을 깨달을 가능성이 크다. 그들이 지금 원하는 건 뭔가 다른 것이다. 약간 다를 수도 있고 완전히 다를 수도 있지만, 어쨌든 다르다. 그리고 그 지점에 도달하기까지 밟아온 작은 단계들이 그런 중요한 깨달음을 얻도록 도와준 것이다. 그들이 지금 방향을 바꾸거나 마음을 완전히 바꾸더라도, 그동안 쏟았던 모든 열정과 노력은 자기 인생을 탐구하면서 평화롭게 잘 살아가는 방향에 가까워지기 위한 진전이라고 생각한다.

물론 이렇게 작은 단계를 밟으면서 조금씩 조정해가는 것이 때로는 '일을 진행하는 방식'과 맞지 않을 수도 있다. 예를 들어, 우리 사회에서는 청소년들에게 대학에 진학해서 이후 40년 동안 자기가 만족할 수 있는 진로를 선택하라고 말하곤 한다. 하지만 이건 현실과 다르다. 우리가 대학에서 학위를 받는 건 꼭 그런 이유 때문만이 아니다. 자신을 교육하고 조금씩 앞으로 나아갈 준비를 하기 위해서다. 가능성의 바다에서 주변 상황을 살피는 데 사용할 수 있는 학위를 취득한 다음, 자기 자신과 자기가 원하는 삶을 잘 이해하게 될 때까지 그럭저럭 꾸려나가기 위해서다.

말을 전진시키기만 해서는 체스에서 이길 수 없다. 때로는 이기기 위해 뒤로 물러설 줄도 알아야 한다. 그리고 이건 우리 인생에 대한 완벽한 은유다. 때로는 막다른 길만 계속 만나는 것처럼 느껴질 때가 있는데, 그건 사실 우리가 올바른 길로 가고 있지 않다는 신호다. 왼쪽으로 돌았어야 하는 상황에서 오른쪽으로 돌았기 때문에 길이 막힌 것이다. 하지만 모두 괜찮다. 인생은 우리에게 U턴이 허용된다는 것도 서서히 가르쳐준다.

불편해도 괜찮다

작은 단계를 밟아가면서 큰 차이를 만들 수도 있지만, 상황을 바꾸면 불편해질 때가 많다는 사실을 피할 수는 없다. 그래서 우리를 비롯한 많은 이들은 적어도 처음에는 그렇게 하지 않으려고 한다. 하지만 자기가 그렇게 머뭇거리는 모습을 보일 때마다 쉽지 않은 일이라고 해서 가치도 없는 일인 건 아니라는 사실을 떠올려야 한다. 바로 이곳에서 인간의 성장이 시작되기 때문에, 불편함을 느껴도 괜찮다는 것을 기억하자.

살면서 뭔가를 얻으려면 다른 뭔가를 포기해야 할 때가 많다. 자신의 상황을 바꾸려면 쉽지도 않고 재미있지도 않은 행동을 취해야 한다. 인생은 완벽과는 매우 거리가 멀다. 물론 아름다울 수도 있지만 지저분하고 혼란스럽기도 하다. 우리는 열정을 좇는 걸 피하는 경우가 많은데, 변화에 따르는 불편함을 감수할 만큼의 가치가 없을지도 모른다고 걱정하기 때문이다. 더 나은 뭔가를 위해서라고 하더라도 현상을 뒤집는 건 무섭고 불편한 일이다.

모든 건 하나의 질문으로 되돌아간다. 무엇이 고생한 만큼의 가치가 있는가? 여러분이 실행하려는 변화(관계를 끝내거나 직장을 그만두는 등)가 진정 살고 싶은 삶을 향해 나아가도록 도와줄까? 만약 그렇다면 거기까지 도달하기 위해 약간의 고통과 불편을 참을만한 가치가 있을 것이다. 또 이 질문을 살짝 변형해서 다음과 같은 문제들을 생각해볼 수도 있다. 이 목표나 열정이 여러분에게 얼마나 중요한가? 장기적으로 더 행복해지기 위해, 지금 당장 기꺼이 희생할 수 있는 건 무엇인가?

이런 상황에 의문을 품으면, 쾌적 지대에서 벗어나 일부러 고통을 겪는 것은 중요한 이유가 있기 때문이라는 걸 깨닫게 될 것이다. 이런 큰 규모의 변화는 그 누구도 쉽게 이룰 수 없으므로 우리도 이해한다. 하지만 인생에서 뭘 변화시키고 싶은지와 관련해 자기 자신과 솔직한 대화를 나누기 시작하면, 자신의 목표를 달성하고 장애물을 극복하는 데 모든 힘을 기울이기가 더 쉬워질 것이다. 원하는 변화를 이루었을 때 얻게 될 모든 장점에 집중한다면, 그 변화를 이루기 위해 치러야 하는 희생은 큰 문제가 되지 않을 것이다. 만약 희생이 너무 크게 느껴진다면, 그 변화가 여러분에게 적합하지 않기 때문일 수도 있다.

어쨌든 변화에 적응하고 불행한 상황에서 벗어나는 건 근본적으로 불편함에 익숙해지는 것이다. 그런 불편함을 받아들이는 이유는, 자기 삶을 복잡하고 힘들게 만들고 싶어서가 아니라 세상에는 고통을 감내할 만큼 가치 있는 것들이 존재하기 때문이다. 장기적으로 고통을 훨씬 덜 느끼기 위해, 지금 이 순간 또는 일상생활의 작은 영역에서 약간의 고통을 감내하는 것이다.

세상에는 고통을 감내할 만큼 가치 있는 것들이 존재한다.

당연한 일이지만, 멋진 복근을 원한다면 열심히 운동하면서 몸에 좋은 음식을 먹어야 한다. 사업을 성공시키고 싶다면 장시간 근무, 스트레스가 심한 업무상 거래와 결정, 장기적인 성공을 위해 알아야 하는 것들을 배우기까지 스무번 넘게 실패할 가능성 등도 받아들여야 한다. 또 궁극적으로 원하는 걸 얻으려면 특정한 이상, 안락함, 규칙적인 일과 등도 포기해야 한다.

그리고 뭔가를 포기한다는 건 사소하고 즉각적인 희생만을 의미하는 게 아니라는 걸 기억하자. 중요한 일을 하는 데 필요한 자원을 서서히 얻는 것과도 관련된 일이다. 뭔가를 포기하는 순간, 여러분 인생에는 자동으로 다른 뭔가를 위한 공간이 생겨난다. 자신의 우선순위에 부합하지 않는 것들을 전부 거부하면 정말 중요한 것을 위한 공간을 확보할 수 있다.

3장에서 우리는 인생에서 중요한 목표나 결과를 달성하려면 그 목표와 상충되는 것들을 포기해야 한다고 말했다. 그렇다고 해서 불필요하게 힘든 인생을 보내야 한다는 건 아니다. 단지 모든 걸 다 가질 수는 없다는 얘기다. 궁극적으로 성취하고자 하는 것보다 중요성이 떨어지는 일들은 희생시켜야 한다. 예를 들어, 미래에 목표를 달성할 보다 나은 기회를 얻기 위해 현재의 안락함을 어느 정도 희생할 수도 있다. 몇 가지 실제 사례를 추가적으로 살펴보자.

작년에 우리 수강생 중 한 명은 자기가 좋아하는 업계에서 수당을 받으며 영업 일을 하기 위해 상당히 많은 봉급을 받던 사무직 일자리를 포기했다. 그녀는 고정적인 월급을 받지 못한다는 게 두려워서 직업을 바꾸기까지 아주 오랜 시간을 망설였다. 실제로 직장을 옮기고 처음 6개월 동안은 수입이 줄었지만, 이제는 과거 사무직으로 일하면서 받던 봉급보다 거의 두 배 가까이 되는 수입을 올리고 있다. 그리고 자신의 생업인 이 일을 아주 좋아한다.

또 다른 수강생은 체중을 10킬로그램 넘게 줄이겠다는 새해 결심을 한 뒤, 이 결심을 이루기 위해 약간의 잠과 군것질을 포기하고 아침마다 헬스클럽에 다니면서 근육통을 견디고 몸에 좋은 음식을 먹었다. 그리고 우리를 통해 약간의 도움과 의무감을 얻어, 6개월도 안 되는 기간 안에 목표 체중에 도달할 수 있었다.

엔젤과 나는 샌디에이고 해안가에 있는 정말 시원하고 산책하기 좋은 동네에 사는 걸 포기했다. 처음에는 떠나기가 정말 싫었지만, 지금은 부모님이 당신들의 유일한 손자인 우리 아들 맥과 함께 마당에서 놀며 즐거워하는 모습을 매일 볼 수 있다. 이건 절대 돈으로 따질 수 없는 기쁨이다.

살면서 뭔가를 원한다면 그걸 얻기 위한 비용을 감수하고 어떤 것들은 기꺼이 희생해야 한다. 그리고 그렇게 해서 얻는 이득이 들인 비용만큼의 가치가 있는지 판단할 수 있는 건 여러분 자신뿐이다.

앞으로 나아가기 위해 포기해야 하는 것들

가장 친한 친구인 조시가 죽었을 때, 그가 죽었다는 사실을 받아들이는 게 정말 힘들었지만 무슨 수를 써도 그를 다시 살려낼 수 없다는 걸 머리로는 알고 있었다. 하지만 슬픔 속에서 헤매면서 그를 절대 떠나보내지 않겠다는 생각에 잠겨 있는 게 그의 죽음을 직접 마주하는 것보다 감정적으로 훨씬 수월하게 느껴졌다. 그래서 한동안은 그렇게 행동했다. 우리는 그를 잃지 않았고 언제든 다시 데려올 수 있다는 상상에 몰두했던 것이다. 하지만 그러다가 중등도의 우울증을 겪는 바람에 이런 병적인 애도 방식을 중단하게 되었다. 친구를 잃어버린 비극에 대한 관점을 바꾸려면 뭔가를 해야만 했다. 우리는 조시의 미망인인 카미에게 연락을 했다. 물론 친구를 잃은 고통을 잊기 위해서는 그녀와 거리를 두는 게 편했을지도 모른다. 솔직히 무슨 말이나 행동을 해야 좋을지 몰랐기 때문에 그냥 만나서 그녀의 말을 듣기로 했다. 이 만남이 우리에게 불편할 수도 있다는 건 알았지만 그래도 카미가 겪은 일에 비하면 아무것도 아니었다.

그래서 어느 날 저녁, 카미와 그녀의 언니인 티나 그리고 우리 두 사람이 함께 테이블 앞에 앉았다. 땅거미가 지기 시작하자 우리는 조시에 대해 터놓고 얘기하기 시작했다. 우리 중 누구도 대화가 어떤 식으로 진행될지 예상하지 못했다. 그 자리에 앉아 있는 동안 눈물이 흐르고 주위에 어둠이 깔렸지만 그게 상실감에 발을 들이고 받아들이기 위한 우리만의 방식이었다.

조시에 관한 이야기를 나누기로 했을 때 거기에 어떤 위험이

도사리고 있는지 우리는 이미 알고 있었다. 우리의 상실감과 직면하는 건 쉽지 않았지만, 그 순간 조시에 대한 생각에서 달아나려는 의도적인 결심을 깰 수 있었다. 우리는 카미와의 우정을 지속하기 위해 뭘 포기했을까? 우리는 쉬운 일들(공상의 세계에 빠져서 조시의 죽음을 완전히 부정하는 것)을 포기하고 무슨 일이 생길지 알 수 없는 불확실한 장소로 들어섰다. 그러나 불안감과 불편함이 존재하는 그곳이 바로 변화가 만들어지는 장소다. 그리고 그곳에서 우리는 조시에게 세상 누구보다 중요한 사람과 훌륭한 관계를 맺었다. 지금 카미는 우리 회사에서 보좌관으로 일하고 있다.

상황을 바꾼다는 건 문제를 피하거나 코앞의 일들을 못 본 척하는 게 아니다. 솔직하고 정직한 태도로 불확실한 상황에 뛰어들면서, 그 선택이 불안감과 불편함, 심지어 고통을 야기할 수도 있다는 걸 깨닫는 것이다. 다가오는 일들을 기꺼이 받아들여야 하고 그것 때문에 취약한 입장에 처할 수도 있다. 이런 유의 솔직함과 취약성에 마음을 열면 다른 방법을 통해서는 쉽게 누릴 수 없는 자유와 평화, 그리고 감정적인 풍요를 느낄 수 있다.

여러분은 어떤 상황이든 더 나은 쪽으로 변화시킬 수 있는 힘을 가지고 있다. 하지만 그렇게 하려면 먼저 자기 자신이나 현재 상황과 관련해서 고수해온 이야기와 아이디어, 가정들 가운데 일부를 포기해야 할 수도 있다. 그러니 상황이 정말 힘들 때 포기하는 건 여러분이 약하거나 잘못됐다는 뜻이 아니라는 걸 명심하자. 오히려 놓아줄 건 놓아주면서 자기 인생을 전진시킬 줄 아는 강하고 똑똑한 사람임을 나타낸다.

우선순위가 제대로 정렬되어 있지 않은 탓에 힘들어하는 사람들이 많다. 우리는 자신의 일정표와 소셜 미디어 피드, 하루하루를 다양한 형태의 산만함과 분주함으로 채우는데, 이는 반드시 해야 하는 사소한 일들을 피하거나 자기 앞에 놓인 작업량 때문에 느끼는 불편함을 외면하기 위해서다. 우리는 조금이라도 불편한 기분을 느끼는 순간 자신의 주의를 끄는 가장 가까이에 있는 화려한 물체 쪽으로 도망간다. 그리고 이런 습관은 우리의 선의와 진정한 잠재력을 서서히 해체시킨다. 어느새 꿈과 우선순위도 방치되고 우리는 또다시 낭비해버린 하루를 후회하게 된다.

그러나 그런 식으로 살 필요는 없다.

우리는 다른 선택을 할 수 있다.

반드시 이루어야 한다는 사실을 아는 변화를 받아들일 수 있다.

사실 모든 종류의 변화를 수용하는 것만이 우리에게 가능한 유일한 선택이다.

변화를 수용하는 게 왜 중요할까?

변화는 끊임없이 거듭된다. 변화를 막을 수 있을 만큼 강한 힘은 존재하지 않는다. 인생의 부침에 적응하는 건 전적으로 여러분에게 달려 있지만, 일단 변화를 받아들이기 위한 행동을 취하기 시작하면 예상치 못한 방식으로 이득을 얻게 될 것이다. 진전을 이루는 자신이 자랑스러울 것이다. 마침내 앞으로 나아가는 자신에 안도감을 느낄 것이다. 그러나 무엇보다 중요한 건 그런 작은 단계를 밟으면서 자유를 느끼게 된다는 것이다.

사실 살아간다는 건 위험한 일이다. 행복에도 위험이 따른다. 가끔씩 두려움을 느끼지 않는다면 일을 제대로 하고 있지 않은 것이다. 실수와 실패를 걱정하지 말고 시도조차 하지 않고 포기하는 것들을 걱정하자. 안전한 쾌적 지대에 머무는 걸 선택함으로써 여러분이 살지 않게 된 삶과 포기한 기회를 걱정하자. 일이 잘못되어도 견뎌내고 실수를 저질러도 그걸 만회한 뒤 가장 강한 모습으로 거듭날 수 있는 사람이 되도록 허락해주자. 그게 우리가 스스로를 위해 그리고 여러분을 위해 원하는 것이다.

앞길은 활짝 열려 있다. 다음은 우리가 모두 변화를 받아들이고 앞으로 나아가야 하는 타당한 이유들이다.

모든 것은 무조건 변한다

우리 주변에서는 우주 전체가 끊임없이 변화하고 있는데도 불구하고, 대부분의 사람들은 지금 자기가 있는 곳을 편안하게 느낀다. 우리의 행복과 전반적인 성공을 위해서는 이 사실을 인정하는 게 꼭 필요하다. 우리가 변해야만 성장할 수 있고 또 지금껏 알지 못했던 세상이 가능하다는 걸 알게 되기 때문이다. 그리고 지금의 상황이 아무리 좋든 나쁘든 이것도 결국 변한다는 걸 잊지 말자. 그것만이 우리가 확신할 수 있는 유일한 사실이다. 그러니 그 사실을 받아들이고, 자기 인생에서 일어나기를 원하는 쪽을 향해 나아가자. 결코 쉽지 않은 일이고 처음에는 길이 명확하게 보이지도 않겠지만, 결국에는 그만한 가치가 있다고 느끼게 될 것이다.

살아야 할 인생이 많이 남아 있다

우리는 지금 한 번의 기회를 얻었고, 그걸 훌륭하게 발전시킬 수 있다. 진로를 바꾸는 데는 나이 제한이 없으며 진짜가 아닌 삶에 정착해서 그 안에 갇혀 사는 건 비극적인 낭비다. 누군가가 되는 데 있어서 너무 늦거나 이른 때란 없다. 모든 건 여러분에게 달려 있으니 최선을 다하자. 자신을 깜짝 놀라게 할 만한 일들을 하자. 전에 느껴보지 못한 것들을 느껴보자. 성장하는 데 도움이 되는 사람들과 시간을 보내자. 스스로 자랑스러워할 수 있는 삶을 살자. 그리고 현 상황이 그렇지 않다는 걸 알게 되면 다시 상황을 바꿀 수 있는 용기를 내자. 여러분에게는 그럴 시간이 충분히 있다.

한 곳에 가만히 선 채로 성장할 수는 없다

어떤 일들이 여러분의 인생에 보탬이 되지 않는다면 이제 불필요한 것들을 빼기 시작해야 한다. 앞서도 얘기한 것처럼 때로는 성장을 위해 놓아줄 줄도 알아야 한다. 오랜 세월 동안 친숙해진 해안선을 떠날 용기를 내지 않는다면 새로운 바다를 발견할 수 없다. 용감해지자. 자신의 가치관을 따르자. 직감에 귀를 기울이자. 그리고 어떤 모험도 시간 낭비가 아니라는 걸 기억하자. 잘 풀리지 않는 일들은, 앞으로 잘 풀릴 경우에 대비할 수 있도록 중요한 교훈을 가르쳐준다.

과거는 절대 바뀌지 않는다

며칠, 몇 주, 몇 달 혹은 몇 년 동안 어두운 방에 혼자 앉아 너무 많은 생각에 잠기거나, 머릿속에서 온갖 것들을 비비 꼬아버리거나, 모든 퍼즐 조각을 완벽하게 맞추려고 애쓰면서 상황이 예상대로 진행되지 않았다는 이유로 스스로를 질식시킬 수도 있다. 아니면 낡은 생각 조각들은 어두운 방에 놓아두고 해가 비치는 밖으로 나와 신선한 공기를 마시면서 앞으로 나아가는 방법도 있다.

오래된 고통에 매달리는 건 자기 학대다

여러분의 과거가 있었기에 지금과 같은 힘과 지혜가 생긴 것이다. 과거를 칭찬하자. 하지만 과거에 사로잡혀서는 안 된다. 고통스러운 기억을 머릿속에서 계속 떠올리는 건 일종의 자기 학대다. 유해한 생각은 유해한 삶을 낳는다. 자기 자신과 그리고 자신의 과거와 화해하자. 생각을 치유하면 행복이 번성할 수 있는 공간이 생긴다. 따라서 오래된 문제들이나 미래에 벌어지기를 원치 않는 일들에 집중하지 말자. 그런 생각을 많이 할수록 여러분이 두려워하는 것들을 일상 경험 속으로 끌어들이게 된다.

성장은 긍정적인 변화를 가져온다

다른 사람들을 비난하면서 "난 정말 불쌍해! 왜 나한테는 이런 거지같은 일들이 계속 일어나는 걸까?"라고 생각할 수도 있다. 하지만 그 모든 시나리오의 유일한 공통점은 여러분에게 생긴 일이라는 점이다. 그래도 그건 좋은 소식이다. 오직 여러분만이 상황을 바꾸거나 적어도 사물에 대한 사고방식을 바꿀 수 있는 힘을 가지고 있다는 뜻이기 때문이다. 변화에 투항하고 이를 받아들이면 매우 강력한 힘과 자유를 안겨준다. 그 안에서 개인적인 성장과 진화가 이루어지기 때문이다.

새로운 기회가 기다리고 있다

세상 그 누구도 사랑하는 사람이나 자신에게 필요한 것, 혹은 좋은 인연을 잃지 않고 살아갈 수 없는 것처럼, 우리 모두 어려움과 혼란이 없는 인생을 살 수는 없다. 하지만 이런 시련을 통해 우리는 더 강해지고 결국 미래의 기회를 향해 나아갈 수 있게 된다. 이런 기회를 받아들이자. 자기가 위험을 무릅쓰고 낯선 영역으로 진입한다는 사실을 인지하면서 새로운 관계를 맺고 새로운 상황으로 들어서자. 배우고 도전할 준비를 하고 여러분의 삶을 영원히 변화시킬 수 있는 무언가를 경험하거나 그런 사람을 만나기 위한 태세를 갖추자.

결국 여러분의 가장 큰 자산은 자기 자신이라는 사실을 기억하자. 여러분은 내면에 필요한 모든 힘과 결단력을 가지고 있다. 이걸 이용해 주변에서 소용돌이치는 변화를 최대한 활용하고 더 나은 뭔가를 만들 채비를 갖추고 기다리면 된다.

인생 파헤치기 프로젝트 6

넬슨 만델라Nelson Mandela는 이렇게 말했다. "누군가 그 일을 해내기 전까지는 항상 불가능한 것처럼 보인다." 자신의 목표를 전체적으로 보면 불가능한 것처럼 보일 수 있다. 이때의 비결은 모든 일을 한꺼번에 처리할 필요가 없다는 걸 깨닫는 것이다. 긍정적인 의도를 가진 사소한 행동은 여러분의 결심을 더욱 굳건하게 하고 삶에 대한 열정에 다시 불을 붙이며 결국 더 나은 삶을 살 수 있게 도와준다.

자신의 상황을 변화시키기 위한 행동은 그게 긍정적이고 의도적인 행동인 이상 퇴행을 유발하지 않는다는 걸 기억해야 한다. 이 사실을 염두에 두면서 스트레스가 심해지거나 행동을 취하고자 하는 열정이 부족할 때 시작할 수 있는 간단한 방법은 10분간 산책을 하면서 정신을 맑게 하는 것이다. 짧은 산책은 새로운 것들을 바라볼 수 있고, 몸을 움직이게 되며, 현재의 상황에서 육체적으로 빠져나올 수 있는 빠른 방법이기도 하다.

우리는 10년간 라이프 코칭 일을 하면서, 최근에 심각한 질병이나 사랑하는 사람의 죽음, 이혼, 실직처럼 스트레스가 많은 사건을 겪고 이에 대처하기 위해 애쓰는 사람들은 잠깐 동안 야외에서(특히 공원이나 녹지 공간에서) 산책을 할 경우 곧바로 기분이 나아지는 효과를 본다는 걸 알았다. 산책은 아마도 진 빠지고 걱정스러운 마음과 불안감을 즉각적으로 달래주는 가장 효과적인 방법일 것이다.

산책처럼 믿을 수 없이 간단한 일을 통해, 여러분은 마음에 들지 않는 인생의 무언가를 변화시키기 위한 실제적인 행동을 취한 것이다. 그 10분 동안의 산책은 여러분에게 상황을 바꿀 수 있는 힘이 있다는 증거다. 비록 그것이 짧은 휴식을 위해 책상과 의자에서 벗어나 밖으로 나가는 간단한 일이라도 말이다. 그 짧은 산책은 큰 차이를 만들 수 있는 작은 여행을 나타내며 이를 통해 현재의 순간에 약간의 열정을 주입할 수 있다. 그리고 그건 정말 대단한 일이다!

이 짧은 산책과 그 순간에 되살아난 열정을 통해, 열정은 인생을 살면서 찾아내는 게 아니라 행동 속에 포함되어 있다는 사실을 되새기자. 그게 여러분이 하는 일이다. 상황을 변화시키는 데 필요한 열정과 내면의 힘을 찾으려면 앞으로 나아가야 한다.

우리 중에는 여전히 '열정을 찾으려고' 대책 없이 애쓰는 이들이 많다. 열정이 우리를 행복과 성공 또는 자기가 원하는 삶의 상황에 다가갈 수 있게 이끌어줄 것이라고 믿기 때문이다. 이들이 '대책 없이' 애쓴다고 말한 이유는 열정은 사실 어딘가에서 찾아낼 수 있는 게 아니기 때문이다. 열정을 찾으려 한다는 말에는 열정이 나무 뒤나 바위 아래에 숨겨져 있다는 의미가 내포되어 있다. 하지만 그건 사실과 거리가 멀다. 우리의 열정은 일을 제대로 했을 때 생기는 것이다. 자기 외부에서 '열정을 찾아내' 마침내 온 마음과 영혼을 자신의 인생과 꼭 이뤄야 하는 변화에 쏟아 부을 이유가 생기기를 기다리고 있다면 여러분은 아마 영원히 기다려야 할 것이다.

반면에, 기다리는 데 싫증이 나서 오늘부터 열정적으로 살면서 작지만 긍정적인 변화들을 경험하고 싶다면 바로 다음에 하려는 일에 적극적으로 열정을 주입해야 한다. 다음의 사항에 대해 생각해보자.

- 마지막으로 주의를 산만하게 만드는 게 전혀 없는 상태에서 사랑하는 사람과 100퍼센트 집중해 대화를 나눈 게 언제인가?
- 마지막으로 모든 기력을 다 쏟아가며 운동을 한 게 언제인가?
- 마지막으로 자신의 모든 노력을 다 기울여서 최선을 다한 게 언제인가?

대부분의 사람들이 그렇듯이 여러분도 자기가 날마다 하는 일에는 건성으로 노력을 기울일 것이다. 왜냐하면 여러분은 아직도 기다리고 있기 때문이다. 자기가 열정을 품을 수 있는 뭔가를 '발견'하기를, 스스로를 위해 만들고 싶은 삶에 들어갈 수 있는 마법 같은 이유를 찾아내기를 마냥 기다리고 있는 것이다. 하지만 사실은 그와 정반대로 행동해야 한다!

마크가 어릴 때 그의 할머니는 이렇게 말씀하셨다. "더 나은 기회를 기다리지 말아라. 지금 네 앞에 놓인 기회가 최고의 기회란다. 우리는 시도도 하기 전에 머릿속에서 일을 완벽하게 만드느라 너무 많은 시간을 허비하곤 해. 완벽해지기를 기다리지 말고, 지금 네가 가진 걸 이용해 최선을 다한 다음, 내일 필요한 부분을 개선해야 돼."

믿기 힘들겠지만, 최근의 심리학 연구 결과는 마크 할머니의 감상을 간접적으로 보강한다. 심리학자들은 오랫동안 우리 마음은 육체적인 상태에 직접 영향을 미칠 수 있지만 그 반대는 불가능하다고 믿었다. 하지만 요즘에는 우리 몸(예를 들어 순간적으로 짓는 표정이나 자세 등)이 정신 상태에 직접 영향을 줄 수 있다는 사실이 여러 연구를 통해 속속 밝혀지고 있다. 따라서 우리가 안에서부터 바뀌는 건 사실이지만, 바깥에서부터 바뀔 수도 있다. 그리고 이런 사실이 여러분에게 유리한 방향으로 작용하게 할 수 있다. 지금 자신의 인생에 더 많은 열정을 원한다면 지금 당장 그렇게 행동하자.

짧게 산책을 하고 마음과 영혼을 어딘가에 집중시키자!

내일의 기회를 기다리는 대신 지금 자기 앞에 놓인 기회에 뛰어들자.

내일의 일이 아니라 오늘의 일에 집중하자.

내일부터 달리는 게 아니라 오늘부터 달리자.

내일 맺게 될 관계를 기다리지 말고 오늘부터 관계를 맺자.

우리는 지금 여러분의 인생에 시간과 에너지를 들일 가치가 있는 것들이 충분히 많을 것이라고 확신한다. 여러분에게 주변 사람들과 환경이 필요한 만큼 그들도 여러분을 필요로 한다. 여러분 내면에는 잠재적인 열정을 모아놓은 거대한 저수지가 기다리고 있다. 지금 앞에 놓여 있는 것들에 자신의 가슴과 영혼을 쏟아붓자. 오랫동안 잃어버렸던 열정이 모습을 드러내고 당신을 맞이할 것이다. 그리고 모든 상황이 좋은 쪽으로 변하기 시작할 것이다.

저지르기:
어떤 일을 하기에 완벽한 때는
결코 오지 않는다

우리가 '마크와 엔젤의 인생 파헤치기' 블로그 활동을 시작한 지도 10년이 넘었다. 당시에는 웹 사이트를 디자인하는 방법을 몰랐다. 블로그가 뭔지도 제대로 알지 못했다. 우리가 아는 건, 우리에게는 글을 쓰고 싶다는 열망이 있고 그걸 배출할 통로가 필요하다는 것뿐이었다. 얘기하고 싶은 것들이 있고 접촉하고 싶은 사람들도 있었지만 어떻게 시작해야 할지를 잘 몰랐다.

그 일주일 전에 우리는 친구 한 명을 떠나보냈다(조시 아닌 다른 친구). 우리는 식탁 주위에 모여 앉아서 친구를 잃은 상실감을 생각하고 또 늘 하고 싶었던 일을 시작해야 한다는 생각과 씨름하고 있었다. 사실 대학에 다닐 때도 블로그를 만들고 싶다는 생각을 했었는데, 심리학 강좌에서 배운 개념들을 실생활에 응용해보고 싶었기 때문이었다. 하지만 당시에도 자기 수양 문제에 대해서만 다루는 블로그가 100개쯤은 있는 것 같았다. 우리는 매일 고민했다. 과연 우리가 그들과 조금이라도 다른 이야기를 할 수 있을까?

식탁 앞에 앉은 우리는, 지금 우리가 몇 년 전에 배운 심리적 문제를 겪으면서 다시금 자신을 재인식하고 있다고 생각했다. 우리의 부정적인 생각이 가장 큰 적이 되어 자신을 의심하게 만들고 있었다. 우리의 생각과 말이 남들에게 보여줄 만큼 괜찮지 않더라도 우리는 변화를 향해 나아가야만 했다.

그래서 우리는 블로그를 시작했다. 여러 가지 기능을 서서히 배워나갔고, 도중에 실수도 했다. 처음에는 가족과 친구들만 우리가 쓴 글을 읽었다. 한 달 동안 상실에 맞서는 우리의 개인적 투쟁에 관한 글을 몇 개 썼고, 이 글이 다른 독자들을 불러들였다. 그 후, 슬프게도 우리는 더 크고 깊은 상실을 겪게 되었다. 그래서 상실과 슬픔, 그리고 이를 통해 성장하기 위해서 어떻게 고군분투했는지에 대한 글을 계속 썼다. 그러자 어느새 수백, 수천 명의 사람들이 매일같이 우리 블로그에 찾아와 글을 읽게 되었다. 그 사람들은 우리와 연결되었고, 우리도 그들과 연결되었다. 우리는 그들에게 희망을 주었고, 그들도 우리에게 희망을 안겨주었다. 그리고 그건 10년간 이어지면서 지금도 여전히 활발하게 진행되고 있는 아름다운 여정의 시작에 불과했다.

한 번도 해본 적이 없는 일을 새롭게 시작한다는 건 두려운 경험이었다. 세상 사람들 앞에 우리를 드러내는 것도 힘들었다. 게다가 머릿속에서는 부정적인 목소리가 재잘거리면서 우리는 그 일을 할 수 없다거나 해서는 안 된다고 떠들어대고, 남들에게 우리 이야기를 들려주는 걸 감당할 수 없을 것이며 너희는 아직 준비도 안 됐다고 경고했다. 하지만 스스로 준비됐다는 생각이 들기도 전부터 블로그를 시작하자 놀라운 일이 생겼다. 한때는 우리 손이 닿지 않을 것처럼 보였던 일들을 이루는 새로운 방법을 발견한 것이다. 우리는 상처 입은 마음을 치유했다. 우리들의 목소리를 발전시켰다. 우리만의 문체도 개발했다. 우리는 전 세계에서 찾아온 수천 명의 놀라운 인물들과 연결됐다. 그리고 우리가 이 일을 중단해야 하는 이유가 아니라 계속해야 하는 이유에 집중하자, 블로그도 갈수록 발전했다. 요즘에는 한 달에 300만 명이 넘는 사람들이 우리 블로그에 찾아와서 글을 읽는다.

우리는 부정적인 목소리에 쉽게 귀를 기울일 수도 있었다. 다시 한 번 일을 미룰 수도 있었다. 일을 감행하는 데 필요한 의욕을 끌어모으는 것보다는 스스로에게 들려주는 거짓말에 귀를 기울이는 게 더 간단했기 때문이다.

의욕을 불러일으킨다는 게 늘 쉬운 일은 아니며, 특히 힘든 시기를 거치고 있을 때는 더 어렵다. 인생은 우리가 가장 중요한 목표와 생각을 향해 나아가는 걸 가로막는 장벽을 세우는 데 일가견이 있다. 그리고 자기만의 방식에 빠져서 의욕을 잃거나 의욕이 부족해지는 경우도 너무 많다! 하지만 다행스럽게도 의욕은 여러 가지 방법을 통해 고쳐시킬 수 있다. 이번 장에서는 여러분 내면의 의욕을 키우고 활용할 수 있는 확실한 방법을 몇 가지 알려줄 것이다. 그러면 여러분은 마땅히 취해야 하는 일상적인 단계를 진행할 의욕을 얻게 될 것이다.

의욕이란 무엇인가

가장 기본적인 수준에서의 의욕은 여러분이 욕망에 따라 행동하도록 자극하는 것이다. 이는 욕망을 현실로 만들기 위한 결심이자 추진력이다. 의욕은 여러분이 그 프로젝트에 참가해서 올바른 일을 하게 만든다. 이건 어떤 아이디어를 A 지점(아이디어가 여러분 머릿속에만 존재하는 지점)에서 B 지점(그 아이디어를 현실로 만드는 지점)으로 이동시키는 힘이기도 하다.

의욕에는 두 가지 중요한 요소가 있다. 바로 시작하려는 의욕과 계속하려는 의욕이다. 둘 중 하나가 다른 것으로 이어지는 게 가장 이상적이다. 일단 시작하려는 동기를 찾아내면 진행 상황 때문에 계속하게 되고, 그 사이에 추진력이 생겨서 계속 유지가 된다. 예를 들어, 여러분이 책을 쓰고 싶다고 가정해보자. 그러려면 매일 글을 쓰는 것부터 시작해야 하는데, 처음에는 하루에 500단어 정도로 시작할 수도 있다. 그리고 하루하루 날이 지나면서 점점 책의 형태가 갖춰지고, 점점 더 많은 단어들이 모여서 챕터와 섹션을 구성하는 모습이 보이기 시작한다. 자기가 만들고 있는 게 형태를 갖추기 시작하면 추진력도 더 쌓이게 된다. 그리고 어느 날 갑자기 책 한 권을 다 썼다는 걸 깨닫게 된다!

하지만 현실 세계에서는 말은 쉬워도 행동에 옮기기는 어렵다. 의욕적으로 새 프로젝트를 시작했다가도 겨우 며칠만에 중단하는 일이 많다. 무력감과 두려움이 서서히 밀려오고, 쉬운 길을 택하려는 욕구가 자신의 아이디어가 현실이 되는 걸 보고 싶다는 욕구를 압도한다.

우리는 여러분이 이런 함정에 빠지는 걸 막고 무기고에 채워둘 만한 도구나 게으름이 모든 의욕을 삼켜버리겠다고 위협할 때 의지할 수 있는 전략들을 알려주려고 여기에 왔다. 앞으로 몇 단계에 걸쳐서, 신속하게 의욕을 높이는 데 도움이 되는 검증된 방법들을 알려줄 생각이다.

방해물을 없애는 완벽한 방법

목표 달성을 위해 의욕을 높이는 방법은 여러 가지가 있는데, 그 방법은 개인마다 다를 수 있다. 그러나 오랫동안 사용해서 효과가 검증된 의욕 고취 방법 하나는 집중을 방해하는 것들을 최대한 많이 제거하는 것이다.

여기서 방해물이란 여러분의 목표 달성과 직접적인 관련이 없는 과업이라고 손쉽게 정의할 수 있다. 이때도 여러분의 목표 달성 이유는 무엇이 집중을 방해하고 무엇은 그렇지 않은지 판단하는 데 도움이 된다. 여러분이 어떤 일을 하는 이유를 파악하면 자기가 올바른 일에 집중하고 있는지 확인하기가 훨씬 쉬워진다.

예를 들어, 여러분의 목표가 책 집필을 끝내는 것이라면 그 프로젝트와 무관한 일들로 하루 일과를 채우고 싶지 않을 것이다. 또 이메일의 받은 편지함이나 소셜 미디어 피드 같은 다른 방해물들이 가까이에 도사리고 있는 것도 싫을 것이다. 그로 인해 여러분의 목표와 유의미한 관계를 맺고 있는 과업인 글쓰기에 집중하지 못하게 될 수도 있기 때문이다.

우리는 주의를 산만하게 하는 것들이 뭔지 미리 확인하기 위해 매일 저녁 자리에 앉아 다음날에 대한 계획을 세우면서 해야 할 일들을 적어둔다. 이 목록을 만들 때는 왜 그런 일들을 해야 하는지 자문하면서 만들기 때문에 심사숙고하게 된다. 우리의 진정한 필요나 목표에 집중하지 못하게 만드는 일들은 목록에서 빼버린다.

우리가 이 작업에 시간을 할애하는 이유는, 중요하지 않은 일을 하는 경우가 많기 때문이다. 여러분이 살면서 하는 일들이 모두 즐겁고 신나는 건 아니지만 자기가 어떤 일을 하는 이유(혹은 이유의 부재)를 알고 있으면 그걸 방해하는 재미있고 손쉬운 방해물들을 제거하기가 훨씬 쉬워질 것이다. 그런 다음에는 목록에 남아 있는 내용을 보면서 이 중에서 할 필요가 없는 일은 뭘까? 제대로 된 목표를 이루는 데 방해가 되는 건 뭘까? 그냥 계속 바쁘게 지내려고 하는 일은 뭘까? 등을 자신에게 물어볼 수 있다.

자기 관심이 어디로 향하는지 알고 제대로 집중하는 법을 배우면 자기 삶의 진정한 주인이 될 수 있다는 사실을 기억하자. 자신의 에너지를 쏟는 대상을 중요하게 여기자. 괜히 방해만 되는 목적 없는 어수선함, 괜한 호들갑, 방향 잃은 시간 낭비를 없앨 수 있도록 최선을 다해야 한다. 정말 중요한 것에 집중해야 할 때다!

다시 한 번 말하지만, 말은 행동보다 쉽고 뭐든 바쁘게 일하는 건 다 생산적이라고 느낄 수 있다. 자기도 모르게 하루 종일 별 의미도 없는 사소한 일을 하면서 시간을 보냈다는 걸 깨닫게 될지도 모른다. 하지만 왜 그런 일이 생겼을까? 왜 늘 사소하고 중요하지 않은 일들을 하는 게 더 쉬울까? 왜냐하면 그런 일들은 여러분의 집중력을 별로 필요로 하지 않기 때문이다. 중요한 일들은 더 많은 걸 요구한다. 더 많은 시간과 생각, 에너지, 그리고 여러분 자신을. 다행스럽게도 목표와의 의미 있는 연관성(이유)을 통해 이런 곤경을 헤쳐나갈 수 있고, 집중을 방해하는 것들을 없애고 중요한 일에 주의를 기울일 수 있는 동기를 얻게 되며, 우리가 성장하고 올바른 방향으로 움직이는 데 도움이 되는 일들을 할 수 있다.

진행 상황 추적

목표를 정할 때 정말 중요한 점은 그 목표를 달성 가능한 작은 단계로 나누는 것이다. 이는 의욕을 유지하기 위한 또 하나의 중요한 방법이지만, 진행 상황과 성공을 측정하고 추적하는 일의 중요성을 잊어버리지 않기 위한 과정이다. 사실 이건 엄청난 이익을 안겨줄 수 있는 간단한 전략이다! 어느 날 하루 동안 자기가 성취한 일들을 살펴보고 그걸 그 전날까지의 성과와 비교하면 실제적인 진척 상황을 확인할 수 있고 그걸 연료 삼아서 더 큰 의욕을 얻을 수 있다.

여러 단계로 이루어진 프로젝트를 끝내야 하는 경우, 그게 서서히 하나로 합쳐지는 모습을 보면 좌절감을 느낄 수도 있다. 하지만 자기가 시작한 지점과 지금 와 있는 지점을 비교해보면 얼마나 멀리까지 왔는지 알게 된다. 궁극적으로 원하는 지점까지는 오지 못했을 수도 있지만 이렇게 진척 상황을 눈으로 확인하면 다음 단계로 계속 넘어가기 위한 의욕을 얻는 데 도움이 될 것이다.

진행 상황을 추적할 때는 중간중간에 작은 이정표들을 많이 만들어둬야 한다. 작은 발걸음 하나하나가 전부 중요하다! 우리는 블로그를 개편할 때 이 방법을 대대적으로 활용했다. 구독자들이 점점 늘어남에 따라, 인터페이스를 좀 더 전문적으로 만들어야 한다는 걸 알았다. 우리는 모든 걸 한꺼번에 뜯어고치기보다는 점진적으로 변화를 이루면서 그 진행 상황을 추적하는 데 초점을 맞췄다. 먼저 인터페이스를 좀 더 깔끔하게 수정했다. 그런 다음, 우리가 과거에 쓴 글들을 적절하게 정리하고 보관하는 데 집중했다. 그리고 새로운 단계를 밟을 때마다 진척 상황을 확인하고 측정하기 위한 시간을 냈다. 덕분에 어떤 작업이 성공적이고 어떤 작업은 성공적이지 못한지 알아차릴 수 있었다.

여러분이 무엇을 성취하려고 하든, 자신의 진척 상황을 추적해서 확인하는 건 행복과 성공으로 향하는 길에 '마일 표지판'을 세워두는 것과 같은 일이다. 우리는 자기가 전진하고 있다는 증거를 보면 즐거워하는 경향이 있다. 그러나 자신의 진척 상황을 다른 사람들과 비교하려는 함정에 빠져서는 안 된다. 우리는 모두 자기만의 거리를 자기만의 시간에 따라서 이동한다. 자신이 밟고 있는 단계에 집중하면서 이전 단계와 비교해 자신의 진척 상황을 측정하자.

고난을 발판으로

6년 전의 어느 화창한 4월 아침에 엔젤이 발목을 접질리면서 발에 있는 인대와 힘줄이 모두 찢어지는 사고를 당했다. 그녀는 10주 동안 걸을 수가 없었다. 이 사고 때문에 비관적인 일들을 많이 겪었는데, 사고 전에는 할 수 있었던 여러 가지 신체적인 활동을 갑자기 하지 못하게 된 것도 거기 포함된다. 하지만 다른 한편으로는 이런 역경에 처했을 때 생길 수 있는 흥미로운 가능성들도 경험했다. 사실 걷거나 달릴 수 없게 된 것이 엔젤에게 엄청난 의욕을 불어넣는 동기가 됐다.

사고 초반의 실망감이 사라지자 엔젤은 자기보다 상황이 안 좋은 사람들이 많다는 걸 생각하기 시작했다. 부상이 치유되고 회복하기까지 시간이 좀 걸리기는 하겠지만, 그녀는 머지않아 자기 다리를 다시 사용할 기회와 능력을 되찾게 되리라는 걸 알고 있었다. 그녀는 회복할 능력이 있는 자기가 이런 좋은 기회를 낭비하면 안 된다고 생각했다. 그래서 엔젤은 이 사고를 대담한 목표를 세우기 위한 발판으로 이용해, 하프 마라톤에 도전하기로 했다.

이런 목표를 세운 덕분에 엔젤에게는 강력한 이유가 생겼다. 하프 마라톤에 출전하기 위해서라도 얼른 회복해야 한다는 이유 말이다. 우선 자기 발로 다시 설 수 있도록 물리 치료를 받았고, 그런 다음에는 다시 달릴 수 있는 힘이 생길 때까지 하루에 두 번 1.5킬로미터씩 파워워킹을 했다. 달릴 수 있게 된 엔젤은 자신의 발전 정도를 추적할 수 있는 시스템을 만들었다. 하프 마라톤 출전 목표는 완주하는 것이었으므로 달리기 연습을 위한 일정을 정했다. 처음에는 하루에 3킬로미터, 다음 주에는 하루에 5킬로미터, 이런 식으로 달리는 거리를 점점 늘려서 결국 15킬로미터를 쉬지 않고 달릴 수 있게 되었다. 그녀는 매주마다 그 이전 주의 진척 상황을 발판으로 삼았다. 그리고 성공 가능성을 극대화하기 위해 달리는 이유를 찾고, 고난을 극복하고, 진행 과정을 추적하는 여러 가지 동기 부여 전략들을 결합시켰다.

앞서 5장에서 고난과 고통이 어떻게 강력한 창조적, 지적 발전을 이끌 수 있는지 알려주는 외상 후 성장이라는 개념에 대해서 얘기했다. 우리가 역경(우리 몸의 물리적 손상이든, 실직이든, 아니면 다른 무엇이든 간에)에 처했을 때 나타나는 첫 번째 반응은 슬퍼하는 것이다. 심지어 우울해질 수도 있다. 하지만 제대로 틀을 잡고 올바르게 활용하기만 한다면 좌절과 트라우마가 우리에게 동기를 부여해 감정적으로 더 강하고, 더 지혜롭고, 궁극적으로 더 행복해질 수 있다.

우리는 모두 고난을 통해 치유될 수 있다는 사실을 기억할 필요가 있다. 그리고 실제로 우리 중 많은 이들은 고통을 겪은 뒤에 더 의미 있고 의욕 넘치는 길을 걷고 있다. 힘든 시기를 통한 성장은 우리가 생각하는 것보다 훨씬 흔한 일이다. 예기치 않게 벌어진 이런 바람직하지 못한 사건이 안겨주는 기회에 대한 인식을 높이는 게 우리의 과제다. 이런 일을 겪은 사람들에게는 희망이 필요하다. 극심한 고통 뒤에 더 좋은 뭔가가 기다리고 있다는 걸 알아야 하는데, 실제로 거의 모든 경우에 그렇다. 충격적인 경험은 단순히 견뎌내야 하는 고통스러운 경험이 아니다. 그보다는 최대한 좋은 방법으로 진화할 수 있도록 동기를 안겨주므로 우리 인생이 놀랍도록 바뀔 수 있다.

쉽지 않은 여정이지만 우리에게는 더 강하고 집중된 모습으로, 그리고 삶에 대한 더 좋은 관점을 가지고 심각한 고난에서 벗어날 수 있는 정신적, 감정적 능력이 있다. 대단히 충격적인 일을 겪은 사람들을 대상으로 진행한 수많은 심리학 연구를 살펴보면, 그중 약 50퍼센트가 부정적인 경험을 한 결과 자신의 삶이 긍정적인 방향으로 변화했다고 전했다. 개중에는 사소한 변화도 있지만(평범한 날들을 더 감사하게 되는 등), 어떤 변화는 규모가 엄청나서 완전히 새롭고 보람 있는 인생 경로로 진출하기도 한다. 요컨대 우리에게 일어난 가장 고통스러운 일들이 놀라운 기회를 안겨주는 중요한 상황이 될 수도 있다는 것이다. 고난은 우리가 인생의 덧없는 현실을 직면하고 한계를 인정하며 자신의 본질을 제대로 이해하고 남은 인생을 어떻게 보내고 싶은지 깨닫게 해준다.

엔젤의 발목 부상은 세상 사람들이 겪는 많은 어려움, 심지어 우리가 겪었던 다른 어려움들에 비하면 아무것도 아니다. 하지만 그녀의 사고 같은 상황에서도 외상 후 성장의 힘을 이용해 의미 있는 목표를 향해 나아가겠다는 영감을 얻을 수 있다. 고통스럽고 무력한 상황에 처하는 걸 기꺼워하는 사람은 아무도 없다. 하지만 이런 상황을 통해서 더 큰 목표를 추구하겠다는 의욕을 얻는다면, 전에는 생각하지 못했던 방향으로 나아가는 데 도움이 될 수도 있다.

결핍을 활용하자

아들이 태어나기 직전에, 클라이언트들과 함께 10년간 쌓아온 광범위한 대면 코칭 경험을 바탕으로 자기 진도에 맞춰 학습할 수 있는 온라인 교육 과정을 구축하겠다는 목표를 가지고 있였다. 이 교육 과정은 코칭 지원을 필요로 하는 동시에 자기 속도에 맞춰서 진행하고자 하는 이들에게 매우 귀중한 자원이 될 것이라는 걸 알았다. 그렇다면 우리의 문제는 뭐였을까? 이런 중요한 온라인 교육 자료를 만들려면 많은 집중력과 노력이 필요하다. 그래서 이 일은 계속 뒷전으로 밀려났다. 엔젤이 임신했다는 걸 알고, 더 이상 우리에게 이 목표를 달성할 시간이 무한히 존재하지 않는다는 걸 깨닫기 전까지 말이다. 맥이 태어나면 시간이 부족해질 것이므로 결국 우리 시간이 더 중요해졌다. 그래서 기한을 정하고 일을 마무리 지었다. 기한이 생겼다는 단순한 사실(아기가 태어나기 전까지 강좌 개설을 마무리해야 한다는 것) 덕분에 마침내 그 목표를 달성하게 된 것이다.

어떤 종류든 결핍을 경험하기 시작하면 얼마나 빨리 의욕이 생기는지 놀라울 정도다. 결핍은 편리한 동기 부여자이고 시간은 세상에서 '가장 유용하면서도 부족한' 자원 중 하나다. 시간 부족은 스냅챗Snapchat이나 인스타그램Instagram 같은 인기 있는 소셜 네트워크를 비롯한 많은 상황에서 강력한 동기 부여 전략으로 사용된다. 이런 플랫폼을 사용하면 24시간 동안만 게시되도록 설계된 스토리(연속적으로 재생되는 사진과 동영상)를 만들 수 있다. 어떤 스토리를 놓칠 경우 영영 사라지기 때문에 다시는 볼 수 없다. 그 때문에 사람들은 계속 디지털 장비에서 시선을 떼지 않으면서 반사적으로 업데이트 내용을 확인한다.

우리는 항상 시간이 더 많기를 바라고, 시간이 없을 거라는 위기감을 느끼면 그때가 되어서야 비로소 시간이 얼마나 소중한지를 깨닫는다. 따라서 그 깨달음의 순간을 이용하면 갑자기 행동을 취하도록 할 수 있다! 기한을 정하고 정해진 시간 안에 목표를 이루겠다고 결심하면, 그 목표를 달성하고 의욕을 유지하는 능력이 크게 향상될 것이다.

상과 별

보상과 결과는 또 하나의 강력한 동기 부여자다. 이 두 가지를 동기 부여를 위한 회유와 강압 시스템이라고 생각해보자. 어떤 과업을 끝낸 자신에게 보상을 안겨줄 수도 있고, 과업을 끝내지 못한 뒤 별로 좋지 못한 결과를 마주하게 될 수도 있다. 이 두 가지 전략을 함께 또는 따로 사용할 수 있다. 중요한 건 보상, 결과, 혹은 두 가지 다 이용하는 것 중에서 어떤 조합이 자신에게 가장 좋은 동기 부여 방법인지 알아내는 것이다.

보상을 이용한 동기 부여는 매우 간단하다. 정해진 시간 안에 할당된 일을 끝내면 평소에는 낮시간에 잘 하지 않는 즐거운 일을 하는 것이다. 우리 같은 경우에는 시간이 지나면 사라지는 귀중한 일들을 보상으로 삼는 걸 좋아한다. 우리는 일을 다 끝내면 아들과 함께 영화를 보는 걸 보상으로 이용하는 경우가 많다. 아들과 함께 시간을 보내면서 동시에 휴식을 취할 수 있다는 건 엄청난 동기 요인이기 때문이다. TV를 보상으로 이용할 수도 있다. 특정한 일을 완수할 경우 좋아하는 프로그램의 최근 회를 보는 걸 보상으로 삼는 것이다. 어떤 걸 보상으로 정할지는 본인에게 달려 있는데, 여러분이 정말 기대할 만한 일이기만 하면 된다.

이 스펙트럼의 반대쪽 끝에는 결과 중심의 동기 부여 방법이 있다. 우리 클라이언트들은 이 방법을 이용해 성공을 거두기도 한다. 여러분의 과업을 완수하지 못할 경우 어떤 부정적인 일이 벌어진다면, 그 일을 반드시 해내야만 하는 상당한 이유가 생긴다. 인간인 우리는 실제로 이득을 통한 긍정적인 경험보다 손실을 통한 부정적인 경험을 더 강렬하게 느끼는데 이런 현상을 가리켜 손실 회피라고 한다. 연구에 따르면 대부분의 사람들은 100달러를 버는 것보다 100달러의 손실을 피하는 쪽이 훨씬 큰 동기 부여가 된다고 한다.

하지만 여러분은 이런 경향성을 동기 부여라는 형태로 전환함으로써 자신에게 유리하게 이용할 수 있다. 예컨대 정해진 시간 안에 목표를 달성하지 못하면 여러분이 정한 자선단체에 100달러를 기부해야 한다고 결심하자. 더 좋은 방법은 의욕을 더 높이기 위해 목표 달성에 실패할 경우 그 돈을 별로 '마음에 들지 않는' 자선단체에 기부하기로 정해두는 것이다. 돈을 잃을 위험에 자신의 견해나 기호에 반하는 일을 하게 될 위험까지 더해진다면 대부분 어떻게든 일을 진행하게 될 것이다!

의욕을 잃지 않으려면

이전에도 책임감에 관한 얘기를 했지만 의욕을 높이거나 세속 유지할 때도 책임감이 매우 중요하다. 1장에서 의식을 계속 이어나가기 위한 하나의 방법으로 고리를 끊지 말라는 얘기를 했다(매일 차트를 통해 진행 상황을 확인하고 진행 표시선이 끊어지지 않도록 하는 것). 이 고리를 끊지 않겠다고 결심하는 것은 곧 가시적인 시각적 신호를 이용해(탁상용 달력에 진행 상황을 나타내는 엑스 표시가 2주 동안 연달아 표시되어 있는 걸 확인하는 등) 진행 상황을 책임지겠다는 얘기다.

여러분이 자신의 진척 상황을 책임지는 유일한 인물이라면 이런 시각적 리마인더가 유용할 수 있다. 하지만 다른 누군가가 그 역할을 해주는 것도 도움이 된다. 즉, 책임 파트너를 두는 것이다. 여러분의 진행 상황을 확인하면서 계속 압력을 가해줄 수 있는 파트너가 있는 것은 유용한 동기 부여 전술임이 거듭 입증된 바 있다. 몇몇 연구에서 두 그룹의 사람들에게 동일한 과업을 부여했을 때 정기적으로 검사를 받은 그룹이 더 성공을 거두는 것으로 드러났다.

또 추가적인 동기 부여를 위해 결과에 대한 책임을 '쌓아갈' 수도 있다. 예컨대 목표를 달성하지 못하는 경우에 지켜야 하는 규칙과 조건을 책임 파트너와 함께 정하는 것이다. 간단한 방법 하나는 여러분이 실패하면 파트너에게 일정액의 돈을 주거나 파트너가 그 돈을 여러분이 싫어하는 자선단체에 기부하도록 하는 것이다. 그렇게 하면 성공해야만 하는 동기가 세 배로 늘어나게 된다!

작지만 강한 반복의 힘

500킬로그램짜리 물건을 단번에 들어올리는 건 불가능하지만 500그램짜리를 1천 번 드는 건 얼마든지 할 수 있다는 걸 기억하자. 작지만 반복적으로 이어지는 점진적인 노력이 여러분을 목표 지점에 도달하게 도와줄 것이다. 그 일은 순식간에 일어나는 게 아니라 서서히 진행될 것이다. 그게 바로 이 책에서 우리가 지금까지 많이 얘기한 의식의 힘이다.

우리가 1장에서 얘기한 것, 즉 목표가 긍정적인 변화를 일으키는 게 아니라 매일의 의식이 그렇게 이끌어준다는 사실을 기억하자. 우리는 목표와 그 결과에는 자꾸 집착하면서, 최종적으로 목표를 이루게 해주는 의식(반복적인 단계)에는 전혀 집중하지 않는다. 그래서 결국 실현되지 않은 이 목표의 무게가 우리 어깨에 무겁게 올라앉아, 잉금엉금 기어가게 만든다.

여기서도 중요한 건 작게 만드는 것이다. 의식의 규모가 작을수록 시작하고 유지하기가 쉽다. 단번에 큰 변화를 이루려면 많은 의지와 결단력뿐 아니라 엄청난 시간과 에너지도 필요하다. 그리고 목적지에 아예 도달하지 못하는 것보나는, 찍고 겁긴저인 변화를 통해 훨씬 빠르게 큰 변화를 불러올 수 있다는 사실을 기억하자.

의욕을 잃은 사람들에게 보내는 편지

이번 장에서는 벌써 많은 내용을 다루었지만 최근에 수강생한 명에게서 받은 짧은 이메일을 읽고 영감을 받아서 쓴 공개서신을 한 통 더 보여주고 싶다.

마크와 엔젤에게,

저는 아직도 살면서 만들거나 키워나가고 싶은 게 너무 많은데, 벌써 기진맥진한 기분이에요. 내가 할 일이 남아 있지 않은 것만 같아요. 이제는 모든 의욕을 잃은 느낌입니다. 전에 가지고 있던 내부와 외부의 의욕의 원천을 찾을 수가 없네요. 이런 제게 나눠줄 만한 지혜가 있으신가요?

알려주시면 감사하겠습니다.

낙담한 학생이

아래는 의욕을 잃은 모든 이들에게 보내는 우리의 답장이다.

낙담한 학생에게,

인생에 관한 짧은 이야기를 하나 해드릴게요.

옛날에 60대 중반의 여성이 있었는데, 그녀는 자기가 평생 똑같은 마을에서 살아왔다는 걸 문득 깨달았어요. 여행을 다니면서 세상 구경을 하고 싶다는 열띤 소망을 수십 년간 품고 있었지만, 이 꿈을 현실로 만들기 위한 걸음은 한 발자국도 내딛지 않았죠.

예순다섯 번째 생일날 아침에 잠에서 깬 그녀는 마침내 지금이 적기라고 판단했어요! 그래서 필수품 몇 가지를 제외한 모든 재산을 팔고, 남은 물건을 배낭에 꾸려 세상 여행을 시작했지요. 길 위에서 보낸 처음 며칠은 놀랍고 경외감으로 가득 차 있었어요. 한 걸음 한 걸음 내디딜 때마다 마침내 꿈꿔왔던 삶을 사는 듯한 기분이 들었죠.

하지만 몇 주가 지나자 길 위에서의 날들이 그녀에게 타격을 주기 시작했어요. 자기가 엉뚱한 곳에 와 있는 듯한 기분이 들었고 예전에 누리던 익숙한 안락함이 그리웠죠. 한 걸음 걸을 때마다 발과 다리가 심하게 아팠기 때문에 기분도 점점 더 나빠졌어요.

결국 걸음을 멈추고 배낭을 벗어서 땅에 던지고 그 옆에 앉자 두 뺨에 눈물이 흘러내리기 시작했어요. 한동안은 자신을 놀라운 세상으로 이끌어줬지만 지금은 불편함과 불행만 초래하는 것 같은 길고 구불구불한 길을 절망적인 시선으로 응시했어요. "내게는 아무것도 없어! 내 인생에는 남은 게 아무것도 없다고!" 그녀는 큰소리로 이렇게 외쳤어요.

공교롭게도 그때, 인근 마을에 사는 저명한 지도자 겸 인생 조언자가 그녀가 앉아 있는 곳 근처에 있는 소나무 뒤에서 조용히 쉬고 있었지요. 그녀가 소리치면서 하는 말을 전부 들은 지도자는 그녀를 돕는 게 자신의 의무라고 느꼈어요. 그래서 아무 망설임 없이 소나무 뒤에서 나와 그녀가 던진 배낭을 움켜쥐고는 길 양쪽에 늘어선 숲속으로 달려갔어요. 당황스럽고 믿을 수 없다는 듯한 표정으로 그 모습을 지켜보던 여인은 아까보다 더 심하게 울기 시작해 이제 거의 숨도 못 쉴 지경에 이르렀어요.

"그 배낭은 내가 가진 전부였어." 그녀는 울부짖었어요. "그런데 사라져 버리다니! 이제 내 인생의 모든 게 다 사라졌어!"

10분 동안 꺽꺽대면서 울던 그녀는 서서히 감정을 추스르고는 다시 일어나 천천히 비틀거리면서 길을 따라 걷기 시작했어요. 그 사이에 지도자는 숲을 가로질러 가서 그 여인보다 조금 앞쪽에 있는 길 한가운데에 몰래 배낭을 놔뒀답니다.

그녀의 눈물 젖은 눈에 배낭이 보인 순간, 그녀는 지금 자기가 뭘 보고 있는지 거의 믿을 수가 없었어요. 방금 잃어버렸다고 생각했던 모든 것들이 다시 자기 앞에 나타났으니 말이에요. 여인은 활짝 웃지 않을 수 없었어요. "아, 세상에, 고마워라!" 그녀는 기뻐하며 외쳤어요. "정말 이렇게 고마울 수가! 이제 계속해서 앞으로 나아가는 데 필요한 것들을 모두 가지게 되었네…."

우리가 개인적, 직업적 삶을 살아가는 동안 믿기 힘들 정도의 좌절과 절망을 느끼는 시기가 틀림없이 있을 거라는 사실을 기억하세요. 그 힘든 시기 동안 때로는 모든 걸 잃은 것처럼 느껴지고 그 누구도 또 그 무엇도 우리가 꿈꾸는 방향으로 전진하도록 의욕을 불어 넣어줄 수 없을 것처럼 생각될 겁니다. 하지만 우연히 지도자와 마주치게 된 이 여인처럼 우리도 다양한 형태로 제공되는 도움의 배낭을 가지고 있습니다. 우리가 존경하는 사람이 보내준 간단한 이메일이나 문자 메시지일 수도 있고 마음에 격려가 되는 블로그 게시물이나 통찰력 있는 책, 기꺼이 도움의 손길을 건네는 이웃, 구체적인 조언 등일 수도 있지요.

낙담하거나 의욕을 잃은 기분일 때, 오히려 기회가 두 배가 됩니다.

1. 어떤 지도자(혹은 그보다 훨씬 비뚤어진 의도를 가진 사람)가 우리 배낭을 훔쳐가서 늘 당연하게 여겼던 게 사실은 얼마나 중요한지를 마침내 깨닫게 되기 전에, 우리가 가신 노움의 배낭(우리 외부에 존재하는 의욕의 원천)을 인식하고 감사하게 여겨야 합니다.

2. 도움의 배낭을 영영 잃어버린 것처럼 보일 때도 우리를 다시 일으켜 세워서 그 배낭이 있는 곳까지 길을 안내해 주는 힘을 가진 우리의 마음과 정신(우리 내면에 존재하는 의욕의 원천)에 집중하고 최대한 활용해야 합니다.

여러분이 지금 어떤 상황이든, 가장 작은 발걸음을 내딛는 데 필요한 것들은 늘 가지고 있습니다. 에피쿠로스Epicurus는 이렇게 얘기했지요. "자기가 가지지 못한 것에 대한 욕망 때문에 지금 가지고 있는 걸 망쳐서는 안 된다. 네가 지금 가지고 있는 것도 한때는 간절히 열망했던 것들 중 하나였다는 걸 기억하라."

항상 마음을 다하세요. 현재에 집중하면서 계속 움직이세요.
한 번에 한 걸음씩.

감사합니다.

마크와 엔젤 드림

인생 파헤치기 프로젝트 7

지금까지 얘기한 것처럼 좋은 일은 쉽게 찾아오지 않는다. 우리를 잘못된 길로 이끄는 경우가 많은데도 불구하고, 상황이 힘들어지면 사람들은 곧잘 쉬운 방법을 택하곤 한다. 성공한 사람들은 이에 맞서기 위해, 나약한 충동에서 벗어나도록 도와주는 실질적인 환기 장치를 만든다. 1장에서 엄청나게 쌓인 카드빚을 갚기 위해 신용 카드 대금 고지서 사본을 컴퓨터 모니터에 붙여놨다고 했던 우리 친구 얘기를 기억할지 모르겠다. 또 건강한 몸매를 유지하려는 의욕을 드높이기 위해, 냉장고에 자기가 뚱뚱했던 시절의 사진을 붙여놓은 친구도 있다. 어떤 친구는 일이 정말 힘들 때마다 중요한 것에 계속 집중하려고 자기 책상 서랍에 가족들 사진을 잔뜩 넣어둔다.

여러분의 의욕을 약화시키고 궁극적인 목표와 멀어지게 만드는 자극에 굴복할 가능성이 가장 높은 때가 언제인지 생각해보

자. 그리고 이 목표들을 시각적으로 환기시키는 장치를 이용해 자극을 차단하고 계속 궤도를 유지해야 한다. 몇 가지 예를 들어 보겠다.

집중해서 일을 처리해야 하는 상황에서도 자기가 수시로 휴대폰을 확인하는 경향이 있다는 걸 안다면, 포스트잇에 커다랗게 × 표시를 해서 휴대폰에 붙여놓자.

책을 쓰려고 하는데 글 쓰는 시간에 집중을 못하고 자꾸 정신이 딴 데 팔린다면, 자기가 쓰려는 책이 무엇에 관한 것이고 애초에 그 일을 왜 시작하게 되었는지 상기시켜 주는 기사나 인용문을 잔뜩 붙인 게시판을 옆에 놓아두자!

평생 친구 만들기:
아무리 평범한 일도 좋은 사람과 함께하면 위대한 업적이 된다

마크는 외동아들로 자랐다. 그의 부모님은 훌륭한 경력을 쌓은 전문직 종사자들이었다. 그의 아버지는 석사 학위가 두 개였는데 하나는 교육학, 다른 하나는 경영학 학위였다. 그리고 어머니는 소아 정신과에서 일하는 간호사였다.

하지만 마크는 어릴 때 자기 부모가 부부 관계를 끝내기 시작했다는 걸 알아차렸다. 경력을 꽃피우려 노력하는 동안 서로의 관계를 무시한 것이다. 마크가 볼 때는 지적이고 다정한 두 명의 인간이 자기 일에 너무 몰두한 나머지 서로의 관계를 발전시키기 위한 시간을 내는 걸 잊었다는 게 놀랍기만 했다.

그러나 무엇보다 중요한 사실은 집 안에서의 언쟁이 최고조에 달했을 때 마크의 부모가 문제를 인식하고 그걸 고치기 위해 노력했다는 것이다. 본인이 예상치 못한 길을 가고 있다는 사실을 받아들이는 건 어려울 수도 있다. 그리고 마크의 부모도 대부분의 사람들과 별반 다르지 않았다. 둘 다 처음에는 서로에게 진심 어린 약속을 했지만 살다 보니 정신없이 바빠졌고 실수를 저지르기도 하고 우선순위가 뒤죽박죽되고 의도치 않은 태만까지 범람하게 된 것이다. 그러나 그들은 관계를 발전시키고 깨진 조각을 원래대로 되돌리기 위한 노력을 기꺼이 기울였다.

그리고 두 사람은 부부 상담을 받았다. 덕분에 마크의 부모는 비교적 짧은 시간 안에 갈등을 해소하고 서로 의견이 일치하기 시작했다. 그들은 지금도 여전히 행복한 결혼 생활을 하고 있으며 두 사람의 관계는 과거 어느 때보다 강하다. 예전에는 그들의 관계가 나빴다는 얘기가 아니라 살면서 생기는 온갖 일들이 뒤섞인 속에서 서로에 대한 관심이 멀어졌던 것이다. 마크는 자기 부모가 분투하는 모습을 보면서 사람들 사이의 관계가 얼마나 쉽게 잘못된 길로 접어들 수 있는지 깨달았다. 하지만 한편으로는 관련된 사람들이 그 관계에 공을 들인다면 멀어졌던 관계도 다시 개선될 수 있다는 사실도 알게 되었다.

사실 인간관계에도 노력이 필요하다는 건 깨닫기 어려울 수도 있다. 우리는 가장 가까운 사람들에게 정직성과 힘을 갈구한다. 하지만 그 사람들은 무슨 일이 있어도 늘 우리 곁에 있어 줄 것이라고 확신한다. 이런 생각 때문에 서서히 태만과 방치가 시작되는 것이다. 우리는 이 관계를 당연하게 여기기 시작한다. 자기가 열정적으로 관심을 쏟는 다른 일에 몰두한다. 모든 일에 다 시간을 낼 수는 없으므로 어떤 건 필연적으로 포기해야만 한다. 그런데 불행하게도 우리는 때로(혹은 자주) 가장 중요한 것, 즉 가장 사랑하는 이들과의 관계를 포기해버린다.

인간관계에 관한 냉혹한 진실

우리는 모두 진정한 관계를 갈망하지만 그런 관계는 요즘처럼 과도하게 연결된 생활 속에서도 찾기가 어렵다. 사람들을 직접 만나거나 온라인에서 소통하기도 하지만 이런 관계에는 우리에게 꼭 필요한 친밀감이 부족하다. 혼잡한 사무실 건물에서 다른 사람들과 함께 일하지만 그들과의 의사소통은 대개 업무와 관련된 것이지 관계 지향적인 게 아니다. 운 좋게도 우리 삶속에는 친구와 가족들이 있지만 소셜 미디어 때문에 주의가 산만해지거나 일로 인해 바쁠 때면 그런 관계가 타격을 받는다.

그렇다면 진정한 관계를 맺고 키워나가기 위한 방법에는 어떤 것들이 있을까? 우리는 날마다 강좌 수강생이나 코칭 클라이언트들이 이 질문에 대답하도록 돕는다. 10년 넘게 개인과 커플을 지도하고 사람들이 어떻게 진정한 관계를 맺는지 연구하면서 그 관계에 뭐가 필요한지 많이 배웠고 또 사람들이 그 과정에서 저지르는 실수에 대해서도 많이 알게 되었다. 이런 실수를 인정하는 게 고비인데, 그게 어떤 건지 알게 되면 여러분이 마땅히 누려야 할 애정 어린 관계를 잘 키울 수 있을 것이다.

우리가 저지르는 가장 큰 실수 중 하나는 관계 속에서 자기가 하는 행동에 관한 진실(자기가 얼마나 잘난 체하는지, 관계 유지를 위한 시간을 얼마나 내지 않는지, 상대방에게 얼마나 노력을 기울이지 않는지 등)을 부정하는 것이다. 하지만 다행히도 우리는 변할 수 있다. 지금 바로 여기에서, 관계에 관한 몇 가지 냉엄한 진실을 인정하는 것부터 시작하면 된다.

1. 우리의 관계는 불필요한 평가로 가득 차 있다.

남을 평가할 때는 아무것도 배우지 못한다. 마음을 열어보자. 사람들이 여러분과 다르게 행동한다는 이유만으로 그들을 비판해서는 안 된다. 세상은 여러분의 비판이 아니라 모범을 통해 바뀐다. 항상 남에게 친절해야 한다는 사실을 되새기자. 사람들의 기분과 이야기를 물어보자. 상대의 말에 귀를 기울이자. 겸손해지자. 솔직해지자. 좋은 친구이자 이웃이 되자.

2. 우리는 자신과 의견이 일치하지 않는 사람들을 얕본다.

어떤 사람 때문에 기분이 나빠졌다면, 그건 그 사람이 여러분이 '옳다고' 생각하는 행동 방식에 맞게 행동하지 않았기 때문인 경우가 많다. 이럴 땐 심호흡을 하자. 다른 사람의 의견에 동의하지 않는 건 괜찮지만 그렇다고 해서 그들이 하는 이치에 맞는 말까지 전부 거부할 수 있는 권리가 생기는 건 아니다. 또 그들의 의견에 동의하지 않는다고 해서 그들이 거짓말을 한다고 비난할 권리도 생기지 않는다. 자기와 다른 관점, 생활 방식, 의견을 인정하는 법을 배우자. 처음에는 불편하게 느껴질 만큼 자존심을 굽히고 마음을 열어야 하더라도 말이다.

3. 우리는 사람들의 약점을 캐묻는 경향이 있다.

지금 눈앞에서 진행되는 일들에 집중하자. 동정심을 갖자. 사람들을 칭찬하자. 그들의 약점이 아니라 강점을 확대하자. 이건 여러분이 맺은 모든 관계에서 실질적이고 지속적인 차이를 만드는 가장 간단한 방법이다.

4. 우리는 살면서 만난 이들에 대해 모르는 부분이 아주 많다.

어떤 사람을 아무리 잘 알더라도 그 사람이 정확히 어떤 기분을 느끼고 있는지, 지금 어떤 감정적 싸움을 벌이고 있는지까지 아는 건 불가능하다. 모든 미소와 힘의 상징 뒤에는 여러분만큼이나 복잡하고 특이한 내면의 투쟁이 감춰져 있다는 걸 잊지 말자.

5. 우리는 자신의 관계에 대해 부주의하게 떠들어댄다.

주변의 불필요한 부정적 성향, 호들갑, 잡담에 끼어들지 말자. 긍정적으로 생각해야 한다. 사람들을 냉정하게 비판하기보다 따뜻한 시선으로 바라보자. 그리고 상대방이 다른 사람들에 대해 어떻게 말하는지 주의 깊게 들어보자. 그게 바로 그 사람이 다른 사람들 앞에서 여러분에 대해 말하는 방식이다.

6. 우리의 바쁜 삶이 종종 가장 중요한 관계를 방해하기도 한다.

오늘 여러분이 당연하게 여기는 사람들이 내일 꼭 필요한 유일한 사람들일지도 모른다. 아무리 바빠도 가장 소중한 사람들을 위해서는 꼭 시간을 내야 한다. 여러분이 오늘 누군가에게 줄 수 있는 가장 좋은 선물은 여러분의 순수하고 온전한 관심이다.

7. 우리는 가장 가까운 사람들에게도 자신의 결점을 숨기려고 한다.

불완전할 수도 있고 때로는 부끄럽거나 자기가 그 자리에 어울리지 않는다고 생각할 수도 있지만, 자신의 결점을 숨길 필요는 없다. 다른 이들이 여러분에게 이끌린 건 여러분이 그들에게 보여준 자질 때문이지만 그들이 계속 옆에 남아 있는 건 여러분이 진짜 가지고 있는 본모습 때문이라는 걸 기억하자. 개인적인 결점은 모든 사람의 삶의 일부다. 그런 결점을 숨기려고 하는 건, 여러분을 아끼는 사람들에게 진정한 여러분을 알고 사랑할 기회를 주지 않는 것이나 마찬가지다.

8. 우리의 관계는 원하는 만큼 쉽게 풀리지 않는다.

원만한 관계를 유지하려면 노력과 희생, 타협이 필요하다. 그런 관계는 정말 놀랍지만 쉽게 만들어지지 않는다. 어려운 시기를 거부하면서 그걸 무언가가 잘못됐거나 자신이 잘못된 관계를 맺고 있다는 즉각적인 증거로 여긴다면 그 어려움을 한층 더 악화시킬 뿐이다. 반면, 그런 어려움을 배움의 기회로 여기려는 의지가 있다면 관계를 새로운 단계로 끌어올리는 데 필요한 마음가짐을 얻을 수 있다.

9. 우리는 자기가 아끼는 사람들을 고치려고 애쓴다.

다른 사람을 진심으로 보살피는 행동은 사랑과 존중에 뿌리를 두고 있다. 이는 곧 상대의 말에 진심으로 귀 기울이고 온 정신을 집중함으로써 그들의 모습을 제대로 보고, 듣고, 소중히 여긴다는 걸 알리는 것이다. 그들의 단점을 뜯어고치려 하지 말고 그들의 진정한 모습이 지닌 아름다움과 총체성의 증인이 되어야 한다.

10. 우리는 관계 내에서 생기는 변화에 저항한다.

건전하고 진정성 있는 관계는 개인이 성장하는 방향으로 움직이는데, 이는 관계 자체는 물론이고 거기에 속한 모든 개인에게 바람직한 일이다. 성장과 변화는 삶의 일부분이므로 자연스럽게 받아들여야 한다. 상황이 바뀌면 관계가 무너질지도 모른다는 걱정이 들더라도, 모든 합당한 이유로 인해 자신들의 길이 달라질 수 있다는 사실을 받아들여야 한다.

11. 실패한 관계도 우리가 생각하는 것보다 훨씬 중요하다.

모든 사람은 여러분에게 가르쳐줄 중요한 뭔가를 가지고 있다. 모든 관계는 예전 관계를 통해 얻은 교훈을 기반으로 한다. 인생이 늘 우리가 원하는 사람을 주는 건 아니다. 인생은 우리에게 필요한 사람을 줘서, 그에게 배우고, 성장하고, 마침내 사랑에 빠지게 한다.

12. 우리는 너무 많은 걸 사적인 문제로 받아들이는 경향이 있다.

다른 사람들의 부정적인 표현이나 행동에서 멀어지면 인생을 바꾸는 내적 자유가 생긴다. 다른 사람이 여러분을 대하는 방식은 그들의 문제고, 그에 반응하는 방식은 여러분의 문제다. 여러분도 알고 있을 것이다. 겉보기에 사적으로 보이는 일도 너무 사사롭게 받아들일 필요는 없다. 다른 사람들이 여러분 때문에 어떤 일을 하는 경우는 거의 없다. 착각하지 말자. 그들은 자기 자신 때문에 그 일을 한다.

13. 우리는 자신을 부당하게 취급한 이들에게 복수하는 걸 좋아한다.

어떤 사람이 아무리 그럴만한 짓을 했더라도, 복수라는 행위에서 좋은 일이 생기는 법은 없다. 앙갚음은 성공하는 데 도움이 되지 않는다. 지금 고통을 느끼고 있다면 더 큰 고통을 유발할 행동을 해서는 안 된다. 어둠을 어둠으로 덮으려고 하지 말자. 자신의 빛을 찾자. 사랑하는 마음으로 행동해야 한다. 더욱 만족스러운 현실을 만들어낼 수 있는 일을 하자. 용서하자. 분노에서 벗어나고 사건에서 교훈을 얻고 자신의 삶을 앞으로 밀고 나가자. 그리고 가능하면 그 과정에서 여러분의 관계도 발전시킬 수 있기를 바란다.

14. 우리는 때로 싫어하는 사람과 깊은 감정적 관계를 맺게 된다.

누군가를 증오한다는 건 곧 그 사람에게 매달리고, 자신의 마음과 정신 속에 평생토록 그들을 위한 공간을 만들어두는 것이나 다름없다. 그러니 어제의 유령들이 오늘까지 자신을 괴롭히도록 내버려두지 말자. 오늘부터는 증오로 자신을 죽이는 걸 멈춰야 한다. 여러분에게 상처 입힌 사람에게 앙갚음할 생각은 잊고, 대신 도와준 사람들에게 보답할 궁리를 하자.

15. 우리는 다른 사람들에게 친절한 모습을 보이는 경우가 드물다.

여러분이 만난 가장 무뚝뚝하고 차가운 사람들도 한때는 아기처럼 순진했다. 그게 바로 삶의 비극이다. 사람들이 무례하게 굴 때도 최선을 다하고 필요 이상으로 친절한 모습을 보이자. 다른 사람이 작고 하찮다는 걸 증명하는 방법을 통해 강해진 사람은 세상에 아무도 없다. 이 사실을 기억하면서 그에 맞게 소통하자.

16. 우리는 자신의 관계에 너무 많은 부담을 지운다.

여러분 내면의 빈 공간을 채우는 건 다른 사람들이 할 일이 아니다. 그건 여러분 혼자 해야 하는 일이며 자신의 공허함과 고통에 대한 책임을 받아들이지 않는다면 가장 심각한 문제가 지속될 것이다.

이 목록을 쭉 읽어보면, 여러분에게 해당되는 사항들이 있을 것이다. 여러분은 또 왜 이렇게 쉽게 이런 행동을 하게 되는 건지 궁금할 것이다. 그건 앞서도 말했듯이, 건전한 관계를 키우는 게 힘들 수 있고 긍정적인 일보다는 부정적인 것에 집중하는 게 더 쉽기 때문이다.

진정한 관계가 최고로 꼽히는 이유는 그 관계 속에서 늘 행복했기 때문이 아니라 가장 강력한 태풍 속에서도 강인함과 회복력을 유지했기 때문이다. 우리는 실패한 관계를 바로잡고자 하는 수백 명의 개인 및 커플들과 함께 오래 일하면서 이를 실현하는 데 필요한 게 뭔지 많이 배웠다.

여러분이 고치고자 노력하는 관계가 결혼이나 연애든 아니면 우정이든 간에 여러분이 할 수 있는 일들은 많다. 이 과정은 관계를 건강하게 만드는 게 뭔지 정확하게 이해하는 것에서부터 시작한다.

건강한 관계를 위한 작은 시작

이제 우리의 관계가 종종 미흡해지는 이유에 관한 냉엄한 진실을 배웠으니, 건강한 관계는 어떤 모습이고 어떻게 해야 오늘부터 그런 관계를 키워갈 수 있는지 얘기해보자. 건강한 관계에는 사적이고 낭만적인 관계뿐만 아니라 가족 관계, 우정, 업무 관계도 포함된다는 걸 명확히 하는 게 중요하다.

그렇다면 무엇이 관계를 건강하게 만들까? 건강한 관계는 서로에게 이익이 되며 함께 하는 시간 내내 새롭고 충만한 느낌을 받는다. 여러분은 그 관계에서 뭔가를 얻고 있고 상대방에게도 뭔가를 주며 더 많은 걸 원하게 된다. 그 관계 안에서는 자기 본연의 모습을 보일 수 있다고 느끼며 자신의 진짜 감정을 솔직하게 내보이면서 한 인간으로서 성장해간다.

건강한 관계는 두 사람이 한 공간에 같이 있으면서 솔직하고 공개적인 태도로 서로를 지지해주는 것이다. 반드시 서로를 필요로 하는 건 아니지만, 서로가 있음으로써 각자의 삶이 더 풍요로워진다. 두 사람 모두 자기 발로 굳건히 설 수 있을 만큼 정신적, 감정적으로 강인하지만 필요할 때는 상대방을 들어 올려줄 수도 있다.

건강한 관계에서는 모든 사람이 중간 지점에서 상대방을 만난다. 한 사람은 주기만 하고 다른 한 사람은 받기만 하는 관계는 오래 유지될 수 없다. 여기서 주의할 점은 사람들이 항상 서로를 50대 50으로 지지하지는 않는다는 것이다. 건강한 관계는 변화에 적응할 수 있어야 한다. 한 사람이 20퍼센트밖에 줄 수 없는 상황이라면, 상대방이 기꺼이 나서서 80퍼센트를 줘야 한다. 건강한 관계는 상대방이 조금밖에 줄 수 없을 때 자기가 조금 더 나눠주는 관계다.

이런 관계를 구축하려면 상당한 노력과 의지가 필요하지만 불가능한 건 아니다. 우리는 지난 10년 동안 관계에 관한 책을 수백 권 읽고, 자신의 관계에서 행복을 찾으려고 고군분투하는 수강생과 클라이언트 수백 명을 코치했으며, 우리에게 계속 질문을 던지고 날마다 자신들의 관계에 관한 이야기를 들려주는 수천 명의 독자들과 소통했다. 이 모든 것을 통해 장기적으로 원만한 관계를 만드는 행동과 습관에 대한 통찰력을 얻게 되었다. 우리는 일을 할 때 이걸 가리켜 '의식적이고 애정 어린 관계의 속성'이라고 부른다.

그렇다면 의식적이고 애정 어린 관계란 정확히 어떤 것일까? 그건 다음과 같은 특징을 지닌다.

1. 두 사람 다 감정적으로 독립되어 있다.

여러분의 행복이 다른 사람의 지속적인 검증과 승인에 좌우된다면 여러분은 자신의 힘을 너무 많이 빼앗기고 있는 것이다. 관심과 칭찬을 받고, 어딘가에 소속되고 싶어 하는 건 인간의 본성이지만 그걸 얻기 위해 끊임없이 싸워야 한다면 여러분의 자존감과 감정적 에너지에 피해를 준다.

중요한 건 내면의 힘을 길러서 그걸 자기가 맺고 있는 관계에 적용시키는 것이다.

관계를 여러분이 사는 집이라고 생각하자. 여러분이 그 집을 좋아하거나 싫어하는 건 가구가 배치된 형태 때문이 아니라 자기 마음을 정리하는 방식 때문이다. 여러분은 그 안에서 자신을 사랑하기로 결정하고 내면의 사랑을 밖으로 발산해야 한다.

여러분에게 필요한 모든 사랑과 확인은 자기 자신에게서 얻어야 한다. 그러니 혹시 누군가에게 좋은 인상을 줘야 한다는 압박감을 느끼면 심호흡을 하면서 다른 사람에게 끊임없이 정당성을 입증받을 필요는 없다는 사실을 되새기자. 여러분이 선택한 현실을 즐기자. 여러분은 자신의 시간과 에너지를 어떻게 소비할 것인지 결정할 권한이 있다. 그리고 이것의 가장 좋은 점은 누구에게도 빚진 것 없이 스스로 자립한 상태에서는 마음의 부담 없이 자유롭게 진정한 사랑을 주고받을 수 있다는 것이다.

온전한 내면의 힘과 독립이 보장된 이곳에서 다른 사람들을 사랑하자. 그건 상대방이 사랑을 돌려주기를 바라거나 여러분을 편으로 해주기를 간절히 바라서가 아니다. 그저 누군가를 사랑한다는 것 자체가 기적 같은 일이기 때문이나.

2. 다름과 틀림을 구별할 줄 안다.

무엇보다 수용은 두 사람이 어떤 문제에 있어 서로 의견이 일치하지 않는다는 사실을 인정하고 그래도 전혀 상관없다고 여긴다는 것이다. 사소한 갈등, 심지어 심각한 의견 차이도 관계를 파탄내지는 않는다. 이건 타인과 관계를 맺고 있는 사람들이 서로의 불가피한 차이에 대처하는 방식이다.

어떤 친구나 커플은 서로의 마음을 바꿔보려고 몇 년을 허비하지만 대부분 실패로 끝나고 만다. 그들의 의견이 불일치하는 많은 부분은, 세상과 자기 자신을 바라보는 방식의 근본적인 차이에 뿌리를 두고 있기 때문이다. 이런 뿌리 깊은 차이를 해소하려고 싸우다 보면, 결국 시간만 낭비하고 관계도 망가져 버린다.

그렇다면 의식적이고 애정 어린 관계를 맺은 사람들은 해결

할 수 없는 의견 차이에 어떻게 대처할까? 그들은 상대방을 있는 그대로 받아들인다. 그들은 나이가 들고 현명해질수록 만성적인 신체 질환을 겪게 되는 것처럼, 누군가와 장기적으로 관계를 맺다 보면 어쩔 수 없이 그런 문제가 발생하게 된다는 걸 안다. 이런 문제들은 약해진 무릎이나 허리 통증처럼 원치 않게 발생한 문제이기는 하지만, 우리는 그에 대처할 수 있고, 문제를 자극하는 상황을 피하고, 고통을 완화시키는 전략을 마련할 수 있다.

심리학자 댄 와일Dan Wile은 자신의 저서 《허니문이 끝난 뒤After the Honeymoon》에서, "오랫동안 관계를 유지할 파트너나 친구를 선택하는 일은 앞으로 10년, 20년 혹은 50년 동안 고심하게 될 해결 불가능한 문제들까지 함께 선택하는 것이다"라고 설명했다.

사랑의 근간은 서로 애정을 품은 사람들이 자신의 모습을 왜곡하지 않고, 아무 거리낌 없이 자신의 본모습을 드러낼 수 있게 해주는 것이라는 걸 기억하자. 그렇지 않을 경우, 우리는 자신의 환상과 사랑에 빠져서 그들의 진정한 아름다움을 모두 놓치게 된다. 여러분의 현실은 어떤지 확인해보자. 자기가 아끼는 사람들을 바꾸려 들지 말고, 그들을 뒷받침해주면서 개인들끼리 함께 성장해나가야 한다.

3. 침묵을 미덕으로 여기지 않는다.

이 지구상에 사는 사람들 중에 남의 마음을 읽을 줄 아는 사람은 아무도 없다. 자신의 생각을 공개적으로 드러내자. 여러분이 아끼는 사람들이 여러분에 관한 정보를 모두 알고 있으리라고 여기지 말고, 필요한 정보는 먼저 알려줘야 한다. 말하지 않는 것들이 많아질수록 문제가 발생할 위험이 커진다. 침묵은 오해를 부른다. 최대한 명확하게 의사소통을 시작하자. 남의 마음을 읽으려고 하지 말고 남들이 여러분 마음을 읽으려고 애쓰게 하지도 말자. 관계 내에서 발생하는 크고 작은 문제들은 대부분 의사소통의 단절에서 비롯된다.

또 대답하기 위해 상대방의 말을 듣는 게 아니라 이해하기 위해서 들어야 한다. 섣부른 판단이나 평가 대신 사람들의 관심사와 의견에 귀와 마음을 열어보자. 사물을 볼 때는 본인의 관점뿐아니라 상대방의 관점에서도 보자. 그들의 입장이 되어 살피자. 그들의 출신지가 어디인지 정확히 모르더라도 여전히 그들을 존중할 수 있다. 전화기를 내려놓고 몸을 그들 쪽으로 돌려서 눈을 똑바로 바라볼 수 있다. 그 모습은 여러분이 그들과 진지하게 의사소통을 하면서 그들이 하는 말을 듣고 싶어 한다는 걸 보여준다. 그리고 이건 모든 관계의 성장에 중요한 지지적 환경을 강화한다.

4. 긍정적인 언어를 사용한다.

어떤 관계에서 의견 충돌이 발생했을 때 가장 쉬운 대처 방법은 도망가는 것이다. 특히 여러분이 선천적으로 남과 대립할 수 있는 사람이 아니라면 더욱 그럴 것이다. 이제 도망가던 발걸음을 멈추자. 이건 여러분이 맺은 관계가 장기적으로 성장하고 번영하기 위해 필요한 것들과 관련된 문제다. 여러분은 잠시 동안 관계가 요구하는 바를 자신의 요구보다 우선시해야 한다. 그리고 두 사람 모두 의견 충돌 문제에 공개적으로 대처할 수 있도록 노력해야 한다. 문제를 피해 도망치면 나중에 상황이 더 힘들어지기 때문이다.

관계 속에서 발생한 의견 불일치 해결 과정을 수월하게 진행하기 위해서 사용할 수 있는 가장 간단하고 효과적인 도구가 바로 긍정적인 언어다. 두 사람이 자신의 가장 내밀한 감정과 생각을 긍정적으로 표현할 수 있다면 그 관계는 번창한다. 의견 충돌이 빚어졌을 때 효과적인 방법 하나는, '당신'이라는 말 대신 '나'를 주어로 써서 말을 하려고 최선을 다하는 것이다. 그렇게 하면 상대방을 말로 공격할 가능성을 피하면서 자신의 진정한 감정을 표현하기가 훨씬 쉬워진다. "당신 생각은 틀렸어요"라고 말하지 말고, "난 이해가 안 되네요"라고 말하자. "당신은 항상…"이라는 말보다 "내가 종종 느끼기에…"라고 표현해보자. 이런 미묘한 표현 변화를 통해 큰 차이를 만들 수 있다.

5. 자존심을 지켜준다.

마크의 할머니는 예전에 마크에게, "사랑하는 사람이 궁지에 빠지면, 그들이 스스로 빠져나올 때까지 다른 쪽을 쳐다보면서 마치 그런 일이 일어나지 않은 것처럼 행동하라"라고 말씀하셨다. 이런 식으로 다른 사람의 체면을 지켜주면서, 그들이 한 짓이 별로 현명한 행동이 아니었음을 굳이 상기시키지 않는 건 매우 친절한 행동이다.

우리는 때때로 불합리한 감정 변화를 겪는다. 누구나 지독히운 나쁜 날이 있게 마련이다. 파트너와 친구들이 체면을 유지할 수 있게 해주고, 그들이 가끔 화를 내거나 짜증을 부리거나 하루 종일 기분이 안 좋아도 그걸 언짢게 받아들이지 않고 넘기는 건 귀중한 선물이다. 여러분의 생각이 분명히 옳고 그들이 틀렸다고 하더라도 감정이 한창 고조되어 있을 때 상대방의 체면을 깎아내리면 그들의 마음과 자아에 상처가 생긴다. 그리고 그들의 눈앞에서 그들의 가치를 떨어뜨리기만 할 뿐 그 외에는 아무것도 얻지 못할 것이다.

여러분 인생에 소중한 사람들이 존엄성을 지킬 수 있도록 최선을 다하자. 그들이 한 발짝 물러설 수 있는 여지를 주고 감정이 가라앉게 한 다음 앞에서 얘기한 긍정적인 의사소통 전략을 이용해서 이성적인 대화를 나누자.

6. 서로의 성장을 추구하고 지원한다.

뭔가가 생생하게 잘 살아 있다는 사실을 어떻게 알 수 있을까? 먼저 성장했다는 증거가 있는지 살펴봐야 한다. 의식적이고 애정 넘치는 관계는 평생학습과 성장을 위해 노력하는 두 사람을 통해 만들어진다. 바람직한 관계를 만들어가는 이들은 세상에 호기심을 품는다. 그들은 세상으로부터 그리고 서로를 통해서 배우고자 한다. 그리고 배움에 대한 애정 때문에 그들은 상대방이 관계 내에서 한 개인으로서 발전할 수 있는 자유를 준다.

우리는 10년간 여러 수강생과 클라이언트를 코치하면서 한 사람 또는 두 사람이 모두 완고하게 집착하는 바람에 불행해진 관계를 많이 봤다. 분명히 말하지만, 이렇게 '완고하게 집착하는' 사람들은 자기 친구나 파트너가 변하는 걸 원하지 않았다. 하지만 단순명료한 진실은 변화는 우주의 일부분이고 인간도 예외는 아니라는 것이다. 성공적인 관계를 맺고 싶다면 개인의 성장과 그에 수반되는 모든 변화를 두 팔 벌려 환영해야 한다.

7. 진심으로 사랑한다.

이 마지막 항목은 앞의 여섯 가지 항목을 다 포괄한다. 의식적이고 애정 넘치는 관계를 맺은 두 사람은 서로를 필요로 하는 것 이상으로 서로를 사랑한다. 덕분에 그 관계 자체가 사랑을 실천하는 안전한 장소가 된다. 그리고 사랑은 궁극적으로 정직, 현존, 의사소통, 수용, 용서, 진정한 인내를 매일 연습하고 실천하는 것이다.

하지만 안타깝게도 우리는 사랑도 연습이 필요하다는 사실을 잊어버리고 마치 시간 있을 때마다 언제든 뛰어갈 수 있는 보장된 장소처럼 여긴다. 노력도 하지 않은 채 관계 속에서 '완벽하게' 사랑받는 느낌을 받고 싶어 한다. 그리고 일이 그런 식으로 풀리지 않으면 그 관계가 깨졌다고 생각한다. 하지만 이건 관계의 요점, 그리고 사랑의 요점에 어긋나는 생각이다.

다시 말하지만, 사랑은 실천이다. 관계 속에서 생긴 예기치 못한 불편한 부분을 받아들이고, 심호흡을 하면서 스스로에게 "여기에서는 사랑의 어떤 부분을 실천해야 하는가?"라고 묻는 일상적인 노력인 것이다. 그 대답은 여러분이 꿈꾸지도 계획하지도 못했던 다정함과 애정, 지혜의 연속적인 흐름 속에서 이루어지는 만남마다 제각기 다를 것이다.

인생은 우리를 공격하지 않는다

사회적 상황에서 스트레스를 받는 일이 생겼을 때 여러분은 기본적으로 어떤 반응을 보이는가? 어떤 사람들은 곧장 행동에

돌입하기도 하지만 그런 즉각적인 행동은 해로울 수 있다. 또 화를 내거나 슬퍼하는 사람들도 있다. 그런가 하면 어떤 이들은 스스로를 불쌍히 여기고 피해자 행세를 하기 시작하면서, 왜 다른 사람들이 예의 바르게 처신하지 못하는지 궁금해한다.

이런 반응은 건전하지도 않고 도움이 되지도 않는다. 사실 이런 상황을 제대로 받아들이지 못하면 그걸 너무 개인적인 문제로 여기게 될 수도 있다. 그런 사람은 여러분뿐만이 아니다. 누구나 때때로 이런 실수를 한다. 누군가가 우리가 싫어하는 일을 할 경우 우리는 그걸 인신공격으로 해석하는 경향이 있다.

- 우리가 중요하게 여기는 사람이 애정을 보여주지 않는가? 그들은 우리에게 제대로 신경을 쓰지 않는 게 틀림없다.
- 아이들이 방청소를 하지 않는가? 일부러 반항하는 것이 틀림없다.
- 동료들이 일터에서 사려 깊지 못한 행동을 하는가? 틀림없이 우리를 미워하기 때문일 것이다.
- 누군가가 우리에게 상처를 입혔는가? 다들 나와서 우리를 도와줘야 한다.

어떤 사람은 인생 자체가 자신에게 적대적이라고 생각한다. 하지만 인생은 결코 그럴 리 없다. 특별히 누구 때문에 일이 생기는 경우는 거의 없다. 일은 그저 일어날 수도 아닐 수도 있다.

사람들은 각자 대처해야 하는 감정적인 문제들을 안고 있으며, 그 때문에 때로 반항적이거나 무례하거나 경솔하게 행동하기도 한다. 그들은 대개 감정을 다스리려고 최선을 다하거나 아예 자기 문제가 뭔지 알아차리지도 못한다. 어쨌든 여러분은 그들의 행동을 인신공격으로 해석하지 않는 방법을 배우고 그에 평온한 마음가짐으로 대응하거나 아예 대응할 필요조차 없는 비개인적인 접촉(멀리서 짖어대는 개나 귓가에서 윙윙대는 호박벌처럼)으로 여길 수도 있다.

하지만 여러분이 한 어떤 일 때문에 누군가가 여러분을 겨냥한 부정적 행동을 한다면 어떻게 해야 할까? 여러분이 그들을 짜증나게 하는 실수를 저질렀고, 그 때문에 지금 그들은 의도적으로 무례하게 대응하고 있는 것이다. 이런 상황은 사적인 복수처럼 보일 수도 있다. 하지만 정말 그럴까? 그들의 무례한 반응 정도가 전부 여러분과 그들을 자극한 여러분의 행동 때문일까? 아니, 아마 아닐 것이다. 이번에도 이건 대부분 상대방의 반응, 섣부른 판단, 분노 조절 문제, 그리고 우주에 대한 기대와 관련된 일일 것이다. 여러분은 훨씬 더 긴 이야기의 작은 일부분일 뿐이다.

그러나 우리 인간은 그 일이 우리에게 어떤 영향을 미치는지 알려주는 렌즈(더 큰 그림은 제대로 보지 못하는)를 통해서 모든 사물을 보기 때문에, 다른 사람의 행동이 마치 우리에 대한 개인적인 평가인 것처럼 반응하는 경향이 있다. 그러므로 다른 사람들의 분노는 우리를 화나게 만든다. 다른 사람들이 존중하는 태도를 보이지 않으면 자기가 무가치한 인간인 것처럼 느낀다. 다른 사람들이 불행하면 우리까지 불행해진다. 전부 그런 식이다.

이런 사실을 깨닫고 자중해야 한다. 이제 감정적인 대응을 멈추고 자신의 반응을 잘 지켜보기 시작해야 한다.

소통의 힘

최근에 우리 수강생 중 하나인 발렌티나라는 바쁜 변호사가 열 살 된 아들 마르코와 함께 뉴잉글랜드에 있는 새 집으로 이사를 갔다. 그런데 이사한 다음 날 아침 엄청난 눈보라가 그 지역을 휩쓸고 가는 바람에 모든 학교에 휴교령이 내려졌다.

마르코는 폭설 덕분에 갑작스럽게 휴일을 맞게 됐지만, 발렌티나는 새로운 클라이언트를 위한 중요한 일들을 끝내기 위해 몇 시간 동안 사무실에 나가야 했다. 어쩔 수 없이 발렌티나는 눈에 파묻히다시피한 집에 마르코를 남겨두고 출근을 했다. "엄마가 돌아올 때까지 숙제하고 있으렴. 최대한 빨리 다녀오마."

발렌티나가 사무실에 도착한 직후에 마르코에게서 이런 문자메시지가 왔다. "윈도Window가 완전히 얼어붙어서 열리질 않아요."

발렌티나는 마르코가 왜 창문^{window}을 열려고 하는지 알 수가 없었기 때문에 당혹스러워하면서 휴대폰을 빤히 쳐다봤다. 하지만 곧 회의에 들어가야 했기에 자세한 걸 물어볼 시간이 없었다. 그래서 어릴 때 산속에서 자라면서 배운 간단한 해결 방법을 마르코에게 문자로 전송했다. "전자레인지에 물을 한 잔 데워서 창문 가장자리에 고루 뿌린 다음에, 나무망치로 가장자리를 가볍게 두드리렴."

그러고는 서둘러 회의에 들어갔다. 회의를 마치고 나온 발렌티나는 집에 있는 아들이 보낸 문자메시지를 확인했다.

마르코의 첫 번째 메시지는, "뭐라고요? 그게 정말 효과가 있어요?"였다. 그다음은 "제발 빨리 알려주세요! 곧 글쓰기 숙제를 제출해야 한다고요!"였고 마지막은 다음과 같았다. "노트북이 고장 났어요!"

메시지 내용을 보고 당황한 발렌티나는 마르코에게 전화를 걸었다. 마르코는 짜증스럽고 심란한 목소리로 전화를 받았다.

"그러니까… 노트북에 무슨 문제가 생겼니?" 발렌티나가 물었다.

"모르겠어요." 마르코가 대답했다. "엄마가 시킨 대로 노트북 가장자리에 따뜻한 물을 붓고 나무망치로 두드렸어요. 그런데 이제는 전원도 안 들어와요."

발렌티나는 열 살 난 아들이 처음 보낸 문자메시지가 새 집 창문에 관한 게 아니었다는 사실을 퍼뜩 깨달았다. 자기 노트북의 윈도 운영체제에 관한 얘기였던 것이다! 마르코의 컴퓨터는 그냥 잠깐 멈췄던 것뿐인데, 따뜻한 물을 붓고 나무망치로 가볍게 두드린 덕에 이제 완전히 못쓰게 되어 버렸다!

우리는 발렌티나에게 이 얘기를 듣고는 다 같이 배를 잡고 웃었다. 그건 인생과 일, 그리고 특히 다른 사람과의 관계에서는 아주 작은 오해 때문에 엄청난 실수가 생길 수 있다는 걸 상기시켜주는 사건이었다. 다행히 속도를 늦추고, 상대방의 말을 귀담아듣고, 그 의미를 명확하게 밝히는 간단한 방법을 통해 이런 오해를 피할 수 있다. 물론 시간이 좀 더 걸리기는 할 것이다. 하지만 나중에 찾아올지도 모르는 끔찍한 두통과 심적인 고통을 생각한다면 감수할 만한 가치 아닐까.

오해를 막기 위한 주문

사실 세상의 불행 가운데 상당 부분은 당혹스럽고 잘못된 의사소통의 결과물이다. 우리는 오해가 어떻게 사람들을 갈라놓을 수 있는지 안다. 또 건전한 의사소통이 어떻게 더욱 건강한 관계로 연결되는지도 알고 있다. 하지만 중요한 걸 종종 잊는 게 문제다. 우리는 서로를 위해 시간을 내는 걸 잊는다. 현재에 집중해야 한다는 걸 잊는다. 진심으로 귀 기울이는 걸 잊는다. 그래서 날마다 서로를 오해하게 되고 그로 인해 수백 개의 불필요한 골칫거리와 가슴 아픈 실수가 생긴다.

우리도 마찬가지다. 여전히 사람들에게 의견을 잘못 전달하거나 오해하기도 하는데, 특히 서두를 때는 더하다. 그래서 우리 주변 사람들에게 더 많은 관심을 기울이는 습관을 뒷받침하기 위한 전략을 마련했다. 간단히 말해, 이미 알고 있지만 자주 잊어버리는 몇 가지 간단한 사실을 미리 상기해두는 것이다. 누군가와 대화를 나눠야 하는데 자기가 그걸 자꾸 회피하는 걸 깨달을 때마다 하던 일을 멈추고 다음과 같은 주문을 읽는다. 그러고 나면 온 정신을 집중해서 그 사람의 말에 귀를 기울이는 게 한결 쉬워진다.

1. 의사소통의 가장 큰 문제는 벌써 소통이 이루어졌다고 착각하는 것이다.

2. 상대를 이해하기 위해서가 아니라 대답하기 위해서 상대의 말을 듣는 경우가 너무 많다. 대답에 신경쓰기보다 단어 뒤에 있는 진짜 의미에 귀를 기울인다.

3. 듣고 싶은 것만 듣는다면 그건 진짜로 듣는 게 아니다. 듣고 싶지 않은 말에도 귀를 기울여야 한다. 그래야 둘이 함께 더 강하게 성장할 수 있다.

4. 상대방이 오늘 어떤 일을 겪었는지 우리는 절대 모른다. 그러니 빈 둥거리면서 그들 또는 그들이 처한 상황에 대해 공허한 판단을 하지 말자.

5. 때로는 공감하며 들어주는 사람이 필요한 경우도 있다. 그냥 누군가가 자기 말을 들어준다는 걸 알기만 하면 된다. 그들의 고통에 귀 기울이면서 따뜻한 마음을 건네기만 해도 믿을 수 없을 정도로 치유될 수 있다.

6. 전체적인 이야기를 모르는 상태에서 함부로 추측해서는 안 된다. 의심스러우면 명확해질 때까지 그 사람에게 직접 물어보자.

7. 상대방의 말에 겸손한 태도로 진지하게 귀 기울이는 시간을 가지면 얼마나 많은 것들을 알게 되는지 놀랄 것이다. 특히 말하는 사람이 우연찮게도 여러분이 사랑하는 사람이라면 더 그럴 것이다.

과도하게 바쁜 상황과 잘못된 의사소통이 결합되어서 생긴 불행한 사건 이야기를 들을 때마다 1달러씩 모은다면, 발렌티나와 마르코의 이야기를 새긴 금색 명판을 우리가 아는 사람들 모두에게 보내 주의를 촉구할 수 있을 만큼 많은 돈이 쌓일 것이다. 비록 발렌티나와 마르코의 이야기는 모자 관계를 다루고 있지만, 그런 잘못된 의사소통이 친밀한 관계나 우정에도 쉽게 해를 미칠 수 있다는 걸 생각해보자. 때로는 케미스트리가 생기지 않는 이유가 그저 서로 간에 의사소통이 없기 때문이기도 하다.

당신은 어떤 사람들과 어울리는가

잠시 방향을 바꿔서 주변 사람들이 여러분에게 어떻게 영향을 미치는지 자세히 살펴보자. 짐 론은, "당신은 평소 가장 많은 시간을 함께 보내는 다섯 사람을 평균 낸 인물"이라고 말했다. 이보다 더 진실에 가까운 말은 없다.

꾸준히 함께 시간을 보내는 사람들이 여러분에게 지대한 영향을 미친다는 건 부정하기 어려운 사실이다. 그리고 이런 효과를 발휘할 수 있는 건 가장 가까운 친구들뿐만이 아니다. 단순히 누군가와 꾸준히 함께 시간을 보내기만 해도, 그들의 특징과 행동, 의도를 받아들이기 시작한다.

지금보다 더 행복하고 만족스러운 삶을 살고자 한다면 여러분이 바라는 긍정적인 성장에 관심이 있는 사람들과 어울리고 싶을 것이다. 돈을 많이 버는 사람들과 함께 어울리는 이들은 대개 돈을 많이 번다. 몸에 좋은 음식을 먹는 사람들과 어울리는 이들 역시 건강에 좋은 음식을 먹는 경향이 있다. 이게 여러분 주위의 모든 사람들에게 해당되지는 않더라도 여러분이 이루고 싶은 것들을 구현한 사람이 많은 환경을 택하려고 노력해야 한다.

예를 들어, 우리 부부는 보디빌더와 몸매가 근사한 피트니스 모델들이 많이 다니는 헬스클럽을 이용하고 있다. 그래서 헬스클럽에 들어서는 순간부터 의욕이 샘솟는 걸 느낀다. 나이와 성별, 사회적 배경에 상관없이 모든 이들이 열심히 운동을 하고 땀을 흘리면서 몸을 움직이고 있다. 이런 환경에서는 "아무래도 웨이트 무게를 좀 더 올려야겠어. 나도 할 수 있다고!"라는 생각이 들 수밖에 없다. 우리가 이 헬스클럽에서 운동을 했기 때문에 지금 더 건강해졌다는 건 의심의 여지가 없는 사실이다. 그곳에 가면 그런 시각적 영감이 없는 경우에 비해 스스로를 더 몰아붙이게 된다. 그렇다면 우리가 살면서 만나는 모든 이들이 몸매 관리에 심취할 필요가 있을까? 그렇지는 않다. 하지만 그런 환경을 접하면, 우리보다 더 열심히 운동하는 사람들을 보게 되면, 우리도 최선을 다해야 한다는 의무감이 생긴다.

여러분의 결단력과 의지가 아무리 커도 자신의 의도와 맞지 않는 환경에 계속 있다 보면 결국 그 환경에 굴복하게 된다. 그런 환경에서 자기 인생을 바꿔놓는 실수를 저지르는 사람들이 무척이나 많다. 우리가 앞으로 나아가도록 도와주는 협조적인 환경에서 일할 때와 달리 건전하지 못한 환경의 부담까지 같이 짊어지려고 애쓰다가 결국 가진 에너지를 다 소비하게 된다. 그러다 보면 결국 최선의 노력에도 불구하고 모든 에너지가 고갈되어 버린다.

여러분이 현재 이런 상황에 처해 있다면 명확한 경계를 정하고 달성하고자 하는 결과에 전념한 뒤, 해당 목표를 달성할 수 있도록 환경을 재구성해야 한다. 다른 예를 몇 개 살펴보자.

체중을 줄이고 싶다면, 몸에 좋은 음식을 먹고 규칙적으로 운동을 하는 사람들이 있는 건강한 환경에서 많은 시간을 보내야 한다.

전문 코미디언이 되어 그걸 생업으로 삼고 싶다면(최근에 우리 컨퍼런스에 참가한 어떤 사람의 목표였다), 전문 코미디언들을 만나 함께 공연을 하고 경험을 나누고 또 자신의 생활과 업무 환경을 그 목표에 맞게 재구성해야 한다.

고난을 극복하고 더 행복한 삶을 살고 싶다면, 여러분과 같은 목표를 가진 사람들과 얘기를 나누는 일에 더 많은 시간을 할애해야 한다.

결단력과 의지가 있어야만 그런 목표를 이룰 수 있다. 우리는 환경에 적응하는 생물이다. 따라서 자신의 성장과 진화 방향을 의도적으로 조정하고 싶다면 원하는 결과를 얻을 수 있도록 영향을 미치는 사람들에게 둘러싸일 수 있는 풍요로운 환경을 과감하게 선택하거나 스스로 만들어가야 한다.

저절로 좋아지는 관계는 없다

우리는 오랜 기간에 걸쳐 이런 문제들을 유념하면서 동시에 건전하고, 애정 넘치고, 오래 지속되는 관계를 육성하는 데 도움이 되는 의식을 몇 가지 발전시켰다. 우리의 관계를 예로 들어보겠다.

우리도 결혼한 부부로서 의견이 일치하지 않는 부분들이 있다. 하지만 결국 우리는 서로를 위해 존재하는 사람들이다. 둘 사이에 어떤 문제가 있더라도 우리는 매일 밤 서로에게 굿나잇 키스를 하면서 "사랑해"라고 말한다. 지금은 서로 의견이 맞지 않더라도 괜찮다. 우리는 지금도 그리고 앞으로도 매순간 서로를 사랑할 것이며, 긍정적인 말과 행동으로 서로를 지원해준다. 그건 무슨 일이 있어도 우리가 날마다 행하는 의식이다.

또 하나의 관계 의식은 가족이 함께 보내는 시간은 절대 타협

할 수 없다는 생각과 관련이 있다. 우리는 오후 네 시에 일을 마친 뒤, 일곱 시까지는 아들과 함께 저녁을 먹고 쉰다. 그 세 시간 동안은 그 순간에 집중하면서 시간이 흘러가는 대로 우리 몸을 맡긴다. 함께 자리에 앉아 우리의 하루에 대해 얘기할 시간을 꼭 가지는 것이다.

가끔 우리는 열정을 쏟는 프로젝트의 새로운 아이디어에 매료돼 나머지 일시적으로 가족에 대한 관심을 잃기도 한다. 하지만 괜찮다. 아들과의 관계를 우선시해야 한다는 걸 알고 있기 때문이다. 무엇이 가장 중요한지 알고 있어야 다시 정상 궤도로 돌아갈 수 있다.

마지막으로 아무리 의견 차이가 생겨도 그걸 상대방에게 심술궂게 구는 구실로 삼지 않도록 항상 주의한다. 말다툼을 할 때는 의식적으로 대화에 가치를 더하고 해결책을 찾는 데 도움이 되는 단어들을 선택한다. 때로는 건설적인 비판을 할 필요도 있다. 하지만 여러분이 하는 모든 말은, 그게 듣기 편한 말이든 아니든 상관없이 항상 친절하고 진정한 가치를 더해줘야 한다.

지금까지 현재 우리가 상대방과 공고한 관계를 발전시키는 데 도움을 주는 작은 의식들을 살펴봤다. 이 실천 방안들은 다른 관계에서는 다르게 보일 수도 있고 낭만적인 관계에만 적용되는 것도 아니다. 또 우리 삶 속의 다른 중요한 관계들을 키워나가도록 도와주는 다른 의식들도 있다. 예를 들어, 우리는 가장 친한 친구들과 한 달에 한 번씩 꼭 만나서 함께 점심을 먹는다. 우리 인생의 소중한 사람들에게 감사하고 그들과 함께 즐거운 시간을 보내는 건 우리에게 매우 중요한 일이다.

결론은 이거다. 중요한 사람들, 여러분의 삶에 가치를 더해주는 사람들과 소통하는 건 꼭 필요한 일이다. 물론 다른 일 때문에 바쁜 경우가 많을 것이다. 그럴 때는 자신에게 정말 중요한 것, 중요한 사람이 누구인지 자문해봐야 한다. 어떤 사람이 중요하다면 그를 만날 수 있게 일정을 조정하자. 함께 모이는 게 불가능하다면 전화를 걸자. 이메일을 보내도 좋다. 아무리 사소한 방법이라도 괜찮다는 얘기다. 여러분을 정신적으로 고양시키는 사람들과 꾸준히 연락하자. 그들의 안부를 궁금해한다는 걸 알리고 사랑하고 보고 싶다는 말을 전하는 것만으로도 큰 차이가 생길 것이다.

인생 파헤치기 프로젝트 8

스마트폰을 내려놓고, 노트북을 닫고, 서로의 얼굴을 마주보면서 옛날 방식대로 함께 있는 시간을 즐기자. 살면서 서로를 아끼는 두 사람이 나누는 좋은 대화와 진정한 웃음, 긴 산책, 다정한 춤, 강한 포옹만큼 기쁜 일도 거의 없다. 때로는 가장 평범한 일들이 적절한 이들과 함께 한다는 이유만으로 매우 특별해질 수 있다. 그러니 이 사람들과 함께 지내면서 시간을 최대한 활용하자. 큰 계획을 세울 때까지 기다릴 필요가 없다. 그냥 함께 있는 것 자체를 계획으로 삼자. 정기적으로 솔직하게 의견을 나누자. 가급적 자주 직접 만나자. 그렇게 하는 게 편해서가 아니라 그 사람을 위해서는 더 노력할 가치가 있다는 걸 알기 때문이다.

9장

인생 파헤치기:
곡괭이를 들고 땅을 파는 자만이
숨겨진 보석을 얻는다

자정이 되기 직전에 전화가 울렸다. 침대 옆 탁자에 올려둔 휴대폰을 집어 들고는, 우리 둘 다 눈을 가늘게 뜨고 밝은 액정 화면을 쳐다봤다. 화면에는 "클레어"라는 이름이 표시되어 있었다. 클레어는 안타깝게도 작년에 암으로 남편을 잃은 친한 친구다. 그녀가 이렇게 늦은 시간에 전화하는 건 드문 일이었기 때문에 중요한 용건이 있는 게 틀림없었다.

전화를 받아서 무슨 일이냐고 묻자 클레어는 울음을 터뜨렸다. 그녀는 도움이 필요하다고 했다. 바로 얼마 전에 직장을 잃었고, 기진맥진한 상태인데 잠을 잘 수가 없고, 앞으로 나아갈 방법도 모르겠다고 했다.

클레어는 눈물을 흘리고 한숨을 쉬면서, 지금 가까스로 균형을 유지하고는 있지만 금방이라도 넘어질 것만 같은 기분이라고 설명했다. 이런 기분 때문에 그녀는 악순환에 빠져들었다. 하루 정도 괜찮은가 싶으면 연이어 며칠 동안 우울한 날이 이어지는 것이다. 이런 클레어에게 도움이 되는 건 어릴 때 할머니가 가르쳐준, 네 앞에 있는 일에 최선을 다하고 나머지는 하느님에게 맡기라는 말뿐이었다.

우리는 미소를 지었다. 그 말을 들은 마크는 클레어의 상황에 적용할 만한, 할머니가 들려준 짧은 이야기가 떠올랐다. 그래서 클레어에게 그 얘기를 해줬다.

옛날 어느 작은 마을에 살던 어부가 실수로 가장 좋아하는 낚싯대를 강에 떨어뜨렸는데 찾을 수가 없었다. 그 소식을 듣고 찾아온 이웃들이 말했다.

"운이 나빴네요!"

어부는 "아마도요"라고 대답했다.

이튿날, 어부는 낚싯대를 찾을 수 있을지 알아보려고 강둑을 따라 1.5킬로미터 정도 하류로 내려가 봤다. 그는 강기슭에서 연어들이 넘치도록 헤엄치고 있는 작은 도랑을 발견했다. 어부는 예비용 낚싯대를 이용해서 거의 100마리 가까운 연어를 잡아 마차에 가득 싣고 마을로 돌아갔다. 마을 사람들 모두 싱싱한 연어를 받고 기뻐했다. 어부의 성공 소식을 들은 이웃들이 다가와서 "와! 정말 엄청나게 운이 좋았네요!"라고 하자, 어부는 "아마도요"라고 대답했다.

이틀 후, 어부는 연어를 더 잡으려고 다시 도랑 쪽으로 향했다. 하지만 나무 그루터기에 걸려 넘어지는 바람에 발목을 심하게 삐었다. 그는 고통을 견디면서 천천히 마을로 돌아와서 부상을 치료했다. 어부의 이웃들은 그의 부상 소식을 듣고 말했다.

"운이 나빴네요!"

어부는 "아마도요"라고 대답했다.

나흘 뒤, 어부의 발목은 서서히 회복되고 있었지만 아직 걸을 수가 없는 상황이었고 마을에 먹을 물고기가 동났다. 어부가 회복되는 동안 다른 마을 사람 세 명이 강에 물고기를 잡으러 가겠다고 자원했다. 그날 저녁, 세 사람이 돌아오지 않자 그들을 찾으려고 수색대를 보냈는데, 늑대 무리에 공격당해서 전부 죽은 것을 발견했다. 어부의 이웃들이 그 소식을 듣고는 말했다. "오늘 같은 날 낚시하러 안 나가다니 참 다행이네요. 당신은 정말 운 좋은 사람이에요!" 어부는 "아마도요"라고 대답했다.

"그리고 며칠 뒤… 음, 이제 이야기가 어떻게 진행될지 추측

할 수 있을 거예요." 마크가 그렇게 말하자 클레어는 부드럽게 웃으면서 이야기를 들려줘서 고맙다고 했다. 그 이야기의 교훈을 금세 알아차렸기 때문이다. 인생은 예측이 불가능하다. 지금 아무리 좋은 일이나 나쁜 일이 생겼더라도, 다음에 또 무슨 일이 일어날지 절대 확신할 수 없다.

인생의 예측 불가능성은 우리가 받아들여야 할 궁극적인 진식이다. 하지만 그렇다고 해서 우리가 무력하다는 뜻은 아니다. 의미와 목적을 만들어내고 모든 예측 불가능한 상황 속에서도 기쁨을 찾을 수 있는 수많은 선택권이 없다는 뜻이 아니다. 삶의 불확실성에도 불구하고 우리는 행복을 키울 수 있고 자기가 살고 싶은 삶에 더 가까워질 수 있다.

우리는 이 책 전체에 걸쳐 여러분이 그런 길을 가도록 도와주는 여러 가지 전략을 논의했다. 마음가짐을 바꾸도록 도와주는 일상의 의식과 마음챙김 수련법, 상황을 좋은 쪽으로 바꾸는 방법, 파악하기 어려운 동기를 찾는 법 등도 다뤘다. 이런 모든 아이디어와 틀은 여러분이 진짜 삶을 되찾을 수 있게 도와주기 위한 것이다.

이번 장에서는 여러분이 그런 일을 하도록 지원해주는 몇 가지 핵심 아이디어와 검증된 전략을 자세히 설명하도록 하겠다.

행복을 향한 질문들

사람들은 밖에 나가서 행복을 찾으라는 말을 자주 한다. 마치 행복이 동네 슈퍼마켓까지 슬슬 걸어가서 선반에서 하나 집어 오면 되는 흔하디흔한 상품인 것처럼 말이다. 하지만 행복은 다른 데서는 찾을 수 없다. 행복은 오직 여러분 마음속에서만 자라고 발전한다. 아무도 여러분을 찾아와서 구해주거나 행복을 안겨주지 않을 것이다. 여러분의 행복은 오직 여러분 자신에게만 달려 있다.

하지만 행복의 개인성에는 흥미로운 부분이 있다. 우리는 여러 해 동안 사람들을 코칭하면서 행복에 대한 기준선이 사람마다 각기 다르다는 걸 알게 되었다. 어떤 사람은 전반적으로 다른 이들보다 행복하다. 하지만 기준치가 남들보다 덜 행복한 이들도 행복을 키울 수 있는 커다란 잠재력을 가지고 있다. 모든 것은 결국 집중력과 마음가짐으로 귀결된다.

우리는 집중력과 마음가짐이 지닌 힘, 의도적으로 행복을 키울 때 생기는 힘이 얼마나 큰지 확인했다. 우리 클라이언트와 수강생들을 대상으로 한 코칭, 그리고 우리가 살면서 겪은 일들을 통해 정신 자세의 변화가 엄청난 개인적 변화로 이어지는 경우가 얼마나 많은지 깨닫고 깜짝 놀랐다. 일례로 현재 상황에 스트레스를 받거나 불만스러워하는 사람들이 자아 탐구 같은 간단한 사고방식 전술을 통해 얼마나 홀가분해지는지 보았다. 자신의 환경을 바꿀 수는 없지만 환경에 대한 태도는 언제든지 바꿀 수 있다는 얘기다. 그렇다면 환경은 더 이상 문제가 되지 않는다. 문제는 여러분이 그것을 생각하는 방식이다.

마음가짐이 정돈되어 있으면 자기만의 행복을 기를 수 있는 내적, 외적 환경을 육성할 수 있다. 자신의 걱정스러운 마음을 괴롭히는 문제가 뭔지 인식하고, 4장의 '일기 쓰기를 통한 자아 탐구'에서 얘기한 질문을 자기 자신에게 던지는 것만큼 간단한 방법으로도 가능한 일이다.

- 이런 괴로운 생각이 사실인지 확실히 알 수 있을까?
- 이런 생각이 들 때의 기분은 어떻고 주로 어떤 행동을 하는가?
- 지금 당장 마음속의 이 괴로운 생각을 지우면 어떤 기분이 들고, 어떤 다른 것들을 보게 될까?
- 사실일 수도 있는 다른 합리적인 가능성으로 어떤 것이 있는가?
- 이 괴로운 생각과 완전히 반대되는 것은 무엇이며, 그 반대되는 생각 속에는 어떤 진실이 들어 있는가?

이렇게 간단한 질문들이 믿을 수 없는 힘을 발휘한다. 이 질문을 의식적, 규칙적으로 사용하면 우리 마음이 온갖 자기 제한적인 생각과 믿음에서 벗어날 수 있다. 또 이와 관련된 3장의 마무리 실습 내용을 다시 읽어보는 것도 좋다.

아무리 뛰어난 플레이어도
경기의 룰을 바꿀 수 없다

이 책 곳곳에서 얘기한 것처럼 통제하려는 생각을 버리고 현실에 만족하는 건 우리를 비롯한 많은 사람들이 매일같이 상대해야 하는 가장 큰 고민 중 하나다. 통제력을 포기하는 건 우리의 생활 방식과 직접적으로 반대되기 때문이다.

우리는 성공하려고 단단히 작정한 행동가들이자 자기 운명의 설계자다. 우리는 자기만의 방식대로 뭔가를 만들고 일이 진행되도록 한다. 다른 사람의 주도에 따라 어떤 일이 진행되기를 바라지 않는다! 적어도 그게 바로 우리가 자라는 동안 교사나 스포츠 코치, 영화, 팝송, 잡지 기사 등에서 배운 것이다. 우리 DNA 안에는 어떤 일이 일어나도록 내버려두는 버릇 같은 건 없다. 대부분의 사람들은 가만히 앉아서 수동적으로 통제권을 내준 적이 없다.

하지만 지난 몇 년 사이에 우리의 생각이 바뀌었다. 우리가 본인의 인생에 대해 가지고 있다고 믿었던 통제력 가운데 상당수가 환상이라는 사실을 어렵게 깨우쳤다. 우리는 병이나 자연

재해, 파산, 기타 여러 가지 비극적이고 예기치 못한 상황으로 인해 삶이 뒤집혀버린 사람들을 많이 만났다.

그런 일은 매일같이 일어난다. 우리는 자기가 통제 가능하다고 생각했던 상황에서 통제력을 발휘할 수 없다는 사실을 깨닫게 된다. 그렇다면 우리는 뭘 할 수 있을까? 우리가 가진 유일한 선택권은 놓아줄 건 놓아주고 마음을 가다듬는 것이다.

인생이라는 경기를 치르는 동안 우리는 다들 예상치 못한 독특한 한계와 변수를 겪게 된다. 문제는 자기와 겨루는 상대에게 어떻게 반응할 것인가이다. 자기에게 부족한 것에 집중할 수도 있고 아니면 가슴이 미어지고 받아들이기 어려운 결과까지 최대한 활용해서 현명하고 지략 넘치게 게임을 진행할 수 있는 힘을 얻을 수도 있다.

앞서도 말했지만 다시 한 번 강조하겠다. 정신은 우리의 가장 큰 전쟁터다. 이곳은 가장 심한 갈등이 벌어지는 곳이다. 우리가 벌어지리라고 생각했던 일의 절반이 절대 벌어지지 않는 곳이다. 또 우리의 기대가 항상 우리를 능가하는 곳이다. 이곳은 통제할 수 없는 것들을 통제하려는 욕구에 희생되는 곳이기도 하다. 이런 생각과 갈망을 마음속에 머물게 한다면, 그건 우리에게서 평화와 기쁨 그리고 궁극적으로 우리 삶까지 앗아갈 것이다. 그러면 심한 심적 고통과 심지어 우울증까지 생길 것이다.

우리는 지금 시간을 어떻게 쓸 것인지 선택할 수 있다. 감사와 은총의 삶을 선택할 수 있다. 누구와 어울릴 것인지, 우리 인생의 이 하루를 누구와 보낼 것인지 선택할 수 있다. 우리 곁에 있는 사람들을 지금 모습 그대로 사랑하고 감사할 수 있다. 우리 자신을 사랑하고 감사할 수도 있다. 살면서 놀랍거나 실망스러운 일이 생겼을 때 어떻게 반응할 것인지, 그리고 그걸 문제로 여길지 아니면 개인적인 성장의 기회로 받아들일지 선택할 수 있다. 무엇보다 중요한 사실은 자신의 태도를 조정하고 통제할 수 없는 모든 일들에 대한 걱정을 떨쳐버릴 수 있다는 것이다. 그리고 한결 가뿐해진 마음으로 우리 삶의 다음 단계로 나아가기 위한 최선의 조치를 취할 수 있다.

몸을 움직여 행복 쪽에 두자

마음가짐과 관련된 이런 이야기를 할 때는 우리 몸이 행복을 키우고 삶을 위한 긍정적인 틀을 마련하는 데 있어서 엄청나게 중요한 역할을 한다는 걸 꼭 기억해둬야 한다. 행복은 내면에서 우러나며 지금 벌어지고 있는 일에 대한 생각을 통제할 수 있다는 사실을 깨닫는 데서 비롯된다. 그리고 몸과 마음이 서로 협력하면 이런 행복을 위한 잠재력을 달성할 준비가 더 완벽해질 것이다.

6장의 마무리 실습에서 얘기한 내용을 기억하자. 여러 가지 면에서 볼 때 마음이 몸을 움직이는 건 사실이지만, 반대로 몸이 마음을 움직이기도 한다. 자신을 위한 행복을 키워나갈 때는 우리가 몸을 사용하는 방식이 확실히 모든 것에 영향을 미친다. 다양한 심리학 연구를 통해 우리 몸이 정신 상태에 직접직으로 영향을 미칠 수 있다는 사실이 증명되었다. 따라서 우리가 내면에서부터 변화한다는 건 사실이지만 한편으로는 외부에서부터 변화하기도 한다.

몸을 움직이면 정신 상태와 행복에 직접적인 도움이 될 수 있다. 신체도 건강해지고 장거리 달리기를 하고 난 뒤에는 엔도르핀endorphin이 다량으로 분비되기 때문이다. 하지만 그뿐 아니라, 몸을 움직이는 건 자신의 상황과 환경을 변화시키는 아주 좋은 방법이기도 하다. 현재의 위치나 일상에 대해 부정적인 기분을 느낄 경우, 물리적 환경이나 신체 활동을 변화시켜서 그 일상에서 벗어나면 정신 건강에 놀라운 영향을 미칠 수 있다. 게다가 몸을 평소와 다른 방식으로 움직이거나 다른 장소로 이동하면 여러분의 지평을 넓혀주고 관점을 더 좋은 방향으로 바꿔줄 수 있는 새로운 광경과 소리, 환경 등 새로운 것들을 경험할 수 있다.

불필요한 가지 잘라내기

흔히 하는 말처럼, 과거로 돌아가서 새롭게 시작할 수 있는 사람은 아무도 없지만, 누구든 오늘부터 다시 시작해서 새로운 결말을 맞을 수는 있다. 하지만 이런 변화 과정을 시작하기 전에 여러분을 방해하는 일들을 중단해야 한다.

잘못된 것들을 따라다니는 걸 그만둬야 올바른 것들이 여러분을 따라잡을 기회가 생긴다는 사실을 기억하자. 자신의 한정된 시간과 에너지를 어떤 식으로 할당하고 있는지 알아야 원하는 미래를 만들 수 있는 위치에 서게 된다. 여러분 자신의 삶과 가까운 이들의 삶에 대해 생각해보자. 대부분의 사람들은 되도록 많은 일을 하려는 경향이 있다. 깨어 있는 매 순간순간을 온갖 이벤트와 엉뚱한 일, 과업, 의무 등으로 가득 채운다. 그러고는 계속 제자리를 맴도는 것이다.

우리는 일을 많이 할수록 더 큰 만족감과 성공 등을 얻을 수 있으리라고 생각하지만, 사실 그 반대인 경우가 더 많다. 데이비드 앨런David Allen은 《쏟아지는 일 완벽하게 해내는 법Getting Things Done》이라는 많은 호평을 받은 생산성 관련 책에서, 우리 인생과 일에는 장기적으로 중요한 것들도 있기는 하지만 대부분은 그 순간에만 급박하다고 설명했다. 그런데 별로 중요하지도 않은 급박한 일에 매달려서 평생을 보내는 사람들이 너무나도 많다.

정말 중요하고 의미 있는 목표를 갑자기 등장하는 다른 모든 것들보다 우선시하면서 거기에 자신의 시간과 에너지를 쏟는 사람은 극소수에 불과하다.

시간과 에너지를 관리하는 방법과 관련해서는 사실 간결한 편이 훨씬 더 좋다! 따라서 살면서 앞으로 계속 나아가는 가장 현명하고 효과적인 방법은 일을 더 많이 하는 게 아니라 여러분을 방해하는 과도한 일들을 제거해서 할 일을 줄이는 것이다.

체중을 줄이고 싶다면, 서둘러서 여러 가지 건강한 새 습관을 시작하기 전에 먼저 건강에 나쁜 일상적인 의식을 제거해야만 지속적인 발전을 이룰 수 있다. 예를 들어, 매일 새벽 5시에 헬스클럽에 가야 한다고 자신에게 강요하기 전에 먼저 식단에서 과도한 설탕과 포화 지방을 제거해야 한다. 건강에 좋지 않은 식단을 유지하면서 운동만 열심히 하는 건 흘러내리는 모래밭 위에 집을 짓는 것과 같다. 장기적으로 잘 진행될 리가 없다.

재정적으로 안정되고 싶다면, 소득을 늘리는 데 집중하기 전에 먼저 낭비적인 소비 습관부터 해결해야 한다. 더 많은 걸 원하는 악순환에서 벗어나 지금 가진 것에 만족하자. 그렇게 하기 전까지는 돈을 얼마나 많이 버는지는 중요하지 않다. 그렇지 않으면 늘 필요하지도 않은 것을 사느라 가진 돈을 다 써버릴 것이다.

자신의 생활 습관을 정리하고 중요한 일에만 집중하자. 그 외의 것들은 다 없애야 한다. 적게 일하고 그 적은 일을 통해 더 많은 것들을 책임지자.

불편함도 소중히

변화를 향해 첫걸음을 내딛는 건 두려울 수도 있지만 대개의 경우 여러분이 해야 할 일은 시작하는 것뿐이다. 우리는 더 많은 자신감이 필요하다는 생각 때문에 그 첫 번째 단계를 밟는 걸 꺼리는 일이 많다. 하지만 그건 자신감이 작용하는 방식을 잘못 해석한 것이다. 우리는 간혹 최선을 다하려면 먼저 자신감부터 있어야 한다고 생각한다. 그래서 다음 걸음을 내딛기 전에 자신감이 높아지기를 기다려야 한다고 무의식적으로 결정하는 것이다. 하지만 주변에서 기다리는 건 자신감을 키우는 행동이 아니다. 따라서 자신감이 커지는 일도 없고 행동도 취하지 않는다. 이걸 여러분의 정신을 일깨우는 알람으로 삼자.

자신감은 미래의 성과를 제시하기 위한 전제조건이 아니라 과거의 성과를 통해서 얻은 직접적인 결과물이다. 만약 오늘 새 프로젝트를 시작했는데 벌써부터 성공할 조짐이 보인다면 내일 프로젝트의 다음 단계를 진행할 때는 자신감이 한층 더 높아질 것이다. 반대로 프로젝트가 평탄치 못한 출발을 보이고 오늘 기울인 노력도 부족했다면 이런 성과가 내일의 자신감을 떨어뜨릴 것이다. 하지만 정말 놀라운 사실은, 내일 느끼게 될 자신감(본인의 기분)은 오늘의 긍정적인 행동과 거기에서 얻는 교훈에 직접적으로 의존한다는 것이다. 이건 다음 두 가지를 의미한다.

- 현재의 행동을 이용해서 미래의 자신감을 높일 수 있다.
- 억지로라도 다음 걸음을 내딛는 것이 더 큰 자신감을 얻기 위한(그리고 전반적으로 더 행복해지기 위한) 첫 번째 단계다.

그러니 앞에 놓인 일을 시작하기 전에 마법처럼 자신감이 더 커지기를 기다리고 있다면, 자신감이 어떤 식으로 작용하는지 되새기면서 준비가 됐다는 느낌이 들기 전에 억지로라도 시작해야 한다. 자신감은 일단 일을 시작한 뒤에 준비가 된 느낌이 들기도 전에 일을 시작하는 불편함에 익숙해진 뒤에 찾아올 것이다.

우리도 살면서 몇 번이나 이 사실을 깨달았다. 불편함이 익숙해지고, 그 과정에서 정신력을 점차 키우는 게 장기적인 행복과 성공의 가장 큰 열쇠였다. 여러분도 불편함에 익숙해지는 법을 배운다면 인생의 한계는 줄어들고 더 많은 기회로 가득 찰 것이다.

인생 파헤치기 프로젝트 9

이 책 내용을 되돌아보니 소개한 모든 전략이 우리가 날마다 사용하는 도구라는 사실에 놀라움을 금할 수 없다. 10년 전이라면 이 책을 쓰는 게 불가능하다고 생각했을 것이다. 우리가 여기까지 올 수 있었던 이유 중 하나는 작게 시작하는 것의 힘을 받아들인 덕분이다. 당연한 얘기처럼 들리겠지만, 우리는 A 지점에서 B 지점까지 원하는 만큼 빨리 갈 수 없는 힘겨운 경험을 통해 많은 걸 배웠다.

목표를 향해 작은 발걸음을 내디딘 덕분에 우리 삶의 많은 것들에 크게 낙담하지 않고 오히려 큰 희망을 품을 수 있었다. 그렇다고 우리가 더 이상 고통받지 않는다는 얘기는 아니다. 물론 힘들 때도 많지만, 지금 우리의 사고방식은 예전과 완전히 달라졌다. 우리는 가능성을 본다. 지금 가진 것들을 고맙게 생각한다. 우리의 엄청난 잠재력도 깨달았다.

변화시키고 싶은 부분을 골라 거기에 공을 들이는 것이 일상적인 습관이 되도록 하자. 하나의 의식으로 만드는 것이다. 일단 시작한 뒤, 한 번에 한 걸음씩 나아가자. 상황이 하룻밤 사이에 바뀔 리는 만무하므로 더 좋은 날을 바라고 마음이 좀 더 가볍고 즐거워지기를 바라는 고통스러운 기분은 여전히 남아 있을 것이다. 하지만 날마다 자신의 작은 의식과 작은 발걸음을 꾸준히 이어가자. 그러다 보면 어느 날 아침에 일어나서 이렇게 말하게 될 것이다. "와. 진짜 내가 된 기분이야. 어제보다 더 행복해." 그날이 언제쯤 찾아올지 미리 알 수는 없겠지만 결국 여러분에게 도달하게 될 것이다.

1장에서 일기를 자아 탐구와 자기반성을 위한 강력한 도구로 사용하는 문제를 얘기했다. 일기를 쓰는 습관은 원하는 모든 것들이 한자리에 모일 날을 기다리는 동안, 현재의 시간에 계속 집중하면서 자기가 가진 것들에 감사하는 데 매우 유용하다고 했다. 엔젤은 일상생활 속에서 발견한 성공적이거나 재미있거나 도전적이거나 주목할 만한 작은 일들을 기록하기 위해 일기를 쓴다. 덕분에 그녀는 여러 가지 사항과 일화들을 모은 카탈로그를 갖게 되었고, 이걸 되돌아보면서 자신의 진행 상황을 확인하고 반성한다. 이 목록은 그녀가 얼마나 성장했는지 보여주고, 현재의 고민을 균형 잡힌 시각에서 살펴볼 수 있게 해주며, 자신의 현재 위치를 이해하게 도와준다.

이제 여러분이 우리와 같은 경험을 맛볼 차례다. 이 간단한 실습은 오랫동안 우리 삶 속에서 가장 꾸준하게 도움이 되었던 방법이다. 매일 밤 잠자리에 들기 전에, 그날 하루 동안 잘 진행됐던 일 세 가지와 그 원인을 적어보자. 각각의 좋은 일에 짧고 간단한 설명을 덧붙인다. '오늘 일을 마치고 무사히 집까지 돌아왔다', '맥이 내가 만든 콩 요리를 맛있게 먹었다'처럼 말이다.

그게 끝이다. 우리는 행복한 기분이 커지기를 바라면서 값비싼 전자제품이나 큰 집, 멋진 자동차, 호화로운 휴가에 수만 달러를 쓴다. 하지만 우리가 쓰는 방법은 한 푼도 들지 않을 뿐더러 효과도 좋다.

연구 결과도 그 효과를 뒷받침한다. 우리는 10년도 더 전부터 이 방법을 직접 써왔다. 처음에는 딱 1주일 동안만 이 실습을 계속하는 걸 목표로 삼았는데 지금도 여전히 계속하고 있다. 그래서 장담할 수 있는데, 정말 효과가 좋다. 오늘부터 이 간단한 의식을 시작한다면, 훗날 오늘을 여러분의 인생이 바뀐 날로 되돌아보게 될지도 모른다.

이 책을 끝까지 다 읽었다면, 우리가 시작한 곳에서 마무리하자.

완벽하게 준비되었다는 기분은 절대 느끼지 못할 것이고, 그어떤 순간도 결코 완벽하게 유리할 수는 없다. 일단 시작하고, 노력하고, 그 과정에서 교훈을 얻으면서 힘든 일들을 서서히 처리해가야 한다. 만약 이 일이 쉽고 편하다면 누구나 지고의 행복을 누리고 놀라운 성공을 거둘 것이다. 내면의 감정 충돌도 없을 것이다. 고통도 없고 실현되지 않은 꿈도 없다.

살면서 행복을 얻으려면 힘든 일들도 해야 한다.

하지만 자기 아닌 누군가 혹은 무언가가 자신을 회복시키고 앞으로 데리고 가주기를 기다리고 있는 사람들이 너무나 많다.

우리도 예전에는 그런 사람들이었기 때문에 잘 안다.

하지만 우리는 변했다.

그리고 여러분도 변할 수 있다.

여러분이 인생에서 무언가를 원한다면(행복을 되찾고 싶다면) 그걸 다른 어떤 것보다 더 간절하게 원해야 한다. 오늘부터 그리고 앞으로 매일같이, 여러분이 원하는 결과와 누릴 자격이 있는 행복을 직접적으로 뒷받침하는 일로 오 시작해야 한다. 쉽지는 않겠지만 방법은 매우 간단하며 여러분의 손닿는 범위 안에 있다.

그리고 우리가 이 책에서 다룬 내용과 앞으로 해야 할 모든 긍정적인 일들에 대해 부담감을 느끼는 이들을 위해, 마지막 공개 서신을 보내려고 한다. 이 편지로 우리의 마지막 말을 대신하고자 한다.

부담감을 느끼는 수강생에게,

인생에 관한 짧은 이야기를 하나 들려드리겠습니다.

옛날에 물도 없는 상태에서 사막에서 3일이나 길을 잃은 여자가 있었습니다. 그녀는 쓰러지기 직전에, 몇백 미터 앞에 호수처럼 생긴 게 있는 걸 보았습니다. "정말 호수일까? 아니면 그냥 신기루일까?" 그녀는 궁금했어요.

마지막 힘을 다 짜내서 호수를 향해 비틀거리며 다가간 그녀는 자신의 기도가 응답을 받았다는 걸 알게 되었습니다. 그건 신기루가 아니었어요. 그녀가 평생 마셔본 그 어떤 물보다 신선한 물로 가득 찬, 지하수가 샘솟아서 만들어진 거대한 호수였지요. 하지만 그녀는 말 그대로 목이 타 죽어가고 있는데도 불구하고 그 물을 마실 수가 없었어요. 그냥 물가에 서서 가만히 내려다보고만 있었지요.

근처 사막 마을에 사는 한 행인이 낙타를 타고 지나가다가 그 여인의 기이한 행동을 보았어요. 그는 낙타에서 내려 목마른 여인에게 다가가 물었습니다. "왜 물을 안 마시는 건가요?"

그녀는 기진맥진해서 거의 제정신이 아닌 듯한 표정으로, 눈에는 눈물을 가득 담은 채 행인을 올려다봤습니다. "저는 목이 말라 죽을 것만 같아요." 그녀는 이렇게 말했어요. "하지만 이 호수에는 물이 너무 많네요. 아무리 애를 써도 도저히 다 마실 수가 없을 것 같아요."

행인은 미소를 지으면서 몸을 구부려 양손으로 물을 퍼 올린 다음, 그걸 여자의 입에 갖다대고 말했어요. "부인, 지금도 그렇고 앞으로 평생 살면서도 그렇고, 갈증을 해소하기 위해 호숫물을 다 마실 필요는 없습니다. 그냥 한 모금만 마시면 돼요. 딱 한 모금만…. 그런 다음에 원한다면 더 마실 수도 있고요. 지금 앞에 있는 물 한 모금에만 집중하면 모든 불안과 두려움, 그리고 다른 일들에 대한 고통이 서서히 사라질 겁니다."

오늘 당신이 실제로 마시는 물 한 모금(과업, 단계, 의식 등)에만 온전히 집중하세요.

솔직히 말해서 여러분이 순간순간마다 취하는 작고 긍정적인 행동, 그게 사실 인생의 전부입니다. 그리고 어느 날 되돌아보면 그것들이 전부 모여서 뭔가 가치 있는 것, 처음 시작할 때 상상했던 것보다 훨씬 좋고 색다른 걸 만들어내게 될 겁니다.

감사합니다.

당신의 인생을 응원하는

마크와 엔젤 드림

감사의 말

소설가 아나이스 닌^{Anais Nin}은 "각각의 친구는 우리 안에 존재하는 하나의 세상을 나타내는데, 그 세상은 친구들이 다가오기 전에는 존재하지 않은 세상이며 친구와의 만남을 통해서만 새로운 세상이 탄생한다"라는 심오한 말을 남겼다. 이 책은 우리가 오랫동안 '친구들'에게 받은 직간접적인 도움을 통해 탄생한 책이다.

어떤 친구는 가족이고, 어떤 친구는 어릴 때부터 알고 지낸 사이이며, 또 어떤 친구는 새로 사귄 친구지만 나날이 우정이 깊어지고 있다. 다들 매우 다르지만 한 명 한 명 모두 특별하다. 그래서 그들 모두에게 감사하고 싶다.

우리 부모님, 드류, 데보라, 패럴, 메리에게.

우리의 가장 훌륭한 선생님이 되어 주셔서 감사합니다. 모든 부분에서 실천하는 모습을 보여주셔서 감사합니다. 우리에게 부모가 되는 건 생물학적인 관계가 아니라 일상적인 태도라는 걸 알려주셔서 감사합니다. 그리고 무엇보다도 생각할 대상이 아니라 생각하는 방법을 가르쳐 주셔서 감사합니다. 부모님들 덕분에 저희가 존재합니다.

우리 아들 맥.

우리 세상을 사랑으로 환하게 밝혀줘서 고마워. 네가 우리 삶에 들어온 뒤로 모든 게 상상할 수 없이 교육적이고 놀라운 쪽으로 바뀌었단다. 물론 너를 키우는 건 우리가 해왔던 일들 가운데 가장 어려운 일이지만, 그 대가로 너는 무조건적인 사랑의 의미와 힘을 가르쳐줬지. 우리는 네 덕분에 더 나은 인간이 되었어. 우리 마음을 자라게 해주고 우리 자신을 뛰어넘을 수 있게 해줘서 정말 고맙다.

모든 가족 친지들, 특히 애슐리, 네이트, 보디, 스텔라, 디애나, 로브에게.

매일같이 우리를 지원하는 시스템에서 중심적인 역할을 해줘서 정말 고마워요. 당신들이 우리 삶 속에 있기에 힘든 날들도 수월하게 보낼 수 있습니다. 당신들이 생각하는 것보다 훨씬 더 감사합니다.

앨리사 밀라노에게.

당신의 고무적인 사회적, 정치적 대의를 통해 우리가 사는 세상을 발전시켜줘서 고마워요. 여성의 권리를 지지하고 전 세계적인 미투^{MeToo} 운동을 촉발시켜 주셔서 감사합니다. 우리 삶 속에 당신이라는 긍정적인 존재가 함께 하는 걸 영원히 감사할 거예요.

우리 에이전트인 릭 리히터에게.

우리도 우리 자신을 믿지 못할 때부터 변함없는 믿음을 보여주셔서 고맙습니다. 이 책을 쓰기 위한 아이디어를 들고 출판사를 찾아다닐 때, 처음에 망설이던 우리 얘기를 끝까지 들어줘서 고맙습니다. 이 글을 쓰지 못하게 됐을지도 모르는 자기 회의에서 벗어나도록 우리를 계속 밀어 붙여준 덕에 여기까지 오게 됐습니다.

자나 말리스 마론과 맷 가틀랜드에게.

이 책의 초안을 계획하고 편집하는 작업을 도와줘서 고맙습니다. 이번 프로젝트와 그 이전 프로젝트에 대한 두 분의 통찰력과 지원 덕에 놀라울 정도로 큰 깨달음을 얻었고 덕분에 우리가 빛나게 되었습니다. 앞으로 진행될 프로젝트에서도 여러분과 함께 일할 수 있기를 진심으로 고대합니다.

편집자 마리안 리지에게.

우리가 한 말을 정리하고, 핵심 구절을 개선하고, 당신의 전문적인 도움을 받지 못했을 때보다 훨씬 좋은 책을 쓸 수 있게 집필 과정을 이끌어줘서 정말 고맙습니다. 우리를 지나치게 밀어 붙이지 않고도 올바른 방향으로 인도해준 것에 진심으로 감사합니다. 당신은 개인적인 손길을 통해 사람들을 이끄는 진정한 프로입니다.

친한 친구 자넷과 카미, 그리고 우리와 함께 일해온 모든 강인한 분께.

믿기 힘든 상실과 역경을 겪으면서도 계속 성장한 여러분께 감사합니다. 여러분 모두 갑갑한 상황 속에서 길을 잃은 듯한 기분을 느끼면서 우리를 찾아왔던 때가 있었습니다. 그때만 해도 여러분은 자신의 탁월한 능력을 깨닫지 못하고, 그 고난이 여러분을 더 강하게 만들어서 이 정신 나간 세상에서 뛰어난 회복력을 발휘할 수 있는 우위를 제공했다는 것도 깨닫지 못했습니다. 하지만 지금 여러분 모두는 우리의 가장 큰 영웅입니다. 지난 몇 년 동안 여러분은 우리가 줄 수 있는 것보다 더 많은 것들을 우리에게 주었습니다. 여러분은 매일같이 우리의 가장 큰 영감의 원천이 되고 있습니다. 그리고 애초에 우리가 이 책을 쓰고 싶었던 가장 큰 이유는 바로 여러분입니다. 우리는 여러분과 행복을 되찾으려는 여러분의 진심 어린 여정에 말도 못하게 많은 신세를 지고 있습니다. 감사합니다.

옮긴이 박선령

세종대학교 영어영문학과를 졸업하고 MBC방송문화원 영상번역과정을 수료했다. 현재
출판번역 에이전시 베네트랜스에서 전속 번역가로 활동 중이다. 옮긴 책으로는《타이탄
의 도구들》《북유럽 신화》《지금 하지 않으면 언제 하겠는가》등이 있다.

인생 파헤치기 프로젝트

1판 1쇄 발행 2019년 1월 21일

지은이 마크 & 엔젤 체르노프
옮긴이 박선령
발행인 오영진 김진갑
발행처 (주)토네이도미디어그룹

책임편집 임나리
기획편집 이다희 김율리 함초롬
디자인총괄 안윤민
마케팅 박시현 신하은 박준서
경영지원 이혜선

출판등록 2006년 1월 11일 제313-2006-15호
주소 서울시 마포구 월드컵북로5가길 12 서교빌딩 2층
전화 02-332-3310 팩스 02-332-7741
블로그 blog.naver.com/midnightbookstore
페이스북 www.facebook.com/tornadobook

ISBN 979-11-5851-120-3 03190

이 도서의 국립중앙도서관 출판예정도서목록(CIP)은 서지정보유통지원시스템 홈페이지
(http://seoji.nl.go.kr)와 국가자료공동목록시스템(http://www.nl.go.kr/kolisnet)에서
이용하실 수 있습니다. (CIP제어번호: CIP2018041867)